学思书系·教育随笔系列

在教言教

—— 迈向教育的自觉

ZAI JIAO YAN JIAO MAIXIANG JIAOYU DE ZIJUE

程明喜/著

东北师范大学出版社

长　春

图书在版编目(CIP)数据

在教言教——迈向教育的自觉/程明喜著. —长春：
东北师范大学出版社,2013.5
ISBN 978-7-5602-8955-7

Ⅰ.①在…　Ⅱ.①程…　Ⅲ.①中学数学课-教学研究
Ⅳ.①G633.602

中国版本图书馆 CIP 数据核字(2013)第 092980 号

□责任编辑:吴永彤　□封面设计:张　然
□责任校对:吴应明　□责任印制:张允豪

东北师范大学出版社出版发行
长春净月经济开发区金宝街 118 号(邮政编码:130117)
网址:http://www.nenup.com
东师大出版社旗舰店:http://nenup.taobao.com
读者服务部:0431-84568069　0431-84568213
电子函件:sdcbs@mail.jl.cn
东北师范大学出版社激光照排中心制版
山东润声印务有限公司印装
2013 年 5 月第 1 版　2019 年 5 月第 4 次印刷
幅面尺寸:169 mm×239 mm　印张:15.25　字数:260 千

定价:38.00 元

人如其书，书如其人

——为程明喜老师新书作序

手捧古色古香的《在教言教——迈向教育的自觉》，品味着从心底迸发出的激情文字，你会感慨：书中对教育的思考，怎会如此精辟、深邃？

初识程明喜老师，始于2009年8月末：天庭饱满，国字脸，典型的东北大汉模样，爽朗的笑声，眼睛里闪着透亮的光。两年的共同工作经历，让我不禁对这位颇有思想、颇具干劲的优秀教师肃然起敬。

如今，他带着自己对教育的思考，以文字为载体展示着累累硕果。程明喜，一位在中国内地基础教育土地上行走了近二十年的教者，一位有着敏锐洞察力、钟情教育且志存高远的教者，一位把自己作为中国普通教师活化石甘于敞开自己的教者，为我们营造了一个坐而论道的场子。在教言教，他对经历的教育故事、经历的社会点滴有着自己作为教育人的看法，他的察与思、言与行很值得我们每一位教育工作者深深地思索。

全书共分五个章节："在教言教"、"读有所思"、"放眼邻邦"、"人在澳门"、"家教忧思"。光是浏览篇章题目，你就会感到作者对教育思考的厚度、深度、广度与温度。

"在教言教"：作者用自己二十多年的教学实践探索为一线教师指点迷津。如：《如何做一名研究型的教师》，"读书——备课——反思——课题研究"的深入解读和方法揭示，让人豁然开朗。

"读有所思"：读书成为了作者生命中不可或缺的一部分，读得多、读得精，而且有自己独辟蹊径的想法。如《由企业管理想到教育管理及其他》中，罗列了19条对其的思考，很具启发性。

"放眼邻邦"：作者亲临日本，用心感受异国邻邦的教育特点。如《日本教育之四化四结合》中，既有访问中的小细节，又有对小细节的理论升华，收放自如、引人深思。

"人在澳门"：两年的澳门经历让作者摒弃了对澳门是"赌城"的惯有印象，以一个内地人的眼光对澳门的文化、教育做了深入到位的解读。如曾经发表在《澳门日报》的《水与火——两种教育现象之思考》，对作者所驻教的两所学校进行了深度对比，内容生动、说理深刻，引起澳门教育界不小的反响。

"家教忧思"：作为父亲、作为教育者，作者对当前社会的热点社会现象"家教"做了一番梳理，耐人寻味。如《儿子被隔离的日子》中，那童心的释放让人感同身受，回味无穷。

伴随着淡淡的书香，字斟句酌，你会发现这位来自异乡的学者用自己的发现、自己的智慧，与澳门对话，与澳门教育对话，与自己的教育思想对话。

首先，优秀的教学指导者对生活和工作都充满热爱和激情。他们不但享受生活、享受工作，更能引起身边的人和工作上的同伴对理想展开更真挚的追求。

程老师从来到澳门的第一天起，就用尽每一分每一秒的空闲时间，走遍了澳门的大街小巷。从九澳村的麻风病院到青洲的铁皮屋，从清晨的水上街市到红树林湿地，都可以发现他的足迹。又记得我们第一次一起去程老师将要去交流的鲍思高粤华小学之前，我提到图书馆里有一些关于圣若望·鲍思高神父生平和预防教育法的书籍，他只是淡淡地回答了一句："已经借了，看完了。"当时，程老师来澳门只有短短几天。乐于探究澳门，勇于发掘澳门学校独特的文化底蕴和教学特色，以及对工作上每一个问题近乎吹毛求疵的寻究精神，成就了程老师在专业交流过程中成为澳门教师汪洋中的探照灯。

其次，优秀的教学指导者都有卓越的组织能力，开展工作时都有明确的目标和针对性，不会纠缠在深奥、空泛的理论之中。他们更善于将复杂的事物简单、明确、扼要地传达给工作上的同伴，而且所传达的内容有趣、实用、相关、准确、深入和及时更新。

每一位在澳门与程老师共同生活和相处过的人无不盛赞他是一位很好的生活伙伴。有一次，我无意中在程老师家的门后发现了一张《共同生活公约》，里面不但详细列出了伙食费、水电费等开支怎样由各人分担，更订出了怎么分担家务，以及"若有异性留宿须事先知会对方并征得对方同意"等等有趣而又务实的条款。从这些生活细节中可以看出，程老师是一个对生活严谨而又有要求的人，而他在生活中的务实和严谨更是在他的工作中得到了进一步的升华。又记得程老师在主讲一个面向全澳教师的"小学数学教材及教学中疑难问题的讨论"培训课程的时候，内容并不是泛泛而谈的空洞理论或外地的经验，而是全部围绕着澳门学校内教师在教学上和学生在学习上所遇到的实际问题以及他苦心钻研出来的解决方案——从如何提升课程提问的有效性，小至多位数的读法，到如何定义左右等显而易见的问题——凡是教师教学的时候有疑问、学生学习的时候有困难的地方，全都是程老师努力研究的重要课题，而他都必定会尽他所能把问题研究得一清二楚才肯罢休。

第三，优秀的教学指导者本身也应是课堂教学的能手，并且为其他教师树立一个好榜样。"身教重于言教"，这句话在教学指导者身上更能得到真切的体验。

程老师进入学校开展教学交流工作不久，先后在鲍思高粤华小学、巴波沙中葡小学和澳门大学附属应用学校亲身开展了示范教学，以"幽默活泼、朴实严谨、灵活深刻"的教学风格，启发了澳门教师对本身教学方式的反思。在程老师的课堂上，没有喧宾夺主的多媒体动画，没有变幻多端的教学形式，却让课堂充满了思考的味道、学习的味道，就连我在台下作为一名听课教师也在和学生一起思考。整个学习过程看似简单，其实是教师做了精心的设计。程老师在课堂上所表现出来的超强的组织教学能力，把学生的思维梳理得井井有条，把课堂回归了自然，符合学生的认知规律，真正做到了把课堂教学从"要我学"变为"我要学"，教师处处为学生撒下"鱼饵"，引得他们争先恐后地"上钩"，整节课学生都是在主动地思考，总是有新的值得他们去思考的问题。这又再一次体现了程老师具有高超的教学智慧。他能读懂他的每一名学生，所以他才能上出这样一节符合每一名学生需要的精彩的数学课，使学生在整堂课都能感受到学习成功的喜悦。他能弯下腰和学生说话，在课堂上有时他是一名老师，讲解、引导，有时他又是一位朋友，和学生商量，这样的老师又有哪位学生不喜欢呢？这样的老师开展教学指导工作，又怎么会没有说服力呢？

最后，也是最重要的，优秀的教学指导者往往与被指导的教师保持着亦师亦友的良好专业合作伙伴关系。最优秀的老师都能激发起别人的求知欲，鼓励和激励大家与他一起朝着美好的愿景迈进。

程老师真挚地关怀身边的每一个人，以诚待人，谈笑时诙谐幽默，工作时有张有弛。在程老师的工作上，我真正地感受到了"教学无小事，无处不学习"这一教育理念。为了能够拉进和教师的情感距离，减轻大家的工作压力，程老师总是能在一个十分恰当的环节说上一句十分幽默的语言让别人感受到他们教学工作上获得的快乐。"你这个教法用得好"、"你这招挺好"等等都是他经常说的话。在开展教学指导工作的时候，程老师都能考虑澳门学生的需要，以及充分照顾到澳门教师情感和专业发展等方面的需要。他所主张的"淡化形式，注重实质；强调活动，关注思维；主动参与，静心思考"的教学理念，真真正正地帮助澳门教师实实在在地提升课堂教学的效能，令教师发自内心地感受到"我学习我快乐，我教学我幸福"。

　　程老师将来澳门工作之前以及在澳门工作期间，总是不停地反思和总结经验，对教学中出现的问题和现象反复思考，梳理思维，生成智慧，最后形成自己独特的思想和见解，并且能有效、清晰地传达给身边的工作同伴。他对教育教学充满浓厚的兴趣，能潜心研究、穷思竭虑、勤于笔耕，那份对教育事业的执着追求、对教学工作的满腔热爱、对教学研究的严谨态度，让每一位认识他的人都佩服不已。

　　古希腊哲学家亚里士多德曾说过："实践智慧就是指当遇到需要处理与他人有关的事情时，应当尽可能地找出个人和他人共同可接受的准则，让彼此皆能感到有所成就——此时的快乐方是真正的幸福。"虽然程明喜老师已经离开澳门一年有余，但是我坚信，过往两年每一位曾经与程明喜老师在工作中共处的老师都不会感到半点遗憾，因为我们在与他共处的这短短的两年里，不但从他的身上学到了丰富的专业知识和技能，更能通过与他相处的每一天里所受到的启发和点拨，加深了对教育工作的热爱，并从中寻出无比的幸福。

　　返回吉林长春故里，我还是会与程明喜老师以各种方式联系，得知东北师范大学出版社有意为他出书，作为朋友我自然为他高兴，也欣然答应了为他新书作序。

余巍

2013年5月于澳门

前　　言

"天下熙熙皆为利来，天攘攘皆为利往。"但凡吃过几年墨水的人，不管骨子里有多么清高、孤傲，也难逃出名与利二字，趋乐避苦，渴望成功，追求过后，名利兼收，自是美好的向往。天下三百六十行，各有各的门道儿，各行也各有各行的追求，三教九流，五行八作，莫不如此。而在所有行当中，教师始终处于社会的关注之中，无论是社会弘扬尊师重教，还是教育惨遭贬损打压，教师从来都是处于社会变革的风口浪尖。

说到社会对教育的关注，在人们的心目中似乎负面的多正面的少。时下，虽然也推出了"最美女教师"、"感动中国的教师"这样的优秀教师典型，但让更多人记住的是"范跑跑"、"虐童女教师"、"猥亵事件"、"学术造假"……相比教育正面报道而言，各种媒体对教育负面形象的报道太过泛滥，已给教育、教师的形象造成巨大的损伤。这无疑是对绝大多数默默无闻坚守教育岗位、无私奉献教书育人的教师工作的漠视与否定。

有人曾以教师的口吻这样形容教师的职业态度——"职业就是今天上班了明天还得上，而事业就是今天上班了明天还想上"，从中可以品出个中滋味。面对来自学生家庭、学校和社会以及自身发展的多重压力，面对社会其他行业发展的种种诱惑，特别是长时间面对繁杂琐细的工作，付出得不到社会的关注与认可时，教师的职业心理就会发生一定的异化。在教师队伍中，两种人兼而有之，同一个人不同时期也有不同的职业态度。

在这样的社会背景与环境中，本人"不幸"中招，二十年前遁入"师门"，成为中国一千三百万教师中的一员，不能说喜欢，也不能说不热爱。就这样，从小学到院校，从教学到管理，从内地到境外，再转战归来，可谓经历颇丰。前十九年，坚守基层学校，从事数学教学，摸爬滚打，千锤百炼，潜心向学，不敢懈怠，与我的学生和同一战壕中的战友充实地度过了近二十个春秋。不再年少，尚存轻狂，鬓染微霜，亦想登高远眺，眼见年近不惑，却还深陷壁垒，虽然教与学仍然津津有味，但难抵教而优则退出讲台之工作轨迹，离开讲台虽心有不甘，但还是半推半就做了管理。做教学管理、教师培训、教育科研也就罢了，要全局地考虑杂七杂八，无休止地应付各种名目的检查，缠在琐碎的事务中，确实有些力不从心，甚至有些厌恶与绝望，因为自己清醒地看到了现实与理想已渐行渐远。于是，内心开始寻找，以求挣脱。恰逢机遇垂青，于是开始了走南闯北，上蹿下跳。闯进了澳门特区，让我看到了与内地，特别是与我以往不一样的生活，尤其是不一样的教育。对于一个有着近二十年内地工作经历，身体上携带内地教师基因的我来说，拔出腿来，向外跨出一步，内心所受到的来自外界的冲击给我带来的教育思想、观念、行为的再思考是弥足珍贵的。

利用两年澳门工作的时间，回首在内地走过的二十年为师之路，思如泉涌，敲键不辍，加之日常之积累，一本教育随笔集渐渐成型。在行将结束澳门工作的后半年，在澳门教青局和澳门基金会的资助下，我将二十五万字的书稿交给了出版社，删删减减，几易其稿，《寒江独钓——教育闲思集》在澳门付梓，也为今日出版《在教言教——迈向教育的自觉》奠定了基础。对于我这样一个凡夫俗子，一个文笔拙劣、思想浅薄、经世不深又胆大妄为的家伙来说，也算是用心做了一件事，为自己二十年从教留个纪念吧。

现在，澳门八十几所学校以及相关教育部门都有了我的《教育闲思集》，内地也有十几个省市的教师在读我的书，心中有些小小的成就感。不是说我的书多么值得去读，因为澳方资助是出于文化公益，促进两地文化教育交流，不支持营销，但允许内地再版。所以，当我从澳门带几百本书回内地后，就希望我的朋友、更多的教育同仁能够倾听我的声音，分享我的想法。为此，借各种培训会议的机会，我会少带三五本，送给大家。人家是签名售书，我是签名赠书。书的形成虽然饱含我的辛劳，但我不想借此书获利扬名，只是自己做教师二十几年来，一路走过，我的经历与思考会有一定的代表性，把我所做所思写出来，能够让那些年轻教师在今后教学中少走些弯路，也多些教育思考，多些教育智慧，这就够了。

也许是《教育闲思集》中的某些内容带给了读者朋友感动，我想更多的是出于对新手的鼓励，很多老师通过各种方式给予我支持与赞扬："这是一本拿起来就不想放下的书"，"这本书对一线老师，不管是哪个学科的老师，都特别适用"，"老师，我想借用您文章中的某一部分"，"程特（很多人对我的昵称），我把你那本书当成了枕边书，每天睡前得读两篇"……每每听到这样的话，内心并非沾沾自喜，反而倍感文责之重，生怕某些观点和言语给可爱的读者朋友带来负面的影响。

很多朋友建议我在内地再版，也正合我意，与东北师大出版社吴长安社长商谈一次，一拍即合。在出版社的建议下，将《教育闲思集》中数学教学部分分离出去，保留原书中其他版块的精华部分，又融进近期的一些文字，遂成此书——《在教言教——迈向教育的自觉》。

关于内容风格我想说两句：这些年，写了一些教育科研方面的论文、报告和经验文章，很多文章也曾公开发表并在一定范围内被争相引用与效仿，虽然也曾自恋地说过"经常被模仿，从未被超越"，虽然此类文章也被某些专家视为有分量的学术成果，虽然这些成果在评职晋级中一度帮我过关斩将，但我并不喜欢这类八股似的东西，我更中意本书中这些似乎不入流的随笔，因为这是一个小人物、一个血肉丰满的真人、一个位卑勿敢忘忧教的小老师内心自然流淌出来的东西，更真切，更真实，更朴素，更鲜活，更易读，更易引起有同样工作经历的人的共鸣。

虽说"英雄不问出身"，但在中国还是讲出身的，也许没有人会在意一个数学老师去写什么教育随笔；也许正因如此，使一些人产生好奇，进而翻阅此书。因为，徜徉在书的海洋，涉及中小学教育类书籍除大专院校专家学者外，更多来自一线语文老师，数学教师的书多见于教辅类。作为数学教师，我同样有自己的教育理想、教育追求、教学实践与感悟，对社会、教育、人生百态也有自己的见解。对于写书，我只是把它当作一种表达，一种带有强烈责任感的表达，我坚信：实践过、思考过后留下的文字不会没有意义。

（二）

《左传》中有这样一句话："太上有立德，其次有立功，其次有立言，虽久不废，此之谓不朽。"这种立德、立功、立言"三不朽"的传统对中国文人的影响非常深刻。具有道家思想的人常常不齿于功名利禄，"且乐生前一杯酒，何须身后千载名"（李白《行路难》）。本人虽不敢枉称文人，但一直对立言一事蠢蠢欲动，想法比较简单：一是走过了要留下足迹；二是以自己的教育经历与感悟与同为教师的朋友们分享，共同提升教育素养，服务课堂，服务学生；三是唤醒广大教师从教育的盲动走向教育的自觉。更重要的是让自己行动后有思考，因为思考后才能更深刻地理解行动的意义，有了意义的不断追问，下一步的教育行动才更加趋于正确合理。我喜欢思考，喜欢将思考变成文字，喜欢将思想呈现给同样喜欢思考的人。大家不仅是关注思考的问题，更由此生成深沉的教育情感，做好教书育人的工作，不愧为人师。

有人赞赏大师是惜字如金，拈花一笑，万水千山，全由对方去领悟，私以为这未免太过玄虚神秘；有人鄙视浅薄，言胜于行，偶试身手，千言万语，全然凌驾众人之上，私以为这是时代之诟病，浮躁短视，急功近利。作为教师，要有些定力，正所谓"本深而末茂，形大而声宏，行峻而言厉，心醇而气和"，做你当做的事，做你能做的事，想你当想的事，把根扎稳，向下延展，从课堂教学中、从其他教育活动中锤炼本领，从行动后的思考中生成智慧，做到学然后知困，行然后知真意。把思考变成文字本身不是目的，在这个过程中形成教师的一种职业生活，并让这种生活在提升自己的同时影响到更多的人，特别是转化成对学生成长的正向能量，那就有了意义。

柏拉图站在哲学家的立场，把智者斥为"批发或零售精神食粮的商人"，希望人们要做一株虚心思考的芦苇，而不做一只夸夸其谈的乌鸦。每每想到这句话，我不禁会对照一下自己的言行，特别是自己写的东西，虽然偶有空泛的议论，无病呻吟或小题大做，但更多的是针对教育实践中的现象与问题，特别是我所经历的种种教育教学情景以及当时曾引发我思考的事物做些描述与评点。另外，本人并非什么智者，虽有兜售思想文字之嫌，但只是在教言教，重在分享，而非在教言商、在教言利、在教言政……

我希望一个教师能成为一个有思想的、自觉的实践者，而非盲目、盲从、盲动，也许我的思考与写作本身就是一个好的例证吧。

我觉得，时下的人包括教师多多少少都染上了时代病，那就是浮躁。人活于世俗之中，浑浑噩噩，心虽不甘，却又似乎无可奈何，被一股强大的暗流所吸引，难免随波逐流，于此之中要保持清醒实属不易。很多人都在精神与世俗之间徘徊、挣扎，不知何去何从。身边就有众多的教育同仁，对自己的生存状态、工作环境颇为不满，又无力摆脱现实，每日的工作就是为了完成任务而完成任务，对工作已很麻木。没有情感与感知地去工作，没有激情与想法去工作，闭锁心灵去工作，只能当自己是机器，其工作效果可想而知。

　　每个教师走上讲台那天起，心中都有一个梦想，但可悲的是，人们在年复一年、日复一日的工作中磨去了锐气，遗忘了梦想。我喜欢每一天，至少是每一个时段，把自己封闭起来，指向自己的内心，排除外部干扰，让自己潜到灵魂深处，去认清"我是谁"。众多哲人智者都认为"向内心学习智慧，比向外物求知更重要"，作为教师，应该时常走出纷乱的工作与生活，向内心学习，保持思想的冷静与批判，保有教育的热情与理智，守护曾经的教育追求与梦想，守望那些教育永恒的价值。今天，我们如何当教师？为何教？教什么？怎么教？教得怎么样？我们的教与学生的学是什么关系？教会怎么样？不教又会如何……

　　把自己看似平常的工作描述出来，对司空见惯的教育现象进行深度思考，就能使更多教师从中萌发教育的趣味，进而有意无意地关注自己，发掘自己，当认识到自己在教育中的存在时，当自己有意识地思考并想点子去教学时，他正在摆脱麻木，一棵枯木正在发新芽。

　　"反思是对认识的认识，对思想的思想。如果把认识和思想比喻为鸟在旭日东升或艳阳当空的蓝天翱翔，那么反思就是在薄暮中悄然起飞……"愿此书能带给您美好的心境。

（三）

　　在教言教，教育有什么说的呀？对教育又应该说些什么呀？又有谁能理得清说得尽呢？身在教育，面对教育的诸多现象与问题，既有好多的话题可讲，有时又如狗啃南瓜无从下口。

　　读书时，我们时常会被考到诸如"什么是教育，什么是教学，教育与社会、政治、经济的关系"等问题，考卷上可以打高分，但名词背后的意义却没能也无力去领悟；当我们工作了一段时间后，教育、教学又物化成了每日的备、讲、批、辅、考，零乱而又似乎常规地按周、学期、学年这样的周期熬磨着我们的时间，人也自然变成了超负荷运转的机器。在重负下、在忙乱中，很多人积淀下的往往是感受，浓缩的只剩下单字的"忙"、"累"、"烦"，虽亦有来自教学中和学生活动中带来的欢愉与忧虑，有来自社会事件、身边现象、读书学习中带来的思考与感动，但同事间就事论事地相互转述，也可能不问其意义。

曾有幸读到过一本书——《教育十大基本问题》，该书从教育史、教育哲学等角度对教育做了非常深刻的梳理，书中归纳的教育的源与流、沿与革、情与理、术与道、知与行等问题都应该是教育人时常思考的问题。小书不敢与其比肩，亦难登大雅，只是从教经历中的教育随笔，并非按照事先规划好的命题有意而为之，故教育之理寓于各种教育情景之中，读者朋友亦不必花心思去深究，多数文章属一事一议，但你会从中找到自己教学的影子，会产生某种共鸣，也许是您曾经丢弃的教育果实，在我这儿生根、发芽……也许是您曾经散落的一粒珍珠，在我这儿收藏、闪光……这也算是我无心中的有心吧。

有些遗憾的是，受以往工作经历的局限，加之时间的关系，对于近期更加关注到的农村教育的诸多问题反映不多，如农村学校撤并、师资老龄化、师资补给困难、结构性缺编、教师的职称待遇……这些问题已令农村基层学校教育工作者大呼中国教育岌岌可危。作为一名教育工作者，在看到国家加大教育投入促进城乡教育均衡的同时，深切地为农村教育担忧。在教言教，视野应该宽一些，教育的情感应该深一些，教育的责任感应该重一些。

国家主席习近平说过"空谈误国，实干兴邦"，八字箴言掷地有声，震耳发聩。作为教师，我们的工作不仅仅是教书育人，我们更应该是时代的形象，引领社会的进步，在认清教师这一职业、做好自己工作的同时，应多一些社会责任。

我们做好工作的能力源自于对"我们自己是谁"的认识。"当坚定地立足于一种真实的自我意识中时，我们就获得了战胜所有教育困难的勇气，我们的心灵之旅就会使得教育旅行更有价值。"当然，这种自我认识不应该是教师职业的自我贬低、教师形象的自我嘲讽，而应该是一种正向的职业力量。要努力做到集爱与严于一身，集谦虚与自信于一身，集行动与思考于一身，集生命热爱与人性关怀于一身，集自我成长与社会责任于一身……教师是人，但不是一般意义上的常人，国家、社会赋予教师责任与义务，他就应当抱定使命，勇于担当。

拉拉杂杂地堆砌了如上这些文字，一是想回顾自我工作的历程，二是想说明思考对于教师成长的重要性，三是想告诉读者朋友书中写的是些什么。简而言之，《在教言教——迈向教育的自觉》一书，试图去如实记录那段漫长的教学之路，重新勾勒那一个个脚窝，使之更加清晰。也许顺着这些散乱的印迹我们还不能够找到来时的路，以及通向何处，但尽量让每一个足印都有意义。

在此书结稿期间，我数次深入到农村学校进行调研，有欣喜有忧虑，可惜未做整理，难收入书中，未免有些遗憾；在完成前言任务过程中，我翻阅了一些书，越看越觉得自己无知，直至后怕，更佩服自己先前的胆量，真的是不自量力，也敢"在教言教"，也许这就叫作"无知者无畏"吧！同时，我也暗自庆幸，在自己不那么理智的时候，凭借一股功利的冲动或叫自觉，草草地把一堆文字梳理加工，交由出版社处理。一石入湖，不敢期待泛起涟漪。

程明喜

2012 年 12 月 22 日（传说中新纪元的第一天）于长春家中

目　　录

目　录

第一辑

在教言教

此教非"佛教、教会、教义"之教，乃"教育、教化、教学"之教。古今中外的教育家、思想家及教育仁人对何为教育，教育为何，以及教育的方方面面都有精彩、精辟之语录。子曰："大学之道，在明明德，在亲民，在止于至善。"马克思和恩格斯说："教育是促进个人的独创的自由发展。"爱因斯坦又说："什么是教育，当你把受过的教育都忘了，剩下的就是教育。"各种释义，各有千秋，都从某一角度通向真理之门。作为一线教育工作者，虽不常对教育的本质等问题进行思辨，但在教当言教，这是我们的职业、职责使然。

——寒江心语

如何做一名研究型的教师

2009 年 5 月，时任长春市树勋小学副校长的我，应邀赴吉林省白山市，与中小学各学科骨干教师进行交流，"如何做一名研究型的教师"是我此次交流的主题。现将其整理收入此书中。

从我走上讲台做教师的第一天起，就在树勋小学教数学，做管理。虽然在学校有非常团结向上的研究团队，有浓厚的学习与研究氛围，虽然通过学历提高、课题研究、参与培训，特别是长期的教学实践，自己有了提高，但时常会有本领恐慌之感，觉得自己的理论基础、认识能力、教育情怀、社会视野等方面还不足以让我有足够的自信。

从 1990 年工作至 2007 年，我教了 17 年数学，负责了十年的教育科研和教师培训工作。以往与老师们交流，多是选择小学数学领域的内容。因为前来交流的老师从事不同学科的教学工作，所以我确定了这样一个主题——如何做一名研究型的教师。我想，作为一名教师，从个人成长的角度来说，大家都会有这样的一种心理：趋乐避苦，渴望成功。说得直接一些，希望在群体中得到领导的重视、同仁的认可、学生的喜爱、家长的信任，希望做一个赢得他人尊重的好老师。甘于平凡，但谁都不想平庸，那怎么办？就得要让自己面对的工作成为自己乐于研究的对象。我们常说："做自己喜欢的工作是幸福的。"现在，不管是否喜欢，我们已经站在了讲台上，我们需要做的，就是要让自己喜欢上现在正在做的工作，并研究它。

我们应该成为什么样的教师？在一次名为"对话：教师的职业生活"的专题探讨中，一位教师提出了教师的三种境界：一是为谋生而教学的自然境界；二是为教育而甘愿奉献的道德境界；三是成就学生的同时成就自我、发展自我的天地境界。在我的心里，第三种境界当然是我追求的方向，我想也是各位老师的追求方向。

我们应该有这样的一个基本理念：教学即研究，教师即研究者。一个教师如果以一种研究者的姿态走进学校、走进学科、走进教学、走进学生，那么他就会感到从事的这项工作的神圣和魅力。一个研究型的教师具备的素养至少有以下三方面：读书、上课、反思。"半亩方塘一鉴开，天光云影共徘徊。问渠哪得清如许，为有源头活水来。"教师要读书，书是我们必备的养料。说到上课，教师的生命在课堂，教师的灵魂在课堂，教师的价值也体现在课堂。教师要成为研究者，就要回归课堂、立足课堂、研究课堂。不走进课堂，不面对学生，你就无法实现你的教育理想；走进课堂而不研究课堂，你就难以享受教学给你带来的快乐，更无法领悟教育的真谛。说到反思，反思是教师对自我工作的审视和分析，是沟通教育理想和现实的桥梁。当校本研究得到重视时，师本研究就显得愈发重要了，而反思是师本研究的基本特征。教有所思，思有所获，教思并进，才能使你的教学不停留在经验之上。作为一名研究型的教师要有三度：

教师的视野要有广度——读书。

教师的体验要有厚度——上课。

教师的思想要有深度——反思。

读书＋上课＋反思＝研究型的教师。

一、读　书

学习的途径有很多，但作为教师，读书是必不可少的。清代钱泳早就说过："读万卷书，行万里路。"读书对于我们来说，最大的收获首先应是让我们摆脱平庸。什么是平庸？平庸是一种被动而功利的谋生态度，平庸者什么也不缺少，只是无感于外部世界的精彩、人类历史的厚重、终极道义的神圣、生命涵义的丰富。

读书是学习，读书是与智者对话，读书是在开启心智，读书是生活。其实，这里我更想说，读书是研究，或者说研究离不开读书。作为教师，读书不仅是积累，不仅是静心、修身、涵养性情，读书即研究。教师的角色决定了他负有很强的职业使命感与责任感。职业角色决定职业思维，研读便是职业思维的必然反映，是职业理想实现的必然通道。

从小到大，我们一直在学习。年少无知的我们，只是为了学习而学习；慢慢长大了，在周围环境的熏陶下，读书开始有了功利的想法。如大人们所讲，"人生在世，功利二字"。正所谓"天下熙熙，皆为利来；天下攘攘，皆为利往"。读书为了求取功名，读书为了考试，考试为了升学，升学为了求取好的工作，求取好的工作为了有好的生活。至于小时候学到的周恩来总理"为中华之崛起而读书"这样大格局的话，对于小孩子来说，包括对于我们成人来说，只是变成了一句名言说说而已。但教师的职业价值取向只有一个："为了学生的发展。"因此，我们所做的一切，包括读书，准确地说是结合工作去研读，最终都要指向学生，否则就没有多大的意义。如果一定要把教师这种研读也归为功利的话，我们宁愿将其解读为"价值实现"。

读什么书？培根说过："读史使人明智，读诗使人灵透，数学使人精细，物理使人深沉，伦理使人庄重，逻辑使人善辩。"

朱永新曾给教师列出了必读的书目，但是，我们没有那么多的时间一一补上这一课，甚至浏览都需要时日。我觉得读书需要有选择、有侧重。

（一）读理论书籍

我去过一些地方，在一些学校与老师们交流，当地很多领导和老师常常会说："你们就告诉我们这课怎么上，不要讲那些理论，老师们听不进去。"每每听到此话，我都感到一种心灵的震撼。是无奈，是焦急，还是什么？总之，这种感觉让我意识到：提高教师的素质任重而道远。

其实，理论不是空洞、枯燥、呆板、冷酷、深奥、艰涩的代名词，理论并不存在难易的问题，只有你掌握多少的问题、应用好坏的问题。套用著名国学应用大师翟鸿燊的一段话："不是理论没有用；因为我没学，所以我没用，因为我没用，所以我没用。"理论可以用浅显的语词来描述，也可以用晦涩的概念去装扮。但教育教学理论作为基础理论也好，应用理论也罢，由于直接与我们的教育现象、问题相关，直接关乎人的生存、发展与社会化，所以并不难理解，能否变"冰冷"的语句为自己的行为是至关重要的。

读理论的书要读教育史、教育哲学、教育科学方法、学科教学论这样的书，如《教学论史纲》、《课程与教学论》、《教学评价论》、《教学手段论》、《教学病理学》、《教育十大基本问题》等。这些书传统但不陈旧，基础但不死寂。再新的教育理论都能够在这些书中找到影子，这些书是很有生命力的。抽时间选择一本，耐心地读下来，多少会有些成功感，至少作为教师，胸中有了一点底子，心里多一份慰藉。

（二）读国学经典

21世纪，中国的国学在国际上成为热门的经典。截至2009年，已经启动建设了327所孔子学院（课堂），分布在81个国家和地区，孔孟之道、老庄哲学深受老外推崇。外国人可能不了解发展中的中国，在他们心中，只要是个中国人就熟知孔孟，能唱几句京剧，会点功夫。有一个外国学者是个中国国学通，他曾经问我们国内的一个人："读过《论语》吗？"那个人回答说："没有。""知道'四书五经'吗？"那个人摇头。"那知道诸子百家吗？"那个人回答得很干脆："不知道。"那个老外有点急了，说了一句："那你还是中国人吗？"这个人也不示弱，说："我会背唐诗啊，张口就来呀。'床前明月光，疑是地上霜。举头望明月，低头思故乡。'"其实，背韵律诗，就是通常所说的背古诗，是我们国家家庭教育和基础教育的一种现象。国外有一个教育考察团到我国西部农村考察，看到村子里玩耍的孩童，随便叫过几个都会背上几首古诗，使得外国朋友为中国基础教育之深厚而折服。

其实想一想，我们很多人只是养成了读《××日报》、《××晚报》、《××文摘》这样仅供消遣的快餐类读物的话，在我们的脑子中就不会有文化生根和思维的开展，就不会有内心的丰厚与思想的高尚。读完报纸别人问：今天都有什么事啊？"××小区供热不好，昨天晚上一个出租车被抢了，××明星与××闹出绯闻，××市又发生袭警事件啦，××领导被双规了……"记住的都是这些社会负面新闻，甚至低俗的新闻。读报可以了解我们真实的社会与生活，比如金额危机、甲型 H1N1、5·12 周年祭、体育新闻、招聘信息等，这没有错。但是我们作为一名教师，面对学生时，这样的阅读显然是苍白的，如果仅仅因能够背诵几句古诗而沾沾自喜的话，那么教师的文化底子和思想格局以及为师的品位是否应该受到质疑？如果教师不喜欢读经典，又怎么能够引导学生对传统文化产生敬畏之情、崇拜之心，又怎么能让学生对我国传统文化精髓产生兴趣呢？

在这里，我并不是想让我们每个人都抱着一颗文化复古的心，不食人间烟火，避谈社会现实，扎在古籍堆中去寻找内心的一种清静，而是希望在阅读选择中，不妨补一补基础营养，读一读国学经典。"天地阅览室，万物皆书卷"也是我认可的，但我们所欠缺的是这方面的基础素养。我想，尤其作为年轻教师，在看电影的同时，不妨读读经典；在学外语的同时，不妨读读经典；在看韩剧的同时，不妨读读经典。

于丹说得很有道理：读经典急不得，随着生命的成长去体会，最后就能懂。它会不知不觉地改变你对世界的态度。

京剧《红灯记》中，李玉和曾在"临行喝妈一碗酒"时对妈妈说过："现在有您这碗酒垫底，什么酒我都能对付。"我想，刚才说到的教育理论和国学经典就是这碗垫底的"酒"。

《中华文明之光》、《中华文学之光》、《中华思想之光》、《中华科技之光》作为读物也应该读一读。

（三）读学科教材

教书匠，我们不太喜欢这个词，当我们反感这个词的时候，其实我们内心知道，这个词说到了我们的要害，我们又何尝不是个匠啊！

树勋小学有句口号：不当教书匠，要当小学教育专家。但前提是先当好教书匠。

这当中最为重要的，也是最为现实的是我们要熟悉所任学科的教材：熟悉教材的编写体例，熟悉教材内容的知识体系，熟悉教材的编写特点，熟悉教材内容呈现方式与学生学习方式的关系。

在过去，对于教材有一种提法，我觉得今天依然适用：尊重教材、理解教材但不迷信教材，要学会活用教材。我们不要教教材，要学会用教材教。

我想，无论是新教师还是有过几十年教学经历的老教师，读教材都应该成为我们工作与学习中必备的一个习惯。这里的读，不是泛泛地浏览，而是深入地研究。

现代著名教育家、作家叶圣陶先生在当教师时曾说过：当老师的，每讲一门课，都"先宜做到自己通"。"通"，当然不一定宏通博识，但一定要系统研究。叶老认为，一个教师讲一本教科书，他首先要通晓之，然后对这门课的知识还需要比教科书多许多倍；要有自己的心得，要有自己的见解。这样才能讲得头头是道，津津有味，信手拈来，皆成妙趣。

语文老师应该对照《课程标准》把教材的文章读一读，把一至十二册的教材目录记一记，把不同学段的要求理解理解；数学教师应该对照《课程标准》把数学的题目算一算，把教材目录梳理一下，把各个领域的知识统整一下，甚至有必要把中学的教材做一做；英语教师应该把各种版本教材读一读、比一比。

读的过程就是充分感知的过程，是一个与教材交朋友的过程。事实证明，这个朋友和你处得越好，在关键时刻他就能全力支持你。

我们做这些都是在干什么？其实就是做研究。不要把研究弄得太神秘了。

刚才说到读书重要，说到我们应该读哪方面的书，但最为现实、最为严重的问题是老师们会说"我们都懂，但哪有时间读书啊"。

下面是我在一个论坛中无意读到的一个帖子：

中学教师有时间读书？有兴趣读书？有动力读书？周考、月考、期中考试、期末考试、模考、会考、高考＋天天作业批改＋早读＋晚自习……我有好书很多，买书如狂，读书到半夜，可是没有校长会认为你读书多而是个好教师。只有几本教科书，你把它碎尸万段，让学生天天背，天天写，考试有个好成绩，你一定是个好教师。没有人会在乎你对学生人格品质方面的长远的影响。现在的中学教育，有些地方是杀鸡取卵、断子绝孙！

哭我中学教育！

我想，各位中学教师会有同感。目前的中学教育现状非你我可以改变得了，我们可以做的是端正对读书的认识。人往往是这样，工作越忙越觉得无时间读书，越没时间读书就会加剧工作中的无力感，时间长了总有吃老本甚至被掏空的感觉。其实，时间和现在的工作生存状态不应该成为我们不读书的借口。

如果想读书，时间还是可以抽出来的。

说到徐特立，我们很多人更多的知道他曾是毛泽东的老师，却少有人知道他是现代教育家，更少有人知道他一生发愤读书的故事。徐特立少年时家境贫寒，买书不易，借书更难，偶然借得一本好书，就抄读一遍。学问越长进，就越难借到有价值的好书，于是他制定了一个"破产读书计划"。当然，我们今天不至于到这种地步，但这种克服困难、发愤读书的精神是值得我们学习的。另外，在读书方面，他很赞赏《三国志·王肃传》注中"学足三余"的办法，就是要利用一切可以利用的多余时间来读书，包括冬季、雨雪天、晚上。正如他自己所说的那样："我从半工半学，读了许多古书，还读了旧的地理、历史和数学……我一面自学，一面教课，这样教和学并进，我也就从教小学、中学，一直教到中学以上的高等师范学校。"假期是教师少有的休整时间，也是充电的时间。利用这个时间，静静地读书滋养身心，这应该是教师特有的一种休闲方式吧。

读书有三贵：读书贵在坚持，读书贵在思考，读书贵在应用。读书可以获得知识。培根说：知识就是力量。实际上，应用知识才能产生力量。记住书中的几句话顶多可以让你的某次发言博得几声喝彩，领悟书中的思想可以让一个人变得厚实；生成自己的思想并付诸实践，才能让一个教师获得尊严，充满力量，真正地站立起来。

"学而不思则罔，思而不学而殆"，这是亘古不变的求学之道。就如大哲学家叔本华所说：我们读书时，是别人在代替我们思想，我们只不过重复他的思想活动过程而已。为了不使我们的头成为他人思想的跑马场，读书就需要思考。教师只有通过读书丰富自己的精神世界，才能给学生厚积薄发的课堂。

二、上　课

要实现做教师的愿望，你就要走进课堂；然而，真正走进课堂，可能你会发现很难实现你的教育理想。不管怎样，课堂是我们每个人必须直面的场。

真正决定课程落实的不是写在书上的各种观念与规定，而是天天和学生接触的教师。尽管专家们花了大量的精力，认真准备了课程标准和教材，但是一到学校，一到课堂，任课教师一个人便决定了一切。

作为教师，我很推崇这样几句话："做好每一天的每一件事，上好每一天的每一节课"、"把每一件简单的事做好就是不简单，把每一件平凡的事做好就是不平凡"。教师的职责不全是上课，但上课是教师的主要工作这一点没有人否定。树勋小学有这样一个工作理念：功在课前，利在课中。强调精心备课，精雕细刻。这里有备课的态度问题、备课的质量问题，更有对高质量授课的一种内在追求。

作为年轻教师，一定把课堂当作锤炼自己的场，在课堂教学中修炼为师的内功。在教学中学会教学，在与学生交往时读懂学生，在与教材对话中读懂教材，在立足课堂中读懂课堂，不叫一课随意，这样你的课堂就是带着思想、带着问题去研究。坚持下去，就会有大的提高。课堂上有什么可以研究的？其实，要把握几个基本要素：教师、学生、教学内容、教学方法手段、教学环境。具体可以从以下几方面去把握：

1. 对教学的态度：科学严谨，丰富平实，灵活深刻，目中有人，兴趣为重。

2. 对学生的态度：敬畏生命，尊重个性，平等交流，爱而不溺，严而不厉。

3. 什么是重要的，什么是次要的，什么是不要的。对于小学生来说，我觉得以下四方面是重要的：（1）兴趣。（2）专注。（3）习惯。（4）独立探究。

4. 角色意识。在教学过程中，我们始终是个配角，学生才是真正的主人。是学生在学习，不是教师。教师可以为学生指路，但不能代替学生走路。

有些知识，学生通过看书可以看明白的，教师就不要讲。

有些知识，学生通过独立思考可以解决的，教师就不要组织合作。

有些知识，学生通过合作可以完成的，教师就不要急于讲解。

有些提问，教师多延迟等待几秒学生可以答出的，就不要急于让孩子坐下。

有些操作，能让学生做的，教师就不要包办代替。教师别动不动就跑学生前面去。

5. 教师的作用在于创设情境，唤醒经验，激发兴趣，引发学生的学习动机，做出价值判断与选择；在于学生出现愤悱状态，即"心求通而未得，口欲言而不能"时的一句启发、点拨。

6. 要注意培养学生的学习方式。看书、听讲、记笔记、写作业、提问、操作、交流、答问、表演等都是学生重要的学习方式。简而言之，学生的学习方式不外乎以下十种：听、说、读、写、看、摸、嗅、尝、思、练（做）。而教师相应的教学方式则有八种：听、说、读、写、模拟、演示、展示、要求。千万不要让学生掉入讲练模仿的旧式教与学方式的怪圈中。独立思考、合作交流、动手操作、质疑问难，这样的学习方式应该更加稳固地在学生学习中建立起来。

7. 要学会调控情绪。我们应该有这样的认识：教学的专业性不在教育理论有多么高深，不在于学科知识有多么专业，而在于教师作为职业人的一种情绪的自我调节与控制。尤其在对待一些问题学生时，要学会包容与欣赏，懂得尊重与信任。因为，我们是教师。

有这样一句话，叫作"没有深入调查就没有发言权"。还有这样一句话，叫作"深入教学第一线，把握教学主动权"。另外，还有一句话，叫作"实践是检验真理的唯一标准"。经验表明，教师的研究要深入课堂、立足课堂、着眼课堂现象和问题。以此为对象，在不断的肯定与否定中完善与提升，这本身就是行动研究。为此，行动研究有一种解释是为大家所熟悉的：行动研究就是研究行动，在行动中研究，为了行动而研究。从教学上来说，就是"研究教学、在教学中研究，为教学而研究"。从这个意义上说，教学实践本身就含有研究的性质。研究的目的是把握真实的课堂，用教育理论解释真实的课堂，解决课堂中存在的问题，使得课堂朝着健康方向发展。

平时教学中，我们都曾有过这样的感受：一节课下来，教师和学生心情愉悦，彼此支持，思维开阔，经历困难，共享成功。教学带给你的就是内心的敞亮和满足。而这种状态的产生，非误打误撞而能长此下去的，需要研究，在研究中把握规律，在实践中遵循规律。

三、反　思

你真正的生命是你的思想。

对某一问题的不倦探究，是个体成长所必经的心路历程，也只有在理性的基础上才能确立自己的尊严。

反思对于教师来说，是"总结经验——梳理思维——生成智慧——集成思想——优化教学"的重要途径。现今的专家、名师无一不是有反思习惯之人。

中国古训中有所谓"纸上得来终觉浅，绝知此事要躬行"、"纸上得来终觉浅，心中悟出始知深"的说法。前者强调的是活动、实践、躬行对于知识的领会与掌握的意义；后者强调的是"悟"，即个体经验在理解、吸收、建构和掌握知识过程中的意义。没有比较丰富、深刻的体验做积淀，"悟"就不易甚至不能产生。实践过后，让课堂上的激情渐渐冷却下来，静静地反思。"静表以健，静居以安，静思以通，静心以专。"在静静的反思中，可以提笔写一写，悟理悟道，获得提升。

很多老师一说到反思，就觉得自己的反思不称之为反思，与名家的反思相比简直是幼稚可笑、不入流，从而产生一种挫败感，最后干脆不做也罢。其实，这种想法是错误的。教师的反思是自我洞察与积累，文笔未必曼妙，思想未必深邃，但求的是一点点的成长。我们也不必"提笔教育，落笔社会人生"，就每天的课上课下、教材、学生、偶有所得抑或憾事记上几笔就行了，天长日久，慢慢提升。

如何反思？

1. 课例——反思。一课一思，如教学目标确定、教学流程的设计、教学活动的组织、学生学习方式的改善、教学媒体的运用、师生评价的运用、教学时间的分配、教学效果的表现等等。教学中，学生容易在哪些问题上弄不清楚，学生哪些好的解决问题的办法值得推广，教学中的得意之笔、遗憾之处以及改进措施等等，都可以成为我们教学反思中的关注点。

2. 课型——反思。语文的识字教学、阅读教学、作文教学、口语交际教学有什么规律，数学的数与代数、空间与图形、统计与概率、实践与综合应用教学应该如何把握，英语中的"任务驱动"、"话题教学"又如何实施等，这又是一个层次的反思，但它是建立在一课一思的基础之上的。

3. 问题——策略。教学在其发展过程中，往往是在不断暴露问题、解决问题、追求教学平衡的过程。如《教学病理学》一书中，将教学中的问题归为三方面，即教学缺失，教学滞后，教学过度。其中，还涉及许多子问题，如忽视学生主体地位的问题、重智力轻非智力问题、重结果轻过程的问题、重知识轻能力、重教轻学等等。其实，在不同时期，我们可以结合本学科教学，关注这些问题，放大这些问题，研究这些问题，解决这些问题，在发现问题、提出问题、解决问题中提升教学水平。

4. 现象——思考。虚假教学现象、合作低效现象、过度追求分数现象、学生不参与、课件滥用现象、课堂内容单一单薄不丰富现象等，这些现象都值得我们去反思。

5. 教育随笔、读书札记等等。

说到反思，说起来容易做起来难。首要的是克服惰性，这既要靠自身的意志品质，也要靠外部的激励与督促。如建立教育博客，把自己摆在众人面前接受监督，如为报纸杂志投稿，让思考变成铅字，让思想产生价值。坚持就会有收获，成功必将促进更大的成功。

四、课题研究

教学研究实践以及名师成长个人案例表明，教师参与课题研究对于提高教师的学习意识、研究意识、问题意识、团队意识、成果意识以及研究能力是大有益处的。作为教师个体，在参与学校所承担的课题研究任务时，往往会有自己研究的小专题。在课题研究过程中应该注意以下几点：

1. 个人研究的小专题要"新、小、实"，防止"假、大、空"。

2. 教师要明确研究目标，明确阶段研究任务，熟悉研究方法，一定要立足实践，注意资料积累，切忌急功近利。

3. 教师要"研、学、做兼顾"，切勿"闭门造车"。

教学研究不是拍拍脑袋做学问、挥挥笔杆写文章，要实践。教育科研是教育的科学，科学就要求真，来不得半点虚假。

总之，在工作中我们要先认真地设计好工作中的自己，然后多读点正经书，坚持上好每节课，让思考和写作成为一种习惯。这个过程就是做一名研究型教师的过程。过程之后，你就是一名真正的研究型教师。

2009 年 5 月 16 日

想想我们的教育价值观

近日在澳门，观课、议课、做示范课、组织联校观课等一系列的教学活动接踵而至，忙碌中不免想起近十年来我在内地所经历的教学研讨的林林总总。

近十年来，在课程改革的推动下，在《新课标》的学习、实践与反思中，掀起了一个又一个教学研讨的浪潮。教师们再也无法稳坐经验的摇椅上，再也无法按照多年沿袭下来的教学轨迹去教学。学习与思考、怀疑与修正、继承与放弃等已成为教师教学生活中的重要内容。传统的教学在课程改革声讨下不断地做着深刻的自我反省，先不论及传统中的优劣成分，单从这种新与旧观念与行为矛盾的本身来看，它的确是促进教育发展的一种动力。

官员们、专家们、学者们以及参与其中的教师们，有的主导着课改方向，把握着课改的进程；有的热衷于传经送宝，普度众生；而教师们有的被动地跟着感觉走，或被拉着走，有的也被这种浪潮搞得血脉贲张、激进十足。这就是一个社会事件下的众生相。不管怎样，身在其中的每个人都意识到这是国内教育改革发展中的大事件，谁也不想在这个大事件中麻木不仁，谁也逃离不了课程改革这张大网。每每参与教研活动必有体验，看到的教学无论是与自己的教学观念吻合还是发生冲突，无论是所谓的成功还是不成功，人们最后真正要思考的还是课程改革，还是《新课标》理念，还是教学改革，主要是看课程改革在多大程度上对课堂教学产生了影响。

课堂教学改革是否真正发生，主要看什么？看教与学方式是否转变？看师生关系是否改善？看课堂气氛是否活跃？看教学评价是否多元？看教学方法是否灵活？看教学手段是否恰当……这些都很实际，也很重要，但探究其根，当看教师的教学价值观是否真的发生了改变。教师内在的价值观最能直接决定教学目标的制定以及教学过程的实施。教学价值观是什么？是教师认为教学中什么是重要的，什么是次要的，什么是不要的。在过去的教学中，教师们更习惯于进行书本知识的传递，即更加关注知识的教学。对于技能与能力的关注是有的，但在落实到具体的教学行为上则还是应花大气力用在知识的讲解与传授上。当我们的教学行为中没有真正地在培养学生的能力与智力上做出实质的改变时，所谓的能力目标也就只是停留在纸面上。对于知识、技能、能力这些认知目标来说，总体上还是得到了广大教师的重视，并已形成一定的教学方式方法以达到这一认知目标。但对于认知目标之外的，诸如情感态度和价值观等方面目标的重视，更多的教师认为始于第八次课程改革。在《新课标》中明确提出三维目标之前，教师们更熟悉的是在教学中向学生进行思想品德教育。至于如何去做？虽然有人提出要"自然渗透，渗透自然"，但真正做起来往往是穿鞋戴帽、生搬硬套，只是将一些人文方面的知识以及社会的某些认识与规范粘贴到课堂中来，而对于学生的兴趣、情感、信心、态度、习惯、学习目的与意义等认识不足或无暇顾及。毕竟，在教师的价值系统中真正重要的是书本中学生应知应会的知识，是考卷中常考不衰的题目。

那么，我们的教师应该建立怎样的教育价值观呢？我想，还是那句老话：不要只关注知识的传递，更要关注人的主动与健康地发展，关注人为适应未来社会发展而需要具备的素质方面的充实。一直以来，我们更加关注短效教学目标，如向四十分钟要质量、一课一得、要让学生在有限的时间内学到更多的知识……教师的教学价值观还是要帮助学生进行知识的积累，这种做法相当于经济学中的原始资本积累。这样培养出来的学生只能是知识储备型的"人才"，是一个两脚会移动的书橱。而在网络成为人类生存的空气的时代，在报刊等纸印读物都渐受冷落的今天，一个人靠十几年的辛苦积累又怎么能找到合适的社会位置呢？未来的社会需要人应该有健康的体魄、充沛的精力、国际视野、合作的态度、解决问题的能力、创新能力、沟通交往能力等等。也可以套用大家熟悉的五个学会，即"学会生存、学会求知、学会交往、学会合作、学会关爱"来作为未来的人才标准。相比之下，知识往往会退居次位，首先重要的是思维方式，然后是人的情感态度与创新能力等等。也许从短期来看，我们传统的教学价值观是适应国情与未来社会竞争的，也许我们还会说出诸多的无奈，如考试制度、社会用人制度等等，但真正从人走向社会后的社会阶层来看，那些知识储备型的人往往只是某公司、某学校、某机关案头的卷宗、书柜中的词典、茶桌上的杂志而已。这里并非有意将社会中的人分为三六九等，只是希望以此引发大家对教育价值观的思考。

也许质疑教师们一直以来的教学行为会引发教师的内心恐慌，会让教师感觉无所适从，甚至不假思索地将提出这种想法的人拒之门外。但置身社会大系统之中，教育不可能脱离社会中政治、经济、文化、生产力、生产关系等多种因素的影响，教育一方面要适应社会的发展，传承文化知识，继承社会道德规范，为人类、为社会、为国家培养人才，同时教育又要承担引领与改造社会的重任，即教育要不断根据社会发展变化，特别是国际环境、科学技术发展、人类文明发展的大的趋势，对曾经的教育价值观做出审视与调整，进而在教学目标、教学原则、教学方法、教学内容等方面做相应的改变。

改革必发于质疑传统，或先破后立，或改造中建立。对于教学改革来说，必将通过从事教育的主体——教师来推动变革。这首先就要进入教师的课堂，在课堂教学实践的观察与鉴别中将精华与糟粕剥离开，将教师的教学习惯提炼出来，将教师教学实践背后的教学价值观挖掘出来，放在大的教育背景下，放在社会发展的系统中，放在国际的视野下去分析，推断这种教育价值取向下的教师群体会将中国的教育带向何方，会为我们的国家和整个人类社会培养出怎样的一批人。我想这种思维是对的。每位一线教师有责任有义务去思考这些问题，唯如此才不至于使今日之教学仅为今日之薪酬，才不至于我的教学成功与否关键看校长是否满意……

回到数学课堂上来，教师的教学价值观不应仅停留在教学生理解数学的概念、性质、规律、法则，不应仅满足于教会学生分析、推理、证明与解题。在此基础上，更重要的是培养学生对数学的学习兴趣、学好数学的信心，以及在学习过程中养成诸如科学严谨、求真务实、独立钻研、合作研究、创新求变、克服困难等意识态度与精神。我想，一个教师如果将这些认知之外的价值观融化在血液中，必将在教学设计及课堂教学中转化为教学行为。长此下去，就会形成相对稳定的教学价值观。而此时之教学观，较之以往的教学价值观相比，无疑是更有利于造就现代人。为此，计较教学中的点滴得与失、暂时的成与败似乎都显得短视（当然，并不是不追求教学的细节，也无批评之意）。一个有经验的教师、一个有大的教学价值观的教师，当面对课堂生成的问题时会在短时间内做出价值判断，从而决定该将教学导向何方。

教育价值观，一言难尽之。拾起此话题，是想告诉自己，也想告诉碰巧读过这篇文字的同行们：教育价值观，真的很重要。

2010 年 3 月 14 日

教育问题之胡诌

说到教育的功能，有点经典教育学知识的人都知道——培养人。按照人们正常的思维逻辑，会追问：培养什么样的人？从狭义的本土教育观、人才观去理解，我们要培养"有理想、有道德、有文化、有纪律"的社会主义建设者和接班人。然而，从人自身发展的需要以及适应未来社会发展需要这个角度去思考，我们应该培养具有以下四种能力的人，即"学会认知，学会做事，学会共同生活，学会生存"。这是联合国21世纪委员会提出的教育的四大支柱。四大支柱不能理解为并列关系，学会生存应该是根基，而认知、做事以及共同生活实质上都是围绕学会生存而展开的，既是生存的需要又是发展的需要，既是个人也是未来社会的需要。除了四大支柱外，21世纪教育圆桌会议又提出了"学会关心"，显示出从生存的物质层面向精神层面的提升。二者互为补充，共成一体。至此，我们可以提炼出人类教育史上的核心命题其实就是"人的生存与发展"。

在当今纷繁变化的社会现象和教育矛盾中，我们能否去思考、理解、把握变化中那些不变的教育基本问题？如果可以，是谁在思考、在理解、在把握？是专家、学者、大学教授吗？应该更多地集中在这个高端人群之中，现实就是这样的。一线教师恐怕已缠于教学事务之中，在经历中积累经验，在经验中提炼技能，在技能强化中更加钟爱教学技能。那些教育基本问题的思考、理解恐怕还无法成为当前一线教师的职业习惯。当一些教育理论培训通过专家的宣讲进入教师头脑时，理论与实践还需要一段时间的并行，方有融会之可能。这就是当前一种现实的教育现象，尤其是校本培训研修以及教师专业发展过程中的客观现实。

"生存与发展"作为教育的核心问题，总不能成为桌面上、口头上、书卷中以及少数悬于一线教育园地之上的头脑里的玄学，更不应成为那些鄙视教育实践而显示自己教育智慧的空头专家自我标榜的头贴。一线教师应该逐渐学会自我拯救，立足实践，在低头耕作的过程中学会抬头看路，学会静心读书与思考，学会置身人类与社会、自然与万物。人人需要改变，但真正的改变一定是来自内部。提升教学的品位和境界，需要学科教师跳出学科，增强自身的育人意识，需要不断思考那些最基本的教育问题。这样，理智地看待一些教学上的现象和问题，再做出教学上的某些决策，就可能不是小聪明，而是大智慧。把自己放在什么位置，就会有什么思考；有什么思考就会有什么行动，有什么行动就会影响学生的思想与行动。不见得我们的改变会直接改变学生什么，但一批这样的教师经过若干年，或一批批教师经过几代的努力，只要是在正确的道路上前行，就一定会形成某种教育的现象、态势、风格以及思想。只要是有关于教育基本问题之思考，就会逐渐地改变我们的行动。相信这一点，就会找到通往罗马城之路；相信这一点，就会使我们的教学万变不离其宗。

2010 年 10 月 11 日

宗 教 与 教 育

最近读了两本书：一本《教育十大基本问题》，另一本是《一本书读懂世界三大宗教》。第一本书单独将宗教与教育作为一个教育基本问题加以论述，而第二本书更是开宗明义，断言"任何人都难逃宗教带来的影响"。这对于一直以来视宗教为异类的很多人来说似乎不可想象。但如果有人问你：你的信仰是什么？你将做何回答？回答信马列？回答没有信仰？想想，这似乎真是一个问题。我们可以不去信仰宗教，但不等于说我们要无视宗教的存在。

佛教、基督教、伊斯兰教这三大宗教，自古以来便超越民族、人种的障壁，在历史上为人类的思维带来莫大的影响。任何人都无法否认这三大宗教将地球切割成几个"文化圈"，时时推动着时代之轮不断向前迈进。

尽管大多数人对宗教漠不关心，但是许多自古以来的规范与习俗都源自于佛教，因为佛教产生为最早。而东西方所风行的圣诞节根本就是基督教的重要庆典。到一个国家、一个地区、一座城市观光旅游，往往会登高山进庙宇。对于东方人来说，也会怀着一颗好奇的心走进教堂……因此，即便有谁说自己不信任何宗教，他也难逃宗教带来的影响。就当今世界上三个人之中就有一个人信奉基督教、五人之中就有一个人信伊斯兰教的现状来看，无疑，了解基督耶稣、了解伊斯兰教是现代人必做的功课。因为宗教，无论是基督教的《圣经》、伊斯兰教的《古兰经》还是诸多佛教经典，无论是耶稣基督、穆罕默德，还是释迦牟尼，都成为该宗教信徒的精神寄托。为此，不论是为了安顿身心，抑或是为了认识彼此相异的文化背景，具备宗教知识都是必须且必要的。作为一位教育工作者，如果希望在东西文化比较中参透文化差异以及不同文化下的教育之不同，一定要对宗教有所了解。

首先，要正确看待宗教在西方文化教育中的地位和作用，要正确认识宗教对人的影响，不能简言"宗教是精神的鸦片"。在对待异国文化的问题上，我们要抱着相互了解的心态，要尊重彼此的文化教育传统。只有本着这一观念，我们才可以更客观地看待儒家"仁爱"和基督教"博爱"思想的相通之处。

西方教育的一个重要背景就是宗教文化。怀特海认为，教育的本质即它是宗教性的。西方奉为经典的《圣经》对西方教育的影响，中国奉为经典的"四书五经"等儒家文化对中国教育的影响，造就了东西方不同的文化与教育。在西方基督天主世界，孩子从小就接触圣经故事《亚当和夏娃》、《诺亚和方舟》、《马利亚和婴孩耶稣》、《摩西和法老》、《大卫和巨人》，他们从小就把自己交给了神，把这种带有强烈宗教色彩的奉献精神和服务精神根植于内心，把对上帝的奉献精神与对国家的忠诚和对社会的责任结合在一起，以培养公民的民族精神和社会价值。而中国的孩子从小接触的是什么？似乎找不到一种主流的文化精髓。近几年兴起的国学热，应该是对传统文化传承的一种补救吧。

第二，教育的问题归根到底是信仰问题。

教育是将一个自然人社会化的过程，教育是实现人的生存与发展的社会力量，教育之作用不仅在文化的传承创造与发展，也是在提升人的生命质量，在提升社会的文明程度。为此，教育的最高境界当是灵魂的感召。真正的教育不仅有现实的关怀，还有终极的关怀。现实的关怀可以靠教育机构、教师给予或帮助，而终极关怀只能靠培养人有某种信仰。信仰是承载终极关怀的重要的甚至是唯一的载体。所以说，信仰与教育有内在关联，而宗教与信仰又息息相关。能否从宗教信仰那里得到某种启示，使得今天教育上的种种问题通过对学生心灵的感召、精神的唤起、人生意义的思考、社会价值的自我肯定等等来得到解决呢？人们常说，要找到一个精神家园，无论给自我，还是给他人，总之就是要有一个精神寄托。可以不是宗教，但它应是一种信仰。

陶行知曾说：真正的教育家要有孔子之热忱，基督之博爱，释迦牟尼之忘我精神。可见，培养和加强教师的教育信仰，应该是解决许多教育问题的前提条件。解决了教师的教育信仰问题，才有助于解决教育中的其他系列问题，包括使受教者形成自己的信仰。

第三，宗教信仰仪式与教育仪式。

几大宗教都有固定的仪式，信徒的信仰与仪式是不可分的。大量的信仰都是通过仪式来传播的，同时仪式也是培养信仰极好的途径与方式。想一想，教育上的仪式似乎正在失去其应有的教育价值，只是某种学习经历的证明，如开学典礼、毕业典礼、升国旗仪式、入队、入团、入党仪式等等。对比宗教的仪式，我们是不是应该思考一下如何提高现代教育中各种仪式的教育性呢？

　　宗教与教育原本就是相关联的一对，我们更多的时候是身在教育、立足教育看教育，研究来研究去，陷入无休止的理论怪圈中。面对以往的教育问题以及当下新的教育现象和问题往往一筹莫展，不得开悟，不得要领。正所谓，"不识庐山真面目，只缘身在此山中"。了解一些宗教知识，可能就会展开我们的视野，从世界的、人口的、民族的、文化的等多角度、多侧面去审视教育，也许会让我们有峰回路转、柳暗花明、茅塞顿开之感。

2010 年 12 月 23 日

读《一份合而不同的社会调查》想到的

2007 年 1 月 9 日,《新文化报》刊登了一篇文章——《一份合而不同的社会调查》。这份调查来自于中国、日本、韩国和美国几家研究机构的研究成果,研究主要针对的是各国高中生生活意识的比较。由于在某种意义上来说,高中生的现状即预示着各个国家未来的前途命运,所以格外引人注意。

这份调查显示,中国孩子整体表现出四强四弱,即自信心强、上进心强、幸福感强、纪律性强,实践能力弱、自主能力弱、亲子沟通弱、休闲娱乐弱。

这不由使我想到了中日教师休闲方式的比较。2000 年,笔者赴日本进行教育考察研修。其间,我对比了中国和日本教师的资料。其中,在兴趣与爱好栏,中国教师(人均年龄 30 岁)填写的内容绝大多数是看书、听音乐、看球赛、书法绘画等,而日本教师(人均 42 岁左右)填写的内容更多是出国旅游、打高尔夫球、骑摩托车兜风、冲浪、滑雪等。对比中日教师的兴趣与爱好,不难看出,工作之余的生活方式两国教师是截然不同的。中国教师更注重内敛性的、自省性的、自我修为方面的提高,喜欢的是静与思,属个体修炼式的;而日本教师则是开放的、国际化的、富于冒险精神的现代的生活方式,属于更加社会化的生活方式。这一明显的差异令当时的我和中国的很多教师大为惊异。

在与日本教师进行教育方面的交流过程中,中国教师表现出的积极的交流态度、归纳概括的能力、竞争意识和学习的意识都要强于日本教师。由此可见,中国教师的书本知识之扎实、学习习惯之良好。但在与日本教师进行手工制作、球类比赛、爬山、联欢等活动中,中国教师明显处于下风。用中国教师自己的话说:在日本,走到哪儿我们都感到新奇,除了感受新奇外,在国际化程度、参与意识和实践能力方面我们要差得很多。中国教师只知学校和书本,视野太狭窄。除了看书和教书,我们已经不会玩儿了。我们可以是个好的国民,但我们是一个不合格的村民(地球村)。

再看一看国内的高中生,高考是他们生活的全部追求和一生的赌注。在这一指挥棒的指引下,一批批年轻人将自己封闭在一摞摞课本、资料、试卷的壁垒中,接受同样承受重压的教师的训练。机器人、木偶人、外星人就这样一批批地产生了。在一所高中的校园内，我见到过这样一条标语：苦学一百天，不给今生留遗憾。这是教育的无奈，还是教育的悲哀？

我不想也无能问责社会、问责教育，也不愿探究这一现象的背后，只是从教师、高中生以及小学生的生活状态中感到某些焦虑与不安。

梁启超当年在他的《少年中国说》一文中曾热血贲张地用了许多个少年如何则国家如何的排比，把国家强盛的希望寄托在年轻人的身上。谁都知道，一个国家未来会是什么样靠的都是这些现在看着还满脸青涩的群体。这是国家实力的储备的比拼。教育承载着复兴中华之大任，教师肩负着培养祖国接班人之重担，而一批批年轻人更是祖国繁荣昌盛的希望。作为一名教师，当看到这份调查，想到在当前教育制度下教师和学生的生存状态，怎能不担忧、怎能不急！

2007 年 1 月 16 日

给教育一个培养"想象力"的理由

　　前日，偶然在网上读到一篇关于中国人缺乏"想象力"的报道。大体内容是这样的："在全球 21 个受调查的国家中，中国孩子的计算能力排名第一，想象力排名倒数第一，创造力排名倒数第五。为什么会出现这样的现象？"这是重庆市三届人大常委会第二十次会议分组审议《重庆市义务教育条例（草案）》（简称"草案"）时，一位非教育界的领导发出的感慨。他提议将草案第四十四条规定的"学校应该全面实施素质教育……强化能力培养，提高学生的学习能力、实践能力和创新能力"修改为"学校在全面实施素质教育时，要注重提高学生的想象能力、动手能力和创造能力"。

　　据悉，上述资料是 2009 年教育进展国际评估组织对全球 21 个国家进行的调查结果。调查还显示：在中国的中小学生中，认为自己有好奇心和想象力的只占 4.7%，而希望培养想象力和创造力的只占 14.9%……此外，一如以往同类文章一样，又拿"诺贝尔"出来让国人心痛。这样的文章没少读，但这样的触动却不常有。事儿是那么个事儿，理儿是那么个理儿。十年前，二十年前，甚至更早些，类似的自揭短处的报道就时而见诸报端，但为什么至今也不见改观呢？

　　说到此事，我关注到两点：一是重庆市人大要立法来培养学生的想象力；二是调查显示"希望培养想象力和创造力的只占 14.9%"。一个是社会发展对人的自身素质的需要，一个是处于发展中的人的自主发展愿望。一个是外因，一个是内因。一个是火山，一个是冰川。这不能不说是一对矛盾。为什么只有不到 15% 的学生希望培养想象力？能怪罪于学生吗？回答是肯定的：不能怪学生。儿童天生有一种主动探究的愿望，有主动获取新知的愿望，有强烈的好奇心和求知欲。正常的孩子中，没有人拒绝学习与发展。为什么在培养和发展想象力上，却只有不到 1/6 的学生表现出主观愿望呢？背后的原因可能很多，但有两点是可以肯定的：一、被调查的学生已不是学龄前儿童，他们已接受了几年或更长时间的基础教育；二、正是因为他们接受了长时间的教育，使得他们的思想意识、行为习惯、态度愿望更加趋于稳定与现实。约 85% 的学生放弃想象力方面的发展愿望，绝非不识时务，而恰恰说明这些孩子才真正是中国教育下最识时务的一批。在学生的思想意识中

"想象力弱一点没关系，但基础知识学不好，答卷就会扣分。即便是我想象力弱，但是我基础知识扎实，在别人眼中就是个活字典；我记诵大量的古诗文，不会作诗也能吟，这也是我的专长；我接受了长时间的奥数训练，做了大量的奥数题，解题技能特强，拿个奖项回来，我可以上好的中学、高中甚至大学，我获得了认可，更实惠；我苦学英语，英语顶呱呱，周围的人不知有多少人在羡慕，我将来可以考托福出国留学，在国外就算不弄个什么绿卡，将来回到国内，怎么也算个'小海龟'，好单位就不愁啦；我有个好身体，学习差不多就行，现在考大学也不那么难啦，干吗把自己搞得那么累，像什么似的，将来我生活品质照样好；我要学会人际交往，增强社会能力，这更加适应社会——至于想象力？什么时候会用到想象力呢？听着好像挺有用，但是它提高不了我的学习成绩，不能保我上大学，不能帮我找工作，改变不了我将来的生活与工作质量。至于拿不拿到诺贝尔奖，那可能不是我能办到的事儿"。

我们可以说孩子们没有理想和抱负，但是作为典型东方文化中的中国思维向来是实用主义的。你能否认上面说的这些不是事实吗？显然，其他的说教在现实面前都会显得苍白。作为教育工作者，我希望国人整体在创造力、想象力上有一个提升，但这事儿急不来。回到第一条，立法来强调培养学生的想象力，表明了政府以及社会各界对教育提出的一种迫切的要求。从社会角度来看，大家齐来关注教育、监督教育、献计于教育是一种进步；但从教育自身的要求来说，不能不说是一种耻辱。因为教育的发展，虽然要靠社会经济、政治、文化发展制约，但教育同时也有自我调理、自我发展的内部动力，教育同样也承担着改造、引领社会发展的重任。从这个意义上来说，关于培养学生想象力的问题，本该是教育自身发展中应该给予关注的问题。那是不是国内教育一直不重视想象力的培养呢？答案是肯定的。我们传统的教育文化使得我们在面对这么大的受教育人群时，考虑最多的是最初的扫除青壮年文盲到普及九年义务教育，从办人民满意的教育到优质教育再到均衡教育，从所谓的应试教育到素质教育……我们大的教育方针就是要全面提高国人的基础素质。我们强调的是基础性、普及性与发展性，其中前两者更为重要。这就不难理解为什么一会儿我们的学生创造力不够啦，一会学生的体力又不行啦，一会儿想象力又出问题啦，一会实践能力又弱啦……

20 世纪 80 年代，出现过一个高频词——"高分低能"。为了改变这一现象，教育界内部提出"开发智力，培养能力"。其中，凡有过教育基本常识的人都知道：一般智力就包括注意力、观察力、记忆力、思维力和想象力。能说教育不重视想象力的培养吗？教育在发展过程中，不同阶段会有不同阶段所面临的重大问题，对于想象力的关注至少在理论层面、思想口号层面已经做出了努力。

接着，无论是 20 世纪 90 年代初在国内推行的素质教育，还是本世纪初开始的新中国成立以来的第八次课程改革，无论是有关文献提出的素质教育的一个中心两个重点还是《纲要》抑或是各学科的《课程标准》，都关注到了人的全面、和谐、持续发展的问题。特别是《课程标准》，从"知识与技能、过程与方法、情感态度与价值观"三个维度确定课程目标，想象力同实践能力、创造力一起都写进了《课程标准》。其中，《全日制义务教育数学课程标准（实验稿）》中有这样的表述："数学在提高人的推理能力、抽象能力、想象力和创造力等方面有着独特的作用；数学是人类的一种文化，它的内容、思想、方法和语言是现代文明的重要组成部分。""学生的数学学习内容应当是现实的、有意义的、富有挑战性的，这些内容要有利于学生主动地进行观察、实验、猜测、验证、推理与交流等数学活动……动手实践、自主探索与合作交流是学生学习数学的重要方式。"《全日制义务教育语文课程标准（实验稿）》总目标第四条也同样提出："在发展语言能力的同时，发展思维能力，激发想象力和创造潜能。逐步养成实事求是、崇尚真知的科学态度，初步掌握科学的思想方法。"由此可见，在培养学生想象力，包括创造力与实践能力方面，教育界并非是无所作为的。但为什么课改走过十年，调查结果依然让人不乐观呢？我想原因有二：其一，教育本身就是一个长效性的工作，改变教师的教学习惯是个痛苦而艰难的过程，改善学生的学习方式也需要一个长期的过程。不可能一个文件下去，一夜间就改变教师的教学惯性，不可能教师一年或几年的时间就完全改变学生的学习方式与思维习惯，因为影响学生的不仅是教师，家长的功利观念、社会择业要求、社会文化、高考制度等都会对学生造成影响。其二，我们已经进步了，只是传统的力量太过强大，使得点滴的变化不足以让我们感受得到。应该说，在培养学生想象力方面、在课程改革中已通过《课程标准》的制定，试图在教材编写、教师培训、课堂教学实施等方面给予积极的干预。这是一个正确的方向和好的迹象。

展开来说，对比东西方的想象力，我们感受最多的是中国同以美国为代表的西方的影视文化。我并不懂影视文化，也无需要太懂，但是我们一直在看美国的好莱坞，也看中国的影视剧和中国电影。应该说，国内的电影和电视剧受港台影响，"历史片、动作片、警匪片、农村改革片、情感片、伦理片"最多。其中，最多的是历史片，以抗日战争为题材的最多。电视剧则更多的是宫廷剧。中国人不知为什么，也许二千年封建文化形成的皇权文化仍在发挥余温吧，打开电视就可看到皇上、阿哥、格格、公主、太监、大臣……不知为什么，中国人这么钟情历史，醉心于宫廷的钩心斗角，喜欢长袍马褂，中意顶戴花翎，喜欢拱手作揖，喜欢借古喻今。真担心这种文化下的中国人一个个都成了孔乙己。哪有什么想象与创造可言呢？反观美国的电影，虽然充斥着暴力凶杀、性与政治，但与中国的钟爱历史来说，没有多长历史的美国反而不受历史的拖累，他们看的是未来，没有发生的是未来，对未来的描绘就是一种想象。不可否认，包括中国人在内的各个国家的人们，非常喜欢美国大片中的"科幻"。未来战士、机器人、神秘物种、未知病毒、外星人、2012……美国人的想象力已超出了国人的想象。在中国，不是没有想象力的影视作品，但都是几百年前的啦，除了《西游记》、《封神榜》我再也想不到啦。就这两部还不是拍了又拍，再想象不出什么新的东西啦，可悲可叹！现在韩流来袭，俊男靓女爱得死去活来，哪有可以影响国人去自塑想象的动力呢？想来想去，我找不到教育培养学生想象力的理由。

美国几个专业学会共同评出的影响人类 20 世纪生活的 20 项重大发明中，没有一项由中国人发明；中国学子每年在美国拿博士学位的有 2000 人之多，为非美裔学生之冠，但美国专家评论说，虽然中国学子成绩突出，想象力却非常缺乏。这么说来，中国人学的东西都与发明创造不沾边，这不能不再次让我们痛定思痛。

我多么希望给教育一个培养学生想象力的理由，给教师一个重视学生想象力培养的理由，给学生一个自主发展想象力的理由！

2010 年 11 月 25 日

中国的教育很神奇

"中国的教育很神奇"，这句话出自加拿大里贾纳大学教育学院罗德教授之口。如果断章取义，只听这句评价的话，或许对于我们每一个一直以来关注中国教育的人来说，对于一直处在批评旋涡中的中国教育来说，是一针强心剂。毕竟新中国成立60年来，在反思我国教育的过程中，在我们肯定基础教育所取得显著成绩的同时，更是揭出了教育存在的种种弊端。这些弊端不仅限制了教育的发展、人才的培养，更制约了社会的进步、民族的复兴……实施课程改革，也正是希望通过建立新的适应素质教育要求的课程结构体系来改变传统的教育现状，提升教育在提高全民素质方面的功能。然而，我们在课改中不可避免地遇到了"改革中的阵痛"。在这当口，尤其是课改过程中某些人视西方教育理论为"神明"的时候，听一听外国同行对我们的教育评价，或许对我们有些帮助。

2005年的一天，加拿大三所大学的教育专家来到树勋小学，洽谈学校联谊一事。在双方进行礼节性的会议程序后，接下来就是双方的交流。当时，学校的二十位外语教师与十七位数学双语教师都出席了交流会。双方就各自所关心的基础教育的若干问题进行了愉快的交流。其中谈到对两国教育的看法时，罗德教授说到了这句话。他说："1998年，我第一次来到中国，我发现当时中国教育所面临的问题是加拿大五十年前遇到的问题；2005年的时候，中国教育发展的状况相当于加拿大二十年前的状况，看来中国教育发展是很快的。"（我们不得不承认这一事实，我们要有勇气正视暂时的落后）"从总体上来看，中国教育很神奇，我很钦佩中国的教师，他们每天要面对那么多的孩子，还能让孩子们都很遵守纪律……"

如果把这句话放到这段话当中，相信大家同我一样高兴不起来了。原因至少有四个方面：

一、也许我们真的落后，但我们不希望别人说我们落后。说是自尊也好，哪怕是虚荣心在作祟。

二、孔子在二千五百多年前就倡导"因材施教"，然而当我们面对每个班五六十人的大班额时再去讲"因材施教"的思想，恐怕只是自欺欺人，连自己都不相信。

三、"一位教师面对众多的差异教育个体，能让他们都规规矩矩的"，面对这种现象，我们的思想早已麻木了，我们将这种现象看作教师的管教有方。殊不知，我们是在扼杀孩子的天性，磨灭孩子的个性。这么一想，怎能让人高兴起来呢？

四、我们重视文化的传承与积累，偏爱在古书堆中寻找所谓的入世、齐家、治国、安身、立命的智慧，却无视"科学与艺术"对于学生创新精神与实践能力的培养。我们习惯于翻历史，以历史影射现实，而国外习惯于看未来，以未来引领现在。这就不难理解为什么西方人敢于冒险、善于创新。

想一想我们每天工作的现状以及学生的生存状态，更是难以让我们高兴。除了每天读书、写作业、做卷子、考试之外，他们还有什么自我的兴趣爱好？还有什么自己的空间时间？还有什么自己选择的权利？中国的教育是神奇，太神奇了，神奇得让我们每一位身在其中的人都难以认清其面目。我们每天做着同样的工作，甚至没有哪一根神经能够思考一下"为什么"，或许我们已没有了拷问自身的勇气……

2007 年 12 月 11 日

走近"丹麦童话"

说起丹麦，其实了解不是很多，只知道丹麦是一个北欧国家，知道安徒生写了许多童话。生活在我这个年龄阶段的城里人，可以说是伴随着安徒生的童话长大的。由于小时候读书条件有限，像《丑小鸭》、《大克劳斯与小克劳斯》、《皇帝的新装》、《拇指姑娘》等童话也只能与儿子一同欣赏了。要说我对丹麦的了解，还有一个途径，那就是我的最爱——足球。我是一个准球迷，虽然不够专业，但至少看球赛让我的生活多了几分闲适、增了几许激情。同时，我也通过电视屏幕了解了世界杯、欧洲杯，记住了丹麦男子足球队在1992年书写的"童话"，记住了劳德卢普兄弟和施梅切尔。更是通过他们球场上的激情演绎，使丹麦这个国度在我心中增添了几分神秘。

几天前得到通知，说丹麦的两位教育专家要来学校给学生讲原汁原味的安徒生童话，并与学校领导、教师进行交流。这不仅吊足了学生的胃口，也使我对他们的到来充满期待。

下午，丹麦一行三人来到了学校电教中心，学生早早地等候了。简单的寒暄过后，其中一位矮个子教师登台，开始了他的童话世界。之所以说是他的童话世界，是因为他说的丹麦英语不仅难辨认，而且照本宣科式的童话传经也让学生感到不适，原本比较熟悉的"丑小鸭"变成了陌生的经文。显然，学生并没有走进童话世界，只能说是走近丹麦童话。即便如此，我觉得这样的活动对于增进学生国际化理解、提升国际交流意识、营造国际化的人际交往氛围也还是大有益处的。

在接下来一个多小时的接待中，我与两位专家围绕两国基础教育的现状以及所面临的诸多问题做了较为深入的交流。在交流中我了解到，丹麦这个只有500万人口的小国非常重视教育，同我们国内一样，也正在进行教育改革。所不同的是，他们的基础教育希望解决的问题是提高学生的基础知识、基本技能；在面向全体同学提出统一要求的同时，希望培养学生的个性。他们认为，丹麦在培养学生创新精神与实践能力方面做得是比较成功的。而我们国内，则是希望通过改变教学方式、学习方式来培养学生的创新精神与实践能力。

丹麦国内受教育的适龄儿童人口远远少于我国，班额也仅相当于我们国内的一半，平均每班 25 人左右。在教学中，他们主要倡导小组合作学习、小课题学习，重视学生将所学的知识应用到解决现实的问题中来，并鼓励学生用多种方法、从多个角度来解决问题。这与我们现在课程改革的努力方向是一致的。对于教师，丹麦国内小学教师平均年龄 45 岁，而来访的这位老师所在的学校教师平均年龄 50 岁，这未免让我感到震惊。难怪他们称赞我们的教师在教学中应用信息技术的意识与能力要高于他们！

虽然试图了解丹麦更多的教育信息，但短暂的交流也只能让彼此感受一种气氛，建立长期的交流与合作关系才是彼此的愿望。由此我想：办学不能画地为牢、循规蹈矩，更不能孤芳自赏、以老大自居，要有开放的学习心态，要有国际化的视野，要有整合文化的思想与智慧。

有这样一句话：你站得有多高，声音就会传得有多远；视野有多宽，路就有多广。

丹麦童话，再次温润了我的教育情怀；丹麦童话，再次打开了我的教育视野；走近丹麦童话，让我的内心教育世界又增添了几分童心童趣；走近丹麦童话，让我又有了几分对教育的憧憬与构想。

2007 年 10 月 25 日

他们，为何"背叛"了教育

　　事件回放：端午节的前一天，我得到了老同学 L 和 W 从农村来长春的消息。今天不是周末，他们二人为何选择这个时候来这里呢？追问下得知，他们二人正在市内某保险公司学习，准备弃教从事保险代理员工作。"这是为什么呀？"带着疑问，甚至是气恼，我打车去了这家保险公司，准备当面质问他俩为什么背叛教育，为什么背叛毕业前的承诺。不是说好了要干一番事业的吗？十七年过后，他们的心冷却了吗？难道非要这样吗？

　　焦点人物：W，三十七岁，NA 师范学校毕业。学生时代的歌王，有过十五年音乐教学的经历。三年前，为谋生计，业余时间，在开三轮车送货的过程中出车祸，落下左腿残疾。

　　在楼下等了许久，W 从二楼的楼梯拐角处走了下来。半年前还见过他，现在简直是变了一个人：雪白的半袖衫，系着天蓝色的领带，头发看上去也刻意打理过，脸上泛着亮光，看上去很兴奋，似乎对新的选择充满信心与期待。但我还是可以看出他的举止、神情、言语依旧写着曾经的农村教师的质朴与纯净。他言谈的内容没了以往的工作情况的询问，取而代之的是新近出台的《国务院关于保险业改革发展的若干意见》（简称"国十条"）以及保险的宣传手册。在我的眼中，他的大脑好像被洗过了似的，完全没了教师的印迹。而在他眼中，不去了解保险、不去学习"国十条"简直就是食古不化的人，OUT 了。看到他变成这样，我不知为他还是要为农村教育感伤。

　　焦点人物：L，三十七岁，NA 师范学校毕业。特长有音乐、文学、书法。农村某所小学的语文教师、教导主任。十七年来积累读书笔记和随笔四十余万字，代表作品是《从〈论语〉看孔子的教育思想》（未发表）。

　　L 是我四年的同桌，是人们公认的好学生的那种类型。由于各方面素质优秀，学校曾决定留他在县城工作。但为了照顾年迈的伯父与父母，他回到了离县城近百公里的偏远农村，与所有的农村教师一样，一边教书一边种田，日子过得还算舒坦。但娶妻生子、孩子日渐长大时，他感到一个教师每月八百元左右的收入（现在已有所改善），上顾老下养小，实在是力不从心。在 L 的教育影响下，孩子特别懂事，学习优秀，喜爱读书。每月 L 都要给孩子买些书看。每次他们父女来长春，我也要送给孩子几本书，领着孩子到公园玩一玩。走在街上，在他们父女二人对话中，分明可以看出 L 对女儿的点滴教育之意识。我完全可以读懂他此时的心情，他不想让自己的女儿也像自己那样守在农村不能自拔。"走出去"、"改变自己的命运，改变下一代的命运"，这种声音应该在他的心中蓄积已久，我完全可以听得到。两年前，L 曾南下江浙应聘，然而手中最高级别的证书仅是县级的教学优秀。虽然他认认真真地上着每一节课，但没有上过一节县以上的公开课，没有一篇文章发表，得到的只能是学生的喜爱和家长的认可。没想到当年放弃城镇回农村，这一回却再也没有机会出来了，即便自己有一定的学识，即便自己有更大的抱负，环境决定他只能被锁在农村，他觉得知识并没有改变他的命运。

如果说初次步入教育时他曾意气风发、信誓旦旦、踌躇满志，眼中仅有教育事业的话，那么微薄的收入、繁重的劳动、无意义的应付检查等等使他觉得教育并非书本中写的那样教书育人。回到现实中的他是矛盾的："我要工作，但我要生活。"尤其是当百倍的付出得不到回报，辛勤工作的身影得不到关注，教育教学的思考成果得不到认可时，他开始对教育绝望。这种绝望在于他想改变而无力改变，在于自己钟爱的教育没有给他带来快乐、带来成功的喜悦，哪怕是一点点的心理慰藉。随着国家对三农问题的关注，农村教师的收入甚至不如一个普通的农民了。尤其是城乡教育发展的不均衡引发的教育公平问题，更使农村教师看到了付出与收益的巨大反差。"在农村，为教致贫？"（本书出版时，这种现象已得到改观）

他们是可爱的，是朴实的，对教育也可谓是忠诚的，但他们的工作环境是简陋的，工作强度是巨大的，工资待遇是低廉的，社会地位是低微的……在这种境遇下，一部分人仍然坚守着，给农村教育以希望；一部分人左右徘徊着，他们在两难中挣扎；还有一部分人选择了放弃教育。他们曾经努力过，他们也曾想着奉献，但他们要生活——面对他们，我还能说什么呢？

作为同学，我可以说一说我对这种选择的看法，但作为城市优越环境下的同行，我没有农村教育经历的这十七年，我又怎能对他说三道四、指手画脚呢。然而，职业的素养使我开始为我们的农村教育担忧起来。据我了解，仅我们一个师范班四十六名同学中就有十名在农村工作的教师相继离开了教育，或务农，或经商……他们多是教师队伍中的优秀者。农村的发展要靠教育，教育的发展要靠教师，教师队伍垮了，还有谁去充当农村基础教育的脊梁？

2007 年 6 月 22 日

他们，不相信中国教育！

最近，我总能遇到一些奇事，让我不得不思考教育。前两天刚送走两位弃教从事保险业的同学，昨天晚间又"偶遇"两位退休的老干部，其中一位不让外孙和孙子上学，在家自己辅导，后来从长春带小孩子去浙江某地读私塾；另一位老同志让自己的孩子读完初中后，直接送到国外读高中和大学，不想让孩子的青春耗费在考试地狱之中。一个是离开学校，陪读私塾；一个是为孩子攒钱，送至国外。两个人共同之处是不相信国内的教育。更值得关注的是，这两位老同志曾是某大学的同学，在省城非常好的单位工作，退休后乐于在一起谈论教育孩子的事儿，当然就少不了谈论自己对当前教育的看法、对学校办学的看法以及对教师的看法。

结识老张同志，是在学校收发室。当他谈到外孙和孙子不上学（一个应该上一年，一个应该上小学三年级）而去读私塾，引起了我的兴趣。因为最近的国学热引起了大家的普遍关注。小孩子到底要不要学国学、为什么要学点国学、学到什么程度、到哪去学等等，大家都想了解一些。另外，像他这样在家单独教孩子，还不远千里慕名到浙江，让孩子读经史子集，之乎者也，不学数学只学国学与外语的毕竟不多。对于他这样一位有学识的老同志能够有这样极端的做法，实在是引起了我的探究欲望。由于当时有事儿，我们互留了电话，一面之交，匆匆而过。没想到，事隔几个月了，他居然开着车拉着他的老同学、老挚友到学校来找我，说要请我吃饭，和我唠唠教育的事儿。对于我这样一个小老师来说，真有点受宠若惊。

有机会结识他们，了解他们对教育的看法、对教学的看法，真的很受教育。他们谈了语文教学、外语教学、作业、培养孩子读书习惯、让孩子走出教室接触自然与社会、孩子的饮食与健康、孩子的睡眠、让孩子亲近国学、学点历史、不要百字过关但可以抄书等等。同时，还谈到中国人对孩子成功与否的关注仅限于24岁左右这一年龄域，这是个误区；同时，把考上名牌大学、当大官、发大财作为成功的标志，这是一种社会价值观的扭曲。更有开发商开发"成功人士家园"之类的豪华别墅区，使人自然认同了这样一个道理：住不上大房，开不上名车，上不了好单位的都不是成功人士。哈哈，荒唐！这个社会是怎么了？唉，这天也不知怎么了，气温居高不下，我在电脑前也是越写越烦，汗也下来了。

天黑了，外面有了一丝凉意，到外面放放风，透透气吧。让自己的心情放松一下，生活还是挺美好的嘛。就到这里，就到这里，休息，休息一下……

2007 年 6 月 24 日

只是还没有成功

在十几年的教学中，我先后教过旧版、新版人民教育出版社的教材，教过现代小学数学，教过北京师范大学出版社的教材，从事了近二十年的奥数教学……对以往的数学教学可以说是驾轻就熟，形成了一定的教学范式。回顾这十几年，大大小小的教学改革浪潮不断地冲击着我们，从20世纪90年代初的愉快教育，到后来的创新教育、自主学习、探究式教学，再到后来提出的素质教育、减负等等，教育改革的热点、焦点问题似乎总在花样翻新，我们做教师的就是在"学习——实践——摒弃，再学习——再实践——再摒弃"中艰难地成长。我们也似乎很难真正把自己当作一个参与其中的人，而只充当一个学习者，一个捕风捉影、跟着专家领导后面充当左冲右杀的角色。身在改革大潮中，一不小心，我们很容易迷失方向，很难形成自己较为稳固的教育思想、观念和教学行为。面对这一切，我们有时很无奈，因为世界变化太快。

课程改革作为教育改革的核心，是教育改革的一项综合工程。当"新课程"自上而下空降到我们身边的时候，我们由起初的不以为然、事不关己，到后来的直面改革、参与其中，做课改的实践者。这其中经历了新与旧的碰撞、传统与现代的比拼、继承与舍弃的选择、摸着石头过河的混沌……有过怀疑，有过兴奋，有过困惑，有过喜悦，有过坚守，有过蜕变。正如新课程所倡导的理念一样，我们真正地"体验"了"新课程"。

课程改革从2001年秋进入局部实验的那一天起，就是伴随着赞扬与批评的声音向前艰难地行进。海归派专家支持，国内一批数学家批评，广大教师则是快乐并痛着。当课程改革的激情经过几年的消磨褪去后，我们回首自己的经历：自己轰轰烈烈地学，战战兢兢地改，教学变成了四不像，学生丢了扎实的双基，没了良好的习惯，课标中所写的学习方式似乎也没有真正地建立起来，尤其是考试，似乎成了课改的盲区。在这一事实下，教师对课改失去了热情，失去了信心，家长对课改开始了担忧，课改专家也在全国范围内调研。这时，人们追问专家：课改是不是失败了？专家说：不能说课改失败了，只是它还没有成功，课改在路上。我们尚处在课程改革的初级阶段。

这就产生了一个疑问：课改在实施过程中，究竟在哪儿出现了问题？依我个人来看，单从数学课程改革来说，《课程标准》的制定没有充分考虑国内课程实施的外部环境、内部条件、现有教师的施教能力，包括小学生的学习能力。很多东西听起来是那么回事，但实施不了。当涉及教师素质不适应课改时，专家说：教师要与新课程一同成长。课程改革虽然不是社会急功近利的产物，但课改中所遇到的困难应该与课改进程过快、违背事物发展规律有关。课改的初衷是计划 2010 年全面铺开，可到 2004 年 9 月几乎达到了全面铺开的程度。为了适应课改，作为教师，我们也得被迫吃些激素，所以我们感到有压力。

　　以上是我对课程改革行进几年来的一种真实感受与直觉。我认为有课程改革也好，无课程改革也罢，作为教师要成为专业化教师、职业化教师，要提高自身施教能力，学习是必需的。在学习过程中，抓住本专业的基本问题，形成自己的教育思想、观念是必要的。否则，就会出现在一个一个改革中疲于应付、迷失自己的现象。所以说，教师要学会理智地面对，批判地继承；既要埋头实践，又要仰望星空，更要学会闭目沉思，找到自我，才能真正站稳脚跟。还是那句话：革命尚未成功，同志仍需努力。

2007 年 12 月 17 日

课 改 随 想

课程改革对于教育发展来说并非什么新的创举，但对于我们教师来讲，的确是一件新的事物。当第八次课程改革伴随着新世纪的钟声自上而下到来的时候，我们每一位教师都被课改的思潮所包围，我们被深深地卷入这场运动之中。倒空你的杯子，用一种新的思想、新的理念来摒弃、抑制传统的教育思想、理念与习得的教育行为，让我们每一位教师经历火的洗礼，获得教育生命的重生。在这个过程中，我们看到了教师在新与旧、理想与现实中左右徘徊、上下求索，看到了学生在自由的天空下畅快呼吸、个性张扬，初步感受到了课程改革下涌动生命力量的课堂。应该说，课程改革带来了教育的又一个春天。

课程改革轰轰烈烈地走过了五年，教育好似正经历一场暴风雨，我们期望它能洗刷掉传统教育中的陈污新垢，期望着雨后的教育呈现出欣欣向荣的景象。雨中停下脚步，擦一擦双眼，审视走过的路，看一看前进的方向，应该认识到：我们还在路上。

一、课程改革——请你一路走稳

进入信息社会，人们在快节奏的社会生活中都感受到了巨大的压力。一时间，人们变得焦虑、不安，变得急功近利，各行各业，包括教育都不同程度地想实现所谓跨越式发展，企图改革一步到位的急躁情绪不同程度地扰乱了课程改革前进的步伐。事实上，事物的发展是要遵循一定的客观规律的，教育是一个培养人的社会活动，不可能一个指令、一个法规、一个纲要、一个标准、一套教材下来，马上就可以扭转以往的不良局面，需要一个过程，一个长期的、渐进的、波浪式前进的过程。因为无论是教育环境设施、教师自身素质，还是教材建设、学习资源的开发、课堂教学模式的建立等等，都与新课程同步，处于起步阶段。如果认识不到这一点，走进激进的、急躁的、急于求成的改革误区，我们所看到的就只能是自欺欺人的虚假、浮夸的改革成效，就只是照猫画虎、表面的繁荣。实事求是，按照事物发展的规律办事，应该是我们进行改革、实践的基本方针。课程改革在全社会的关注下，在广大教育工作者的努力下，已取得了可喜的成绩，迈出了可喜的一步，但面对一些激进的现象，我们还是希望新课程——请你一路走稳。

二、关于继承和创新

课程改革作为教育改革的核心，其目标在于实现六个改变。其实质就是要纠正当前基础教育发展过程中的失衡状态。表现在教学中，就是纠正教学的过度、教学的缺失、教学的滞后等几种教学病态现象，以实现教育发展的和谐与平衡。课程改革应该本着继承与创新相结合的原则，让千百年来我国优良的教育传统得以保留，并注入新的内涵。因为传统往往比时尚更接近真实。因为它经过了岁月的洗淘和一代一代人社会历史实践的检验。教育改革怕就怕赶时髦、夸大其词、不切实际，动不动就说不破不立、根本变革、全新理念、前所未有等等。其实，如果对我国教育传统全盘否定，就使得新的一轮课程改革失去了旧的根基和历史的延续，成了空前绝后的创新。这是不现实的。新课程改革认同继承与创新相结合，但有的人在认识上是有偏差的，在操作上也有走极端的现象。在实践中，我们发现有以下两种倾向：

（一）否定传统

"过去即传统，传统即陈腐落后，应彻底革除，承认新理念就要否定旧传统，把改革与传统对立起来。"这是一种认识。这种认识下，我们见到了这样的教学评价：

1. 没有联系生活不是新课程；

2. 没有创设情境不是新课程；

3. 没有合作学习不是新课程；

4. 没有过程性评价不是新课程；

5. 课堂太安静不是新课程；

6. 教师讲得太多不是新课程；

对传统教学模式与方法的否定，对新课程的机械理解，使得教师面对新课程左右为难，不知从何处下手。

（二）固守传统

有的教师教了十几年、几十年，已经形成了固定的教学套路，对新的教学理念有排斥心理，口头上说的是新理念，而实际教学中仍固守传统。在学生质量考核中，他们往往笑到了最后，这更加坚定了他们固守传统的信念。

其实，对新的课程理念唯命是从、过分渲染、把新理念神化的倾向，以及把新理念简单理解、机械操作的做法是错误的，一味地因循守旧也是要不得的，我们的教育教学要随时代的需要创新求变。教育不能太传统，但我想，我们的基础教育不能没有自己的传统，否则是没有生命力的。过分强调美国的、新加坡的、英国的、日本的经验，容易动摇广大教师对本民族教育优良传统的认识与信心。所以，在实施新课程的过程中，一定要做到继承与创新相结合。

三、关于新课程与新教材

教材是课程改革的必然产物，是课改新理论、新理念的载体，是实施教学的重要参考。但应该认识到，教材不等同于课程。很多教师认为，"只要有了新教材，我的教学就走进新课程了"。这种潜意识下，我们看到了视新教材为经典的倾向，把赌注压在一套教材上。几年过后，这些教师发现新教材实施过程中缺点多多。很多学校、教师纷纷产生弃用某版新教材、重新拾回老教材的想法，有的老师则两种教材同时使用。由此怀疑教材，由教材怀疑课改，怀疑课改的新理念，这是把新教材等同于新课程情况下的错误想法，是把教学当作教书的心理在起作用。

课程改革走过几年后，我感到教师应该不缺少理论的学习，但新的理念不可能立即生成新的教学行为，部分教师的自身素质与实施新课程的要求还有一定的差距。另外，新课程的实施往往需要教师做大量的工作，比起以往拿起书本进课堂讲练的教学方式，新课程下的教学未免太麻烦了。教师难免有畏难情绪和惰性心理。这也是我们的教学现实与新课程理念的要求存在差距的一个重要原因。

如果教师认为有了新教材就拥有了一切，就会出现新的唯标准、唯本本的现象。有效的途径应该是在《课程标准》下，以教材为范本，不断开发新资源，在教学中师生共同创新资源，这样才能达到新课程的要求。

新课程已揭开了神秘的面纱，面对新课程，我们已没有了初次见面时的激动和兴奋，存留在脑海中更多的是对新课程理念下的课堂教学以及对当前基础教育的深层次思考，无论是欣喜抑或忧虑，都表明我们每一位教师对新课程的关注与浓浓的教育情怀。让我们共同努力，培植新课程，让新课程扎根在我们心中，让新课程走向成熟，让教育回归本位，让教学焕发生命的活力。

2006 年 5 月

面对改革，你持何态度？

在新鲜事物面前，孩子们往往表现得如鱼得水、应对自如，因为他们就生活在一个充满新鲜事物的空间里。而成人，尤其是年纪大一点的人，就会表现出麻木、别扭，他们需要很长时间去转弯、去适应。在这一过程中，成年人会表现出两种截然不同的态度：一是完全拒绝、抵制，不仅个人不接受，而且阻挠他人接触，或说三道四、死拖后腿；另一种态度是虚心向孩子学习，接受文化反哺现象。显然，前者不利于新事物的发展。

以教育中的改革现象来说，本人亲历了两个典型现象：一是信息技术与学科教学整合，另一个是数学双语教学。作为前沿教学改革领域，少有人深入接触，而正是因为少，才使得涉足其中的人不断感到外界的种种非议。本不屑与之争辩，然有时让你无奈，说来让人哭笑不得。

一、信息技术与学科教学整合

自 2000 年末，教育部部长陈至立在全国某重要会议上提出"要在全国大力推进信息技术教育，加快信息技术与学科教学整合的步伐"以来，信息技术课程开设了，整合课题立项了，整合实践在实验学校开展了，尤以"十五"期间更甚。"整合"成为了课程改革背景下创设信息化学习环境、改变教与学的方式、丰富学与教手段的重要教学思想和策略。，"整合"之风以迅雷不及掩耳之势在教学中刮起了一场信息化的风暴。持传统观念者感受的是"黑云压城城欲摧，山雨欲来风满楼"，而赞同者则认为"整合"是"忽如一夜春风来，千树万树梨花开"。这是我深切感受到的两种不同观点。

赞同者：

1. 信息社会需要的不是知识储备型人才，而是综合素质的人才。其中，信息的检索、处理、发布与创造能力是现代人必备的素质。一个缺少信息素养的人不是一个完整的现代人。

2. 随着家庭电脑的普及，学校网络化建设，尤其是学校"校校通"以及"农村远程教育网"的开通，在学校，尤其是大中城市中率先进行信息技术教育，包括信息技术课程的开设以及在学科教学中整合进信息技术是可行的。

3. 改善学生的学习方式，让学生学会在数字化的环境下利用信息技术进行自主学习、合作学习是非常重要的。很难想象一个不接触电脑网络的学生会成为一个现代型的人才。

4. 网络如自来水管线，任何一个人守在电脑终端，打开信息的水龙头，都可以使信息源源不断地涌来。置身数字化环境中，必须让信息技术成为自己必备的学习技术。

反对者：

1. 信息技术与学科教学整合，只是说着好听，纸上谈兵而已，有几个人又有多少次去计算机房上课？

2. 一块黑板、一支粉笔、一张嘴、一幅挂图、一把尺子就可以把知识教给学生，何必用电脑呢？

3. 对于大多数学校来说，整合仍然是望尘莫及、中看不中用的，好是好，但是学不来。

谈谈你的看法吧——

二、数学双语教学

在国内，双语教学已非新鲜事物了，但目前在数学科实施双语教学，除了树勋小学之外，我了解到的也只有深圳一所学校了。这一点在全国双语研究会那里得到了印证。

树勋小学的数学双语教学已进行了十几年的尝试，现在已初具规模，实验班达到了二十二个，不仅初步解决了师资问题，教材也正在逐步得到改善，并与东北师范大学外国语学院、澳大利亚 Daina 合作编写的《小学双语数学》成为国内首部数学双语教材。目前，数学双语受到广大家长的一致认同，这对我们实施双语教学无疑是最大的支持与动力。然而，作为新鲜事物在成长过程中必然会受到特别的关注，甚至争议。这一点在校内校外、领导与教师，甚至承担此实验任务的教师之间都存在不同的声音。

赞同者：

1. 数学双语可以在学生学习数学的过程中更多地操练外语，这对于扩大外语学习环境、提高学生的综合语言能力具有重要的作用。

2. 两种语言教学数学有助于学生以不同的思维方式理解数学，这对于培养学生思维，尤其是将来进行国际学术交流具有重要的作用。

3. 小学生对语言的适应是成人难以想象的。

反对者：

1. 数学双语的师资水平不高，尤其是口语，如果不够标准，将对学生的英语学习产生负面影响。

2. 数学双语教材缺乏，以某一版本教材为主进行自主翻译，难以保证原汁原味，难以保证质量；如果是国外的原汁原味教材，又无法与国内平行班级的学习内容和进度要求同步，恐怕影响学生将来的中高考。

3. 数学双语教学，小学、初中、高中没有形成体系，势必走向死胡同。

4. 数学双语教学中，学生要不时进行两种语言的切换，尤其是小学生，他们的英语词汇量有限，再加之数学学科的专业特性，使得数学双语教学势必面临语言的瓶颈。

5. 语言的障碍必将对学科学习造成损伤，影响数学学习的进度、思维的深度与速度。

正因为有不同的声音并存，才使得该项研究举步维艰，曾出现过本校教师的孩子不送到实验班、实验教师出现畏难情绪等状况。同时，也有来自领导和外界的种种干扰，如"双语教案能不能少写点英语，你们也得照顾点我们这些人，我们看不懂啊"，如"双语班成绩怎么样啊"……尤其是在听评课过程中，听到的批评声多，而赞同声少，鼓励声少。经常说这样不行、那样不行，也说不明白怎么样是行的。

作为两项改革实验的直接参与者，本人感到：两项改革如茫茫沙海中的一小块绿洲，要生存下去、染绿整个沙漠，需要时间啊。如果不坚持，就将被"传统"这个沙海所吞没。

面对改革，你将持何态度呢？

2008 年 11 月 9 日

真实教语文，朴素求精彩
——走进久违的潘文久语文课堂

潘老师离开学校已半年了，离开课堂已半年了。今天的他，会给我们带来怎样的课堂教学呢？带着关注、好奇和虚心学习的心理，我走进了潘老师的课堂。和所有听课的树勋人一样，我们仿佛在一起重温和潘老师共事的日子。

离开了课堂，他并没有离开他钟爱的语文教学和教研，反倒是有了更多的机会走进更多教师的课堂，了解语文教学的实际，省思当下的语文教学，结合自己十几年的语文教学经历，积淀着自己的语文教学思想。也正是因为有了这段暂别课堂的插曲，才使得重新走进课堂、走进语文教学、走进学生的他，多了一分厚重，多了一分自信，多了一分坚定。正如课堂中一个小男孩对他的评价："有玉树临风之感。"

我没有教过语文，课后坐在语文教师当中也难以将自己置身其中。在我心中，语文和数学好比是一墙之隔的邻居：今天，隔壁这户人家好热闹；我呢，只不过站在"语文"这家人的门外，将他家的门推开一条缝儿，窃听他家的声音，偷窥他家的景象，感受他家的热闹。无疑，这家人都是语文的行家，我站在门外，看不明白门道，看到的可能只是热闹。

但即便如此，不甘寂寞的我还是在旁观中受到了感染，甚至在两家中找到了某些共鸣，遂将这些感受写了出来，权当学习心得吧。

曾有某专家说：语文课堂因为真实而美丽。所以，我们的课堂关注的是学生真切的感受、情绪的体验、语文学习的幸福感。或许真实的课堂中不一定学生能回答到老师所预设的问题上来，也不一定有热闹的讨论场面，然而老师的倾听是真实的，学生的问题是真实的，师生间的交流也是真实的。学生是学习的主人，课堂是他们的，每个生命的个体是真实的。这样的课堂让每个生命都有一个真实展示的舞台。教育不是一种告诉，只有参与到学习的过程中去，学生才会有收获。

　　每个学生都是带着一脸生动、一脸好奇、一脸灿烂走进我们的课堂的，但愿当他们走出课堂时脸上多了幸福，多了满足，多了探究。那该是我们所追求的。《冬阳·童年·骆驼队》是林海音为她的自传体小说《城南旧事》所写的序言，主要写的是作者的童年往事，虽然写了童年的许多童真、快乐、疑惑，但正是因为有了对远去童年的清晰记忆，才真切地流露出作者淡淡的感伤，使读者能感受到作者对童年的留恋、对老北京的怀念以及对人生的感叹。这种情感是真切的、是真实的，而潘老师的课正是因为其朴素深沉、不着粉饰、小桥流水、娓娓道来，才使得作者的情感、教师的情感和学生的情感，伴着悠悠的曲子，一起缓缓地流着，语文教学中的语文味儿也就是在这真实的情景中散发开来。曾和潘老师探讨过语文教学和数学教学。我说：数学教学理性要多一些，而语文教学感性则要浓一些。数学教学需要枝干，语文教学则需要血肉。但事实上，数学教学和语文教学都需要理性和感性的统一，只不过因学科不同，各有侧重是其学科特点使然。但作为课堂教学，作为学生学习成长的重要场所，真实是首要的。在语文教学中，真实就是语文生命之所在。

　　以往我们在习惯的轨道上奔跑惯了，心中最关注的是学生识多少生字，做了多少阅读，背了多少诗，积累了多少名篇，写了多少练笔……满眼是分数，满脑是知识、技能，而恰恰忽略了人的本身。今天，我们关注孩子们成长过程中的每一个瞬间，精心守护孩子们，让每个孩子找到幸福感，给知识注入生命，把教学还原成为儿童的生命活动，在有限的课堂上使语文成为一碗喷香的心灵鸡汤，让油墨化为情感流淌，使学生的语文学习成为一种美妙的精神漫游，一段快乐的智性时光。在潘教师的课堂上，我看到了，看到了孩子的专注、倾听、品读、交流，听到了朗朗的读书声，听到了学生与教师的咏叹声，听到了学生因急于表达而发出的"我、我"声，听到了铃声响起学生意犹未尽的叹息声……师生完全沉浸在作者的童年，随作者的快乐而快乐，随作者的感伤而感伤——"我的童年一去不还了……"

　　理想的课堂应是师生心灵交往的殿堂，理想的语文课堂应该是师生真诚地对话，是师生共同走近作者，与之对话，是师生共同沉浸在文本中，与之对话。这种对话是心灵的互通，是情感的交流。正是因为有了这样的对话，其中的每个生命个体的思想才会在相互撞击中升华。也许这是每个语文教师的教学理想境界，但在潘老师的课堂中，我实实在在地捕捉到了，至少是隐约看到了这一境界的轮廓，为此我暗自欢喜。

也许多次讲过此课的教师不会有我这样的感动，也许语文教师不会有我这样的新鲜感觉。但这并不重要，重要的是我们的学生——他们感动了，他们进入了作者的童年时代，他们的思绪、他们的情感已让他们忘却了自己是在课堂上。这种真实的语文情感弥漫在整个课堂的物理空间，充盈着每个学生的心灵空间。这是一种幸福感、一种满足感……

我想，当他们也如作者一样进入不惑之年时，他们的童年也会浮现出这堂语文课，也会想起那位男老师，想起那篇《冬阳·童年·骆驼队》，耳畔亦会萦绕着远处传来的悠悠的笛声……

2008 年 3 月 31 日

站在数学看语文

今日，我不务正业，竟然放下手中的工作跑去观语文课，站在数学的角度看语文，以一位数学教师的眼光看语文。对我来说，站在语文的门外看语文，每次都有异样的感觉，每次都会有碰撞，也许碰撞出的这火花非灵光一现，哪怕是一种数学教师的错觉，对于一个喜欢思考的人来说都是重要的。

今天听完课后，我有一种沉重感，觉得我们的教学真的有很多事儿要做。作为一名教育工作者，应有一些常识性的教育理论来支撑我们的教学行为：教是为了不教，教是为了引导学生乐学、会学、善学；学生学习方式的改善，学生主体地位的体现、主体作用的发挥等等都不应再成为什么新的理念。然而，综观这节语文课，教师牵着学生的手，沿着设定好的学习路线亦步亦趋地前行。在这种教学方式下，学生被动机械、毫无个性地进行学习的状况在所难免。我想，语文教学重要的是让学生在阅读中感受文章内容本身的生动、有趣，感受到语言文字在表述事件、刻画人物、描绘心理、描写环境中的魅力。学生学习语文，除了继承中华民族语言文字，受到祖国文化及多元文化熏陶之外，就是要在阅读理解与表达交流等多方面的基本能力上得到发展。

"语文课程丰富的人文内涵对学生精神领域的影响是深广的，学生对语文材料的反应又往往是多元的。因此，应该重视语文的熏陶感染作用，注意教学内容的价值取向，同时也应尊重学生在学习过程中的独特体验。"而这种独特的体验主要来自于学生直面文本，在阅读中去了解、理解、感悟、品味与把握，即语文的味道是读出来的、品出来的，不是教师讲出来的，至少要让学生有更多的时间去感知文本。

数学问题的解决往往会将一个复杂问题进行分解，然后使问题简单化，最后将其解决。而我认为：语文教学最忌讳的是将一篇美文变成一具医学标本，将其放在桌案之上千刀万剐，研究来研究去。由于将其不断地肢解，断骨断筋，失魂失气，所以失去了整体的美，以及内在的神韵。

语文教学可以借鉴数学中的思维逻辑，但不可以以理性分析代替情感体验。数学重理，语文重情；数学见数见形，语文则是有景有情；数学重思考，语文重感悟……书读百遍，其义自见。

传统的语文教学在加强双基以及全面提高学生语文基础素养方面功不可没。然而，过分注重基础知识的训练、忽略学生情感态度价值观的培养、忽略阅读积累与应用却是不争的事实。以往语文教师更长于进行字词、句、段、造句、分段、总结段意、归纳文章的中心思想等训练，但如何提高学生的语文学习兴趣，如何让语言文字更好地成为学生传情达意的工具，却束手无策，或不在思考范畴之内。我想，至少有一点是肯定的：单凭这种机械的操练，只能僵化学生的思维，让学生成为考试的机械，成为新八股的受害者，对学生热爱语文、学好语文是不利的。

由此联想开来，任何一节课，能否让学生有所得，关键在于教学目标的确定，"全面、具体、适度、可行"的教学目标是教师备课时必须思考的。要做到这一点，做好这一点，前提是教师对人才、质量、课程、教学、语文、学生有一个正确的认识。作为语文教师，要知道语文是什么，语文教学应该是什么，语文教学可以为学生的发展提供什么，语文教学中什么是要坚持的，什么是要改正的……这些问题并非在每一节备课时都要去思考一番，但在平时学习与实践中应该有深刻的思考，为上好每一节课随时做好理论储备。所谓"厚积薄发，深入浅出"，当以上诸多问题我们都有过深入的思考后，现代的一些教育理论、思想观念融入我们的思维之后，我们的教学行为就会发生一次深刻的变化。这一点很重要。如果我们的教师不能走出自己固有的思维模式，抱残守缺，因循守旧，进行定式教学，孤芳自赏，就会造成好心做错事、南辕北辙的局面。无论是哪个学科的教师，时时事事处处应当想着我们要发展学生什么。否则，"数学教学贻误天下苍生，语文教学毁我长城"真的不是危言耸听啦。

2010 年 3 月 10 日

为了母亲的微笑
——路经母校有感

　　两排红砖瓦房，半圈泥土残墙，几棵挺拔松树，一行枯木白杨，一块白色校牌，几条青砖小路，校园凄清如许，校外商贩真忙——这就是我的母校"HJ 二中"。差不多二十年没有回母校了，前些日子回农村老家，本可以不经过这里，但不知怎的，一转身便走到了我的母校。也许是冬天的缘故吧，学校显得很萧条、很破旧，尤其和临街的一个个店铺相比，学校这块神圣的净土更像是破庙。这个曾给我带来无限欢乐、见证我成长的圣地，今天怎么变成了这般模样。

　　天干冷干冷的，心情凄然，随着与母校的一步步接近，我的心情已开始变得凝重。绕过一排店铺，向校园内望去，我怔住了。在校园中心花池内，一块一堵墙大小的白色牌子格外显眼，牌子上赫然写着：为了母亲的微笑。看样子是新立不久的，崭新的红色大字在白底映衬下一字一字冲击着我的心。环顾四周，除了两年前校门前通了公路，除了校园操场被占为商用，除了不时有几个中学生年龄大小的商贩骑着摩托车一阵风似的驶过，一切都没有太大的变化。教室前横着几十辆自行车，一群麻雀在房山头上叽叽喳喳，偶尔有一两个学生从教室中走出来。想想每次回家听到中学生辍学的事儿，再看看眼前的景象，尤其看到"为了母亲的微笑"这七个大字，我的心情已惨淡至极。在这种办学状况下，我们的教师拿着微薄的工资，还在坚守自己的岗位。面对每班中仅存的希望，这句话更像是农村教师、农村教育发出的绝望的呐喊。我的心碎了。

　　"为了母亲的微笑"，内涵太丰富了，相信每一个有农村生活、学习经历的人都会有自己的理解。母亲可以是自己的母亲，也可指母校，亦可指我们的祖国。可以是学生"为了母亲的微笑"，也可以是老师"为了母亲的微笑"，也可以是农村教育"为了母亲的微笑"……我真不知如何去诠释它。只感到这几个字让我心头一阵阵的热。"母亲的微笑"饱含的辛酸有谁能知道？为了母亲的微笑，这些"子女"们的经历有谁能真正体验？

　　第二天，碰巧和村书记在一起吃饭。我和他说了看到的情景，他说：

"目前，老家情况就是这样。希望老家出去的能人能够回到老家投资。"我不是企业家，不是名人，只是一个文弱教师，我有的只是一腔爱家乡的热血和几声对农村教育的呼喊。当时，我对村书记说："只要有一颗关注教育的心，办法总会有的。如果有钱，就多往学校里投入一些，多给教师改善一下办公条件，多给学生改善一下学习条件吧。逢年过节，哪怕给教师分二斤肉，教师也会感到很满足了。"

　　离开老家时，我没有再走那条路，但时至今日，我的心一直被"为了母亲的微笑"这七个字刺痛着……

2006 年 12 月 5 日

平 地 变 梯 田

中午用餐时，和几位老教师一起闲聊，无意间说到了七十年代的"农业学大寨"。由于我没有这些经历，对这段历史知之甚少，便带有几分好奇地多问了几句。其中一个老教师很自豪地说到自己去山西"学大寨"的事儿……最让我感到可笑的是，当时全国学大寨，学大寨县搞"梯田"发展农业生产，很多平原地区也想方设法变平地为梯田，最后把地弄得种啥啥都不长了。

平地变梯田，没有学到大寨因地制宜、自力更生、艰苦奋斗的精神，学到的只是大寨的农业生产形式。想来实在是好笑极了。

当前就没有这些可笑的事儿了吗？想想当下的课堂教学，秧田式变圆桌式，安静变蜂音，规训变放任，问答变合作……很多教师由于误解新课程理念而导致课堂教学操作上的偏差，出现了课改之初的虚假繁荣、表面活跃、有形式无实质、教学低效等现象，诸如"没有生活情境的课不是好课"、"没有应用信息技术的课不是好课"、"教师讲得太多不是好课"等等，一时成为某些专家的论调。在走过一段时间后，广大教师开始十分无奈地呼唤"语文味"、"数学味"、"莫要牺牲学生的双基"等。人们开始理智地思考正在从事的工作，思考新课程的理念，不再简单地照搬，不再简单地盲从于某些专家、学者、名师，不再像搞运动那样跟着风走。课程改革曾经让很多教师头脑热了起来，他们有过以新理念为利器挑战旧传统的反叛，有过获得蝇头小利后的满足，更有过冲动的惩罚，当时想的更多的是"为了每一个孩子的微笑"，以为孩子高兴就是教育的成功。其实，教育哪有那么简单。有时我们真像"农业学大寨"变平地为梯田一样，往往拿鸡毛当令箭，把新课程的理念当成新的权威，倒空自己的杯子，完全否定旧的传统，另立门户，搞新课程。其实，新课程本身没错，错就错在我们或神话新课程，认为新课程是救世主，或误解新课程，学走了样。总之，要学的是新课程的精髓，学的是教育的真谛。

2006 年 12 月 12 日

给孩子点自由的空间
——写给小学教育同行

"儿童节"的前一天，我应邀参加了吉林大学附属中学学生研究院成立大会。在会上，我有幸聆听了该校十一位同学的研究成果发布，领略了当代中学生中顶尖人才的风采。作为一名教育工作者，我试图从这些成功人才身上找到某些共性的东西，以供借鉴。尤其对小学教育来说，"在教学中，什么是应该强调的，什么是应该淡化的"，这是坐在会场中我自问的核心问题。为了不使这一本能的思考消失，还是以文字的方式记下来，与同行分享。

——题 记

当我们面对一群稚气或青涩的面孔、面对奋进求知的青少年时，不免耳畔回想起《少年中国说》中的一句话：少年智则国智，少年富则国富，少年强则国强，少年独立则国独立，少年自由则国自由，少年进步则国进步……当我们提笔写文章时，也时常写道："国家的竞争，在于人才的竞争，而人才的竞争在于教育的竞争。"我们希望给孩子一个好的教育，然而工作多年后的我们又有多少人将这种理性的思考，将这种豪情壮志付诸实践呢？是不是更多的时候，按照感性的思维、惯性的做法去教学呢？我想，更多的是后者。这也便有了我看到中学生成果发布会的震撼。

我没有考证过"中学生研究院"是否在国内是一个首创，但作为院长、副院长、院士、研究员身份登台演说的十一名同学，在科学素养和人文素养等方面尽显他们出众的才华。这十一位同学多在数学、物理、化学等方面进行了专题研究，可谓个个聪慧过人、博览群书、通晓古今、勤学善思、志趣深广，初二、初三的学生就在全国乃至世界学科竞赛中获大奖。站在台上，他们还是孩子，但谈起社会、自然、宇宙空间、物质、精神、数学、哲学可谓滔滔不绝，说起爱因斯坦、牛顿、欧拉、罗素以及他们的科学发明、研究成果时如数家珍，介绍个人研究的直升机、塑料降解、几何对称、等分线段、多米诺骨牌、数学悖论更是津津乐道充满自信。作为评委，看到孩子们的表现很振奋，在台下交流中，我们不住地点头并暗自叫好。

综观这十一位同学，我发现他们身上具有很多共同的特质：读书、思考、实践、自信、创新。

有幸和一位家长谈起孩子的成功，她最大的感触不是孩子在中学接受了良好的教育，而是在小学，孩子有更多的自由空间，养成了良好的学习习惯。而实际上，能够像这个学生那样有良好的小学教育环境的并不多。而从这些成功的中学生身上反思我们的小学教育，作为教师的我们是不是应该这样：

一、少一些规范，多一些引导——关注学生发展中更有价值的东西

在教学中，我们经常要求学生写字要横平竖直，本簿卷面整洁，宁可不要速度也要规范。而工作中我们都有这样的发现，班里数学尖子生，他们的字大都比较草，因为他们的书写速度要滞后于思维的速度。这十一位中学生思维敏捷、深刻，有批判与创新，这是给我印象比较深的。他们在黑板上写写画画，文字、图形都不敢恭维。但是，我们可以想一下，借助他们的语言表述，我们完全可以看懂、领会他们要表达的思想，这就够了。文字是思维表达的工具，过分要求书写规范，就会压抑学生的思维速度，这是不利于学生发展的。我举这样一个小例子，旨在说明我们在教学中要更多地关注学生思维深处的东西。比如，有的学生字可能写得很差，但作文的文采可能很好；用词可能不十分得当，但表现出来的思想内涵可能很可贵。所以，作为教师，我们要关注学生发展中更有价值的东西。至于哪些是更有价值的，至少通过上面的小例子可以略知一二。

二、少留点作业，多读一些书——让读书成为一种习惯

机械重复低效的书面作业，依然占据着学生课后几乎全部的时间。从教师的愿望来看是好的，巩固强化所学知识，培养学生独立学习的习惯以及自我管理的责任意识。但是，现实当中，学生对作业只是一种被动的接受与无奈地完成，学生没有选择的权利，缺乏主动性，效果自然要打折扣。尤其对那些学有余力的学生来说，作业对他们的发展来说价值是相当小的。如果少留作业，或对部分学生不留书面作业，而有指向性地让学生多读一些书，甚至由家长、学生自主选择一些书来读，我想对于这部分学生发展来说是大有益处的。据有关资料介绍：小学生每年应该读 50 本书。而我们身边的孩子除了课本、练习册还有什么呢？

三、少一些划一，多一些个性——别给学生的发展封顶

我们国内的教学大多是大班额下的集体教学，或小组合作式学习与集体授课相结合。在教学内容的选择与教学进度的把握上，则以中等学生为标准，全班同学齐步走。实际上，对班级的优秀学生和学困生来说关注是不够的。尤其是班级中学有余力的同学，他们没有得到在原有水平上的发展，相当多的时间是在陪他人读书。因为教学内容和进度限制了他们应有的发展。这就给我们提出一个课题：如何在面向全体的基础上做到因材施教，让学生个性化地发展，尤其是优秀学生的发展？不要将学生放到保育瓶中，让学生这颗种子成为豆芽菜。

四、少一些讲解，多听一听学生的见解——让学生的思维充分展现

很多老师热衷于为学生讲解，对自己的表达能力满怀自信，学生被放置在被动听讲的地位。长此以往，学生形成了等待教师给予、依赖教师示范、接受教师观点、模仿教师行为的呆子，他们的参与意识在弱化，批判创新思维在消减，自主学习的能力在消失。教师在展示自己讲解艺术的同时，剥夺了学生自主学习的权利。"教是为了不教"，这句教育名言便成了口号。事实上，学习至少包含输入和输出两个含义。在学习中，让学生将其对问题的理解、问题解决的办法以及对他人及自我的学习评价讲出来，不仅可使教师及时了解学生的思维走向，而且会促进学生的思维流畅性的形成。为此，我们在教学中，要多让孩子们到前面来，讲一讲他们的看法。教师要学会做一个忠实的听众或观众。

五、少一点听话，允许学生多一点张狂——让自信伴随孩子成长

一个人成功的经历中，自信是非常重要的心理品质。一个孩子，如果在成长的过程中没有质疑过同学的发言，没有质疑过书本的知识，没有怀疑过教师的言论，没有怀疑过"科学的结论"，那么他只能是一个书箱子。建立自我意识，敢于挑战权威，敢于提出个人的观点，敢于说我认为、我反对、我发现——这样的学生是自信的，是会有作为的。年少轻狂可喜，人云亦云堪忧。作为教师，要让学生在自信中成长。

教育是一个永恒的话题，除了以上几点思考我自认为很重要外，诸如增强学生体能，关注学生的饮食，养成良好的生活习惯，增加学生社会交往与社会实践，提高学校课程中的品德、科学、艺术等科任课的教学等等都非常重要。

2007 年 6 月 7 日

向孩子学习

最近，我读了孙云晓主编的《向孩子学习》，其中提到了人类社会由古及今文化传递的三种方式：前喻文化、并喻文化和后喻文化。其中，前喻文化是后辈向长辈学习，并喻文化是晚辈和长辈的学习发生在同辈之间，而后喻文化则是长辈反过来向晚辈学习。

在社会急剧变化的今天，三种文化传递的方式并存，且后喻文化大有颠覆传统的自上而下的文化传承方式的趋势。这不能不引起我们的关注。这不仅是一个教育现象，更是一个社会现象。在我们这样一个学习社会中，长者、师者开始逐渐丧失绝对权力的同时，晚辈、学生却获得了前所未有的"反哺"能力。原来处于被动状态的晚辈和学生开始在某些领域"反客为主"，充当教化者的角色，如外语、电脑网络、流行时尚等。他们的思维方式、学习方式已不再像我们小时候那样单一而崇尚权威。他们思维活跃，他们追求个性，他们心态开放，他们正行驶在信息高速公路上，方向盘握在他们手中。我们很难用自己的能量完全控制住他们，相反，我们要向他们学习。

小时候，与人理论，最有力量的回击方式是"这是我爸爸说的"、"这是老师说的"等等。而今的孩子很少迷信长者与权威，他们有多样的方式。相反，我们大人在面对外语和信息技术等方面问题的时候，却要屈尊于小毛孩子。"我们班学生姜文博说：做这个动画可以不用 Flash，用……"，"我儿子说，这个单词应该这么读"……现实当中，我们已经默许了这种变化，尽管不希望别人说出来。

想到自己对英语的学习，我真的是很有感慨。学生时代，自己曾连续学习了七年英语，也算是当时学生中学得比较好的，自己也曾一度把英语作为自己的喜爱学科。但时过境迁，转眼十几年过去了，我的那点积累早已被时间蚕食殆尽了。尽管一次次地挣扎着捧起书本，尽管硬着头皮上夜校攻读，尽管考研成功，但英语一直是我心中的痛。作为学生时代的好学生，我也不得不接受学生、儿子对我的反哺。

一次，听学校一位六年级外语老师的课，课后几位老师评课时我首先说了两个字："上火"。这种表达有双重含义：其一是，对自己听得吃力，感到自己外语能力今非昔比，不甘心如此衰退而"上火"；其二是，对教师的教学内容选择以及教学目标定位提出质疑，为一位工作十余年的教师拿出"曲高和寡"之课感到"上火"。当然，看到后来学生对教师教学方式和教学内容的适应与其自如的学习表现时，我只好默认了第一重含义。

这样的刺激还不止于此，一次监考外语等级考试，当缺少教师考口语时，我也没有勇气和自信去充当考官，在我感到惭愧的同时，也只好自认无能，只能接受"小字辈"对我这个"前辈"的反哺。

2007 年 1 月 1 日

认清自我，更新自我
——漫谈教师的思维

　　前不久，应吉林省"国培项目"培训机构的邀请，我为中学骨干教师班做培训，组织者希望我能跟老师们交流一下学校教育科研情况。为此，组织者特意为我量身定了一个题目叫作"一名骨干教师的科研思维"。也许在一线做"课题研究"太久，我的思维有些麻木，更主要的是对经历的所谓"课题研究"的过去及国内教育科研现状有太多的不满。为此，当他人谈到"科研"二字时，我都会内心发紧，本能地小有反感。但本人对教育的现象与问题，特别是对教师的教育思想观念以及行为，还是有一定的敏感与兴趣。为此，我把主题偷偷地改动了一下，就有了与老师们交流的——漫谈教师的思维。

　　与老师们交流这个话题时，我刚刚结束澳门两年的工作回内地不久，多多少少在思维方式上有所改变。既然是谈教师的思维，那么首先我要尽量从以往习惯的"讲座"思维中走出来。虽然教室的座位仍旧是老样子，但面对百十来人时，我还是希望有一些改变。这种改变首先就是由"一言堂的单向静听"走向"集体对话"，由"观点输入"走向教师"自主思考"。

　　当一个教师真正地开始思考自己的思考时，当一个教师开始并持续解读自己的行为时，当一个教师开始怀疑并深度审思教育教学问题时，这种改变才会真正发生。改变的发生不在于听了一个讲座后记了几页笔记，改变发生不在于三个小时过后内心有多不平静，真正的改变还是要来自内部，来自内部思维的改变，而我的作用就是抛出问题，唤醒经验，引发思考，组织讨论，促进自我肯定与否定。交流不是要达成某种共识，而是让大家参与共同头脑风暴，并自我检讨。

　　交流开始于一个问卷访谈，我给学员十五分钟时间，思考以下几个问题，并写下来。下面呈现的是问题、部分学员的回答以及我的点评。

　　【引子】
　　小小访谈，帮你认识你自己。

【问题】

1. 写一句你最喜欢的教育格言，或一句最能表达你教育教学主张的话，或你对当前教育教学现状的看法。

【交流】

老师们，初见问题时，你们是什么感受？（部分学员回答）对，一时写不出，因为从来没想过；原来很喜欢的教育格言，有点记不准了……想听听其他人是怎么写的吗？

【回答】

现场读学员的答案，学员亦静亦动，唏嘘感叹，会意而笑，不时引起笑声。

——有一种爱叫作放手。

——有教无类，无可奈何。

——相信每一个学生都很聪明，只不过他们聪明的方式不同。

——玫瑰就是玫瑰，莲花就是莲花，不要比较，只要欣赏。

——中国教育所谓的全面发展就是将所谓的优等生培养成笨蛋，将所谓的差等生打击成笨蛋，终极目标是培养笨蛋。

——学就学得踏实，玩就玩得痛快。

——先生之最大快乐，就是培养出值得自己崇拜的学生。（陶行知）

【评点】

看看我们自己的回答，那是我们的思考，那是我们内心对教育教学问题的看法。大家的回答是怎么样的呢？有的老师是拿别人的话当自己的座右铭；有的老师我手写我心；老师们的关注点也有所不同，关注的有教育、教学、学生、自我发展、教育形式、教育理想、教学困惑……虽然只是你对这一个问题的回答，但大家思考一下，或许这就是您潜意识下的教育思维使然，并非小题大做。

【问题】

2. 你觉得自己是一个怎样的教师？用三个关键词或短语来表述。

【交流】

初为人师，我们对未来满怀憧憬，有人设想了十年后的自己，并在工作中努力着，有人则拜师学徒，希望能做一个像自己师傅一样的老师，而有人可能是情非得已做了教师，在工作中慢慢寻找教师的感觉。或许最终爱上了教师这一职业，或许只是一种无奈的选择，一种痛苦的煎熬……可能用关键词来表达会限制大家的思维,但我们还是可以从中读懂许多。让我们看一下,在座的各位是怎么看自己的。

【回答】

——不胜任,原因有三:(1)原来固守,偏执,过于认真;(2)现在职业倦怠严重;(3)纠结。

——课堂上不只有快乐,还有智慧。

——我是一个喜欢思考的教师。

……

【评点】

一个教师要在某一时刻给自己照个相并用几个词来描述下来其实并不难,但往往习惯于停留在模糊、抽象、泛化意义的自我定格。其实,我让老师们思考这个问题,是希望老师能够从多角度来看自己:在学生眼中,我是怎样的老师?在同事眼中我是怎样的老师?在家人眼中我是怎样的老师?在社会人眼中我又是怎样的老师?在自我眼中呢?与理想中的自己是否有距离?

其实,大多数老师是在这样的词汇中做了选择与组合:严厉、宽容、活泼、自信、真实、朴实、智慧、善学、钻研、守旧、古板、易怒、辛苦、奴性、随波逐流、迷茫、没有想法、本领恐慌……

【问题】

3. 你希望自己的教学是怎样的?

【交流】其实,每个人心中都有一个理想的自己,有一个教育理想。理想的教学是我们一贯的追求,然而今天我们谈理想的教学,可能内心最纠结的还是当下教学的不理想。今天重谈教学理想,是希望在座的每个教师,特别是咱们中学教师,在繁杂苦累的教学现实中,不要失去自己的教育教学追求。至少当我们有了理想的教学追求时,我们的学生也会因为我们阳光的一面而多呼吸一些新鲜的学习空气。(个别老师谈了自己的想法后,现场读其他学员的教学理想)

【回答】

——知识的超市,生命的狂欢。

——立足学科本质,趣、实、深、真。

——我希望自己的教学不受所谓新理念的影响。

——我希望自己的教学能够让学生体验到成功。

【评点】

听到大家对自己理想中教学的表述，我很感动，也很受教育。作为教师的我们，没有哪一个人不渴望成功，没有哪一个人不希望自己带出来的兵能在未来的一个个战役中凯旋，没有哪一个人不希望自己的教学得到他人的认可。尽管有许多干扰，尽管在追寻理想的过程中有过动摇或放弃的念头，但当我们坐在一起，找到这样一个共同的话题时，我们内心的热情与冲动并没有减退。这是非常难得的，非常宝贵的。那么，我们再思考一下大家对自己教学理想的表述，还是有许多不同。

有的心中有学生；有的是自我价值追求；有的强调教学风格的形成，如"淡化形式、强调本质"；有的价值追求在成绩；有的价值追求倾向于学生的人性完善……看来，每个人都是一个不同的小世界，这与我们每个人的工作背景、成长经历是直接相关的。这些因素使我们从心底逐渐生成不同的教育价值观。

【问题】

4. 作为教师，你的苦恼是什么？

【交流】

老师们，其实我挺担心提这个问题的，因为容易导向负面情绪，使课堂充满抱怨甚至愤怒，但我还是想让大家把这种情绪表达出来，算是一种心理疏导吧。让我们听一听我们自己的声音。

【回答】

——我的苦恼就是过重的教学压力和不停的考试测验。

——学额大，学时长，资源匮乏，与社会脱轨。

——作为教师，我最大的苦恼是自己的教育理想与现实很不一致时，自己对教育理想追求的信心的动摇。

——我最大的苦恼就是内心不想成为扼杀孩子天性的刽子手，但现在我至少是当今学校这个残害学生的机器的帮凶。

——我最大的苦恼就是心中有思想但表达跟不上，尤其是反思与总结的时候。

——督导束缚了我的手和脚。

——不务正业，不能专心读书，只能应付各种会议和检查。

——闲事太多（纸片子工程），没时间研究我们的工作对象——学生。

——总有差生。

【评点】

面对大家的心声，我也有同感，也很难淡定，但我还是希望大家能够理性地思考我们这些苦恼。从大家的表述中不难发现，有的教师不满自己的职业生活，如"事务性工作的干扰、没有个人的时间与空间"；有的教师担忧学生的发展，如"部分学困生的转化、教学受到干扰、影响学生的学习、学生过重的课业负担、学生自身素养得不到全面关注"等；有的教师则表现出对当前国内教育大环境的无奈……

应该说，当我们关注自己的苦恼时，所有的苦恼就会一股脑地涌出来，使我们欲罢不能；当我们关注教育的问题时，所有的问题也都会聚拢起来，且被一定程度地放大，压得我们透不过气来；如果不能正视这些问题，很有可能使我们在问题面前丧失我们的教育信念。

课后，在对收回的112张问卷进行整理时我发现，对于第四个问题的回答中：（1）因无法改变教育现状、不能满足个人专业水平发展需求的有48张，占42%。其中，会有如下一些关键词：顾此失彼、缺少自信、理想与现实的落差、被无形的框架框住、无力改变学生、力不从心、原地打转、学识不够等。（2）反映事务性工作、检查及会议干扰的问卷有30份，占27%。其中，有如下一些关键词，如上级检查没完没了、天天开会、各项评比、督导束缚了我的手和脚、琐事缠身筋疲力尽、纸片子工程、教学之外的任务太重、讨厌无用的迎检准备。（3）反映学生厌学、成绩差的有24张，占21%。其中的一些关键词句如下：学生不爱学习、学生差异过大、总有差生、学生不喜欢数学学科我无能为力、底子太薄习惯太差、缺少兴趣、兴趣不高。（4）反映当前考试制度的10张，占9.6%，如无法走出追求分数的教学、评价与教学脱节、不停地考试测验、总是围绕应试。（5）其他的有24张，占21.4%，如自己的思想得不到实施、不被认可、工资待遇低、教学资源有限、职称评定受人数限制等。

此外，问卷中还有这样一个问题："你最得意的获奖或发表的一篇文章题目是什么？它是否改变了你的教学？是否在你的学生身上起到了作用？"说到这个话题，还是想引起老师们的关注：由于要评职晋级，很多教师工作没有几年就开始写论文发表文章，且把发表文章多少作为自己成名的重要砝码。而在现实评职晋级中也确实存在这样的现象，不管你教学有多么出色，不管你教出来的学生有多么优秀，如果没有著作，没有发表文章，没有参加课题研究，没有做过大型公开课，那也只能靠后了。有的人只注重实践，弱于总结提升，往往在评选中居他人之后，而有的人实践未必强，但是精于总结提升，没有几年便出入大小会议做观摩教学，连年有文章发表、获奖，正所谓"登上一步，步步顺畅"。但在这种大的教育评价环境下，这样的教师的这样的典型行为往往得到强化，不能不说是当前教师群体中的一个典型现象。

在追问中，我问得最多的是：您得意的是在某级刊物上发表，以满足个人的成就感，还是得意于有多少人转载或引用，以证明其学术价值的高低，还是更加关注这一学术成果是否强化为您的某种教育思维，还是关注它是否改变了你的教学，并最终让你的学生受益？你是否注意到这样的现象：你身边有经验的一些老教师，他们没有写文章的习惯，但他们的教学却远比那些热衷于挥动笔杆的人要好得多。同时，你是否发现，教龄相仿的教师乐于并善于思考与教育写作的人会在成就自己的同时也成就了学生。

由上，我们当有此共鸣：教师，要学会认识自我、更新自我，走进自我的世界，漫步自我的心灵，去发现自我作为一名教师的生存状态、职业生活、价值追求、思维习惯、教学行为。在我们披星戴月、焦头烂额、只顾低头打转转的时候，学会让自己驻足歇脚，仰望星空；在事务缠身，无助无奈、焦虑倦怠的时候，学会找点时间，找点空闲，领着灵魂，常回家看看。

如果说我们一定要找几个最能反映当前社会生活以及人内心状态的词的话，"浮躁"应该算重要的一个。生活的步子太快，就不会留意身边的风景；过多的向外看，就会忽略自我的存在；总浮在事务当中，没有沉思，没有定力，就会让自己如浮云，游走无根，如断了线的风筝，不知飞向何方；没有了自己的生活与工作的节奏，就会乱了阵脚，身心疲惫，且不得要领。人啊，忙的时候别忘了歇歇脚，困惑彷徨的时候要找到一隅静处，思考一下自己。

在古希腊特尔斐神庙的大殿柱子上刻着这样一句名言——"认识你自己。"这也是苏格拉底的墓志铭。"认识你自己"的伟大意义在于，它向我们揭示了一条不变的真理：认识你自己，才能发展你自己；认识你自己，才会量力而为。所谓"知己知彼，百战不殆"，前提就是知己。做事掂量自己的能力，没有金刚钻儿，休去揽瓷器活儿。在能力范围内，这又叫作"有为，有不为"。

中国古代的智者老子也曾讲过："知人者智，自知者明。胜人者有力，自胜者强。"

教师如何认识自己？认识自己什么？如何自我调整？从我们的思想观念入手，今天选择的话题就是"漫谈教师的思维"。

什么是教师的思维，上位地说是教师的思想观念。思想，也称为观念，是思维的结果。"观念，观乃看法也，念乃想法也。"思维，即思维方式，思考问题的角度、方法，它决定教师的教育教学行为。作为教师，要学会关注自己以及他人的教学行为，进而窥视出其作为教师的思维方式，避免一些不良思维定式对教学产生的负面影响。因为一个教师正确的思想会引出正确的行为，促进教学产生正效应；而一个错误的思想会导致教学的失误与偏差，使教学与学生的发展呈负相关。

一、从教师的自我职业认可度说起——教师自贱思维

（一）我们真是这样的吗？

一等教师是领导，吃喝玩乐到处跑；二等教师管后勤，轻轻松松维持人；三等教师体音美，上班还能喝茶水；四等教师史地生，周末还能去踏青；五等教师语数外，比比看谁死得快。

教师的生活现状是：校长贵族化，领导多元化，教师奴隶化，学生祖宗化，人际复杂化，加班日夜化，上班无偿化，检查严厉化，待遇民工化，翻身是神话。

满腔热血把师学会，当了教师吃苦受罪，急难险重必须到位，教书育人终日疲惫，学生告状回回都对，工资不高还要交税，从早到晚比牛还累，一日三餐时间不对，一时一刻不敢离位，下班不休还要开会，迎接检查让人崩溃，天天学习不懂社会，晋升职称回回被退，抛家舍业愧对长辈，囊中羞涩见人惭愧，百姓还说我们受贿，青春年华如此狼狈。

观点：别人往往拿我们自己看待自己的眼光来看待我们自己，我们的这种自卑自怜、自轻自贱、自我解嘲、自取其辱，看上去是教师真实生活的反映，是教师面对职业压力、社会不公、个人发展困难、理想与现实巨大反差而形成的"群体性怨恨"情绪，但是这里隐含着某种集体的无意识、蓄积着集体的愤懑，最后导致不负责任，职业幸福指数降低，解决不了什么问题。看上去是一种情感的宣泄，但负面的东西感染我们太多了，我们就会更加感到"今生入错行"。

（二）我们是这样的

教师的时间是以周和学期为单位的，每日工作的主菜单就是"备——讲——批——辅——考"。生活就是工作，工作就是生活，工作中想生活，生活中想工作，最后是不会工作也不会生活。至少在我看来，国内的教师是这样的。

1. 开会。被安排做课题、上观摩课、写份督导检查汇报材料、强调安全……感到小有压力，不管情愿与不情愿，还是要做的。

2. 备课，看教材、教参、"写"教案、准备简单的教具；上课，一边讲课，一边用眼睛盯着那几个不听课的学生，同时调整着自己的情绪，思考着下一个教学环节；批改作业，为那几个不交作业的学生烦恼，为学生不能达到自己的要求而闷闷不乐，为批完了那厚厚的一摞子作文而找回四九年解放的感觉；考试复习，好差结对，一张一张地做卷子，讲得口干舌燥还会很生气，苦口婆心再三叮嘱；批卷，总惦记着那几个你"最讨厌"的学生，也寄希望于那几个尖子生能拯救我们的心情，还祈祷学校成绩排名时别垫底；成绩公布下来，是喜是忧，三日过后，又回到工作的常规起点，星星还是那个星星，月亮还是那个月亮……

卷面分析、年终总结年年做。有了电脑后我们发现，这个总结对相当一些老师来说太容易了，COPY一下、改一下日期也就完成任务了。问一下我们自己：这事发生在自己身上过吗？你周围有这样的现象吗？面对总结，我们当它是负担呢，还是当作真正思考自己教学的一次自我案例剖析呢？跟着感觉走，教学不再是智慧而人性的职业，成了像开车一样的熟练工种，像往瓶子中塞臭豆腐一样的机械劳动。在这个过程中，人们很容易失去初为人师时对教育的憧憬，失去教育的热情和教学的创造。

3. 评职称——做课题——写论文——被培训。在教师的苦恼中，这几方面都有所涉猎。为什么苦恼这些？因为老师们感受到的是被迫：做课题，被拉去当壮丁；评职称被抛在一边或充当分母；写论文，提起笔来总感觉墨水不够，被迫硬写吧，再花点钱去评奖，弄个一等奖高兴一阵，但内心是苦涩的，因为自己都怀疑自己。再说培训，培训原本是教师的权利，而近些年来却被某些行政领导硬说成"培训是教师的最大福利"。看来，参加业务学习培训还得领导施舍。你说能不苦恼吗？

有些人之所以对自己的工作不满意，有些许情绪，如上面的顺口溜，确实是因为我们的教育现实令人不爽，理想太丰满而现实太骨感。但我觉得，抱怨是解决不了任何问题的，我们抱怨过后还不是夹起书本，走进课堂嘛。

细想一想：我们是不是更多的把个人的利益放在了首位？想自己如何如何不受约束，想自己如何如何生活滋润，想自己如何少负责任……其实，任何一个社会岗位，在你拥有权利的同时，都要负有责任与义务。教师这个职业更是如此，真的需要高尚一些，哪怕我们自认为存在很多社会不公，但是我们面对的是孩子。

（三）我们是不是应该这样

其实，以这种口气说好像有点劝解、教训别人的味道，但我想以一种商议的口吻，希望与大家共同思考。

1. 自信与自尊。

很多教师在社会上不敢说自己是教师，很多教师自己不认同自己的专业技术……我一个好朋友是某校校长，他自己就说："我姑娘学习不太好，实在不行，就当个老师算了。"

我们没有了自己，没有了自尊，没有了自信，没有了自己的时间，没有了自己的思想……教学不再是脑力劳动，是机械的体力劳动。很多老师感受到职业幸福指数降低，产生职业倦怠。要走出这一困境，让自己的每一天光亮起来，就应让阳光扫除内心的灰暗。

2. 责任与担当。

自我封闭、孤芳自赏、各行其是、冷漠清高、怨天尤人，自己却少有作为。缺少公共意识，缺少社会责任，空谈天下，却自己搞不定自己的庭院。我们教师群体的确有这样的一些共性特征，只是多与少的问题。

3. 职业幸福感。

当今，教育是一个沉重的话题，教师背负的社会责任使得这个群体在社会转型期受到的关注越来越高，受到的批评越来越多。但是，教师要清醒地认识教师这个职业，认清教师这个群体，当然更要认清自己。不是在认识中失去做教师的热情，失去本应有的自尊与自信，而是从中寻到某些让我们心里更加自然、更加淡定的东西，客观地看待教育以及教师的林林总总。让我们变得包容一些，开阔一些，阳光一些；让我们职业起来，智慧起来，强大起来。

二、从教师的行为窥视教育教学思维——教师思维种种

（一）教师群体的思维——有趣且可怕的思维倾向

【案例1】出征

某市某小学举行了校园雕塑的揭幕，令人震惊的是这组雕塑居然是狼群，还美其名曰"出征"。该校校长表示："我们要重新对狼进行认识，就是要对孩子进行狼的教育，让孩子学习狼的精神。"一位老师表示："谁敢吃你，你先吃了谁，这样才最后有利于强强合作。"

此外，前一阵子在网上吵得沸沸扬扬的"五道杠"、"绿领巾"、"狼爸虎妈"等事件，虽然看似一个个孤立的教育事件，但事件本身折射出的是我们的学校、领导、教师、家长等一个个群体，在整个社会残酷竞争的大环境下的功利、浮躁的社会心态，以及与真正的教育或背道而驰，或渐行渐远的教育思维。

【案例2】取消班主任

某市一中学在校园内扔出一枚"重磅炸弹"：取消初二年级18个班的班主任。该校校长称：取消班主任，各班成立执行委员会，由竞选上的执行班主任（学生）主持班级工作。这样做是为了实现学生的自主学习、自主管理和自我发展。如果可行的话，该校将在全校推广"无班主任"管理。无独有偶，深圳某中学近日推出"走班制"，没有固定的教室，没有固定课桌，换一门功课就换一间教室，淡化了过去的班级概念，辅导员和导师取代了班主任。

如果真是校长脑袋一热，为了制造轰动效应，推出一个新鲜的举措还好办，问题是取消班主任也好、走班制也好，在校长以及校长集团看来是经过深思熟虑的，他们骨子里就认为自主教育的真谛就是这样子的。这恐怕就不是浅表层面的问题了，而是教育的价值观问题了。

【案例3】校训的尴尬

校训是学校规定的、对学生有指导意义的语句，是一所学校的灵魂，要体现出学校的办学风格、校本特色和人文色彩。然而，当今校训千篇一律、名不副实的现实比比皆是。北京市东城区教委小学教育科对全区各小学的校训情况进行了一次整体调查。调查结果显示：在参与调查的50所小学中，有49所学校的校训构成了"四词八字"口号式，所占比例高达98%。50所小学的校训，共涉及用词38个，其中使用频率最高的四个词依次为："勤奋"，38所学校使用，占76%；"团结"，26所学校使用，占52%；"创新"，21所学校使用，占42%；"文明"，20所学校使用，占40%。

南京市教科所学校文化战略研究中心调查了122个中学网站。在这些学校中，校训含"求实"的64所，含"勤奋"的60所，含"团结"的54所。

澳门大学附属应用学校向学生提出的承诺是尊重、关爱、陪伴成长。学校有一个期许：活出澳大属校学生的风采——向往、睿智、得体，希望"实施优质全人教育，塑造时代公民领袖"。

同样是一所来自澳门的学校——巴波沙中葡小学的办学宗旨是：提供公民意识与道德观念的培训，协助个人性格和谐及全面发展，以便培养自由、负责任、关心社会、自主及合群的市民。在我考察过的几所日本小学中：日本境港市立外江小学提出的是"信赖"，他们的教育目标是培养"亲切的孩子，健壮的孩子，行为主动的孩子"；而日本逢坂小学学校的教育目标是"培养具有丰富的心灵、坚强的意志和实践能力的孩子"。

我对校训的关注由来已久，但少有研究。不过，罗列内地与澳门以及国外的某些校训，还是可以品出不同味道来。内地某些历史悠久的大学，从其校训上就可以看出其时间久远、办学方向坚定、观念纯粹、追求执着、目标远大，学校发展前景令人向往。如清华大学的校训"自强不息，厚德载物"，如复旦大学的校训"博学而笃志，切问而近思"，如交通大学的校训"饮水思源，爱国荣校"等，都体现了中国道德境界和文化精华，且历经百年而一直沿用。与其相比，上面所提及的"四词八字"式多出现在当前国内众多中小学的校训中，其中亦不乏有才之士引用经典，给校训披上神秘与儒雅的外衣，且做一番粉饰与包装。但最让人遗憾的是，大多不能持久地践行之，三年五年后，领导更替，又带来了新的理念，又一番从头来过……

与之形成对照的是来自澳门与日本学校的校训，首先给人的感觉是与内地文化之不同。内地很多的校训更像一种口号，是悬于学生头上的一种理想；而澳门与日本学校的校训更加走进学生，更实在，更具有指导与操作性。

【案例4】聊天记录——内地与澳门教师的内心世界

在与澳门和内地的教师就教师职业等问题进行聊天的过程中，我还是发现了诸多不同，从中可以反映出不同文化背景下的教师的教育思维。为了方便阅读，此处对当时的对话进行了编辑，以 W 和 T 代表我与聊天的好友，并删除了时间记录。

W：澳门的教师喜欢自己的职业吗？

T：你应该知道的呀。喜欢做教学的工作，但不喜欢做行政的工作。

T：我现在也在跟同事一起讨论你的问题，所以不是我一个人的意思呀。

W：想过自己要当一个怎样的教师吗？

T：做一个学生喜欢的老师。

W：你觉得自己怎么做能让学生喜欢呢？

T：平日多关心他们，多了解他们读书和家庭发生的事，还有多跟学生沟通。

T：同事的意见是要一视同仁、公平、公正。

W：你会因学生成绩的优劣而产生对学生不一样的看法吗？比如喜欢聪明的，不喜欢笨一些的。

T：不会呀，因为聪不聪明不是他们自己决定的。

T：我会用更多的时间去帮助他们改善成绩的。

W：你想让你教出来的学生是怎样的人？

T：有爱心的，孝顺的。

T：当然，如果有成就更好了，但我知道有太高成就的人会压力好大的，我不想他们太辛苦。

W：以你对内地教师的印象，你可以用一句话或几个词来说说吗？他们是什么样的？

T：很认真，但不知道是否真心。

W：内地老师更看重什么？

T：分数。

W：你觉得内地与澳门教师在思维方式上有什么不同？

T：会比澳门的老师更积极，更突出自己的优点。

T：澳门的老师会去进行个别辅导，当然是不收钱的，但我不知道国内的会不会。

下面是我与内地的一位教师的对话。这位教师三十六岁，有过在小学从事语文教学十几年的经历，现在任教初中语文。听听我们的对话：

W：如果再让你选择一次，你还会当老师吗？为什么？

T：不会，因为太累。

T：你要搞调查问卷啊？

W：想过要做一个怎样的老师吗？是以前想过，现在没时间去想吗？

W：原来没时间想，现在不敢想。

W：你看轻教师这个职业吗？

T：这么沉重的职业谁敢看轻？

W：小学与初中老师最大的不同是什么？

W：一个更理想，一个更现实吗？

T：哈哈，想听真话吗？小学老师是把聪明的孩子教傻，初中老师是把傻子直接致残。

上面四个案例似乎让大家看到的都是反面的教育现象与问题，但并不是说非中国的教育都是美好的，打上"中国制造"印迹的就都是糟糕的。我拿出几个案例来，还是希望引起大家对身边教育现象的关注，并透过现象看到背后的教育思维。长此下去，我们就会保持相对清醒的头脑，不跟着犯错，更不主动做违背教育规律的事。

（二）教师的个体思维——本应是丰富而多元的，核心应该在学生

老师，你关注学生了吗？你关注了学生什么？不管是否出于无奈，站在学生面前的你，关注了学生什么呢？我列出以下这些关注点，请您对号入座。

关注学生的分数、关注学生的应试能力、关注学生的竞争意识、关注学生的情感体验、关注学生的身体健康、关注学生的独创精神、关注学生的合作意识、关注学生的信息素养、关注学生的习惯养成、关注学生的语言发展、关注学生的生长能力、关注学生的生命质量、关注学生的公德意识、关注学生的社会责任、关注学生的民族意识、关注学生的国际视野、关注学生的人间大爱、关注学生的生存能力、关注学生的协作沟通、关注学生的……

老师们，你们想关注哪些呢？实际上又是哪些方面得到过度关注，而哪些方面没有得到您的关注呢？

（三）教育教学及教研中的思维现象

1. 回归。

课程改革走过十年，激情隐退后的理智表现在教育教学及教研中的思维现象最明显的就是"回归"。听一听业内人士的呼声，就能强烈感受到这种力量。让教育回归教育、让教育回归常识、让教育回归理性、让教育回归生活、回归元点做最根本的教育、回到起点才能重新开始、固本扶正返璞归真、走三步收两步、回到基础，改革不能以牺牲基础为代价……呼唤回归，是因为教育离家出走了，找不到家了。

2. 比较。

说到比较，人们马上会想到教育改革中"东方与西方、传统与现代、理论与实际"的六方对峙，这是当前课程与教学改革中重要的思维模式与工作方式。"立足本土，洋为中用；继承传统，古为今用；批判慎取，重新架构。"

3. 经验思维与理性思维。

从辩证法的角度去分析，经验思维与理性思维孰好孰坏、孰优孰劣并不是一道难解的题目。现实中，经验思维注重的是人的实践与观察，表现出来的思维形式是直觉与归纳，经验思维直接与客观事实相对接。从解决问题的功利角度去看，经验思维更有实用性，而理性思维注重的是对事物本质的关注与抽象，表现出来的思维形式是演绎。它不与现实直接对接，但如果理性思维不是人为的思辨得到的，而是对事实的本质的提炼，那么它对于人们解决问题就具有理论的指导意义。

从表面上来看，经验思维似乎带有浅表性，而理性思维更深刻。但对于人类发展来说，两种思维是不可有所偏颇的，偏执一方都会一方繁茂、一方萎缩。

作为教师不要小视自己，不要依赖"专家"。在实践与研究上，教师与教授们是需要相互依赖、共同发展的，正如经验思维与理性思维需要在现实世界这块共同的土壤中共同求得生存与发展一样。

4. 坚守与创新。

在教育改革中总会有保守派，坚守传统；总会有革命派，力主创新，先破后立，推倒重建，在旧瓦砾中生长；总有折中主义改良派，取传统之精华，弃传统之糟粕，纳舶来之思想于本土之实践……

5. 追求效能。

教育不是热炒，而是煲汤、是炖，文火炖来才有味道。教学要学会慢，品味慢的艺术。中国有拔苗助长的故事，但并没有给国人太大的警示，现今社会依然浮躁急进，教育改革与教学实践依然有违背规律之事，追求效能不要理解成立竿见影。

三、关注自己、追问自己、认识自己、更新自己——建立正确丰厚的教育教学思维

老师，你关注自己的专业成长了吗？让我们走进自己的内心深处。

曾经是学徒的我们，在一个又一个导师的诱导下，去不断发现自我、自我认同、自我重塑，习惯了靠外部的影响而发现自我，某一天我们突然发现面前再没有那个人时，我们要告诉自己，我们是不是该努力成为他人的导师呢？这是我们在成长过程中的思维转换。

1. 教师要有职业生涯规划。

我想成为一个什么样的教师？我怎样做才能成为那样的教师？现在的我

优势是什么？不足是什么？工作环境是怎样的？列一个发展规划表，做一个短期、中期的规划。

有一个著名的"三八理论"，说的是一个普通成年人的一天应该分为"三个八"：八小时工作、八小时睡觉、八小时自由安排时间。前面两个"八"，大多数人是一样的，并无多大变化；人与人之间的不同就在剩下的八小时怎么度过。

规划自己职业生涯，并不只是工作的八小时，真正较量出高低的往往在第三个"八"，即自由支配的这八小时。

2. 教师要有忧国忧民的情怀。

可以偶有愤懑牢骚，但不能一味地怨天尤人，以灰色眼光看周围的世界，以过分挑剔的眼光看当下的教育。教师的职业使命感是要有的，不能随波逐流，更不能成为社会的负面典型，引领社会走向文明的反面。位卑未敢忘忧国的大国教育者的情怀是应该有的，尽管听起来有些唱高调，但社会不正是需要教育有这种精神引领吗？

3. 教师要有大的职业发展观与教育观。

不要仅盯在学科专业、学科教学、学生的分数上。不要只把自己局限在本学科上深挖洞、广积粮，追求分数忙。当然，这很重要，老师也会有很多无奈。但能否在这个过程中从改变自己的心智模式开始，让我们自己关心社会人生、关注生命万物，情系教育，以一个教育者、思想者的使命感和职业敏感、职业操守去支撑我们的教学行为，透过身边的小事件、社会的大动向思考教育，想想自己在其中扮演的角色，从教育这块土壤去找寻事件的本因。"他们为何背叛了教育"、"他们为何不相信中国教育"、"给教育一个培养学生想象力的理由"、"中国的教育很神奇"、"孩子的选择"、"宗教与教育"等，都是我对教育问题思考的见证。

4. 读书。

鲁迅先生说："时间就像海绵里的水，只要你愿意挤，总是有的。"他自己就是把大家喝咖啡、谈天的时间用在了学习上，最终成为一代文豪。教师每天都在喊着忙，也正是因为忙，所以找到了不读书的理由。而真正阅读的教师会通过自身素养的提升，使教学事半功倍。挤出时间，让书滋养我们的身心；挤出时间，让油墨的香气浸染我们的生活，教书育人的生活也可以很诗意。

现在国内各大中小学都在积极营造书香校园，倡导教师读书，就是希望阅读成为教师职业生活的一个好习惯，希望这种习惯能够厚实教师的文化底子，提升教师的专业素养，最终使孩子们受益，并通过教师的阅读，以身示范，带动孩子们走进阅读的世界，丰富学生的生活。教师自己有一个丰富的内心世界，才能引领学生并成就学生精彩的学习生活乃至美好人生。

5. 写作。

教师不是专业的作家，但应该用笔记录自己的职业生活，用笔凝练自己的思想残片，用笔记载自己的成败得失，用笔给自己做教师几十载一个交代，用笔留下一些文字给同仁以教育智慧与教学经验……

6. 研究自己。

我的教学风格是什么？作为特级教师，我"特"在哪里？作为骨干教师，我与一般教师的最大区别是什么？作为一名普通老师，我有哪些与众不同之处？作为数学教师，什么是数学？数学的本质是什么？数学与其他学科不同的育人功能是什么？经过几年的数学学习后，我的学生应该是什么样的？数学教学的本质是什么？我以前是如何教学的？如果不这样，我还可以怎么样教学？我自认为驾轻就熟的教学范式是不是真的正确？我有没有自己的教学主张，有没有自己的教学追求？学生是否喜欢我的教学，喜欢什么，不喜欢什么？我的教学有没有坏习惯，是什么？作为骨干教师，我教出来的学生与普通教师教出来的学生有什么区别？我拿什么来证明自己不普通？难道仅仅是我参加教师专业水平测试比别人成绩高吗？难道仅是我多写了几篇经验文章吗？难道是我获得了更多的公开教学的机会吗？难道是我教的学生真比别的班的学生强？难道只是机遇吗？如果换一个工作环境，我最被别人认可的是什么？是我的人品、态度，还是我的业务？是我教学的小点子，还是我的教育大智慧？是我的教学专业素养，还是我的大的教育情怀？你习惯透过教学现象提出教学问题吗？你知道如何运用科研方法、规范的研究过程进行课题研究吗？你知道如何撰写教学文章吗？你写了很多文章，在你的教学上真的转化为教学行为，并让你的学生受益了吗？你会看外文资料吗？除了本校教师外，你与外省或国外的同行有交流吗？你有专业进修的想法吗？你清楚自己要进修什么吗？你是否倦怠了？为什么？

再研究自己，你写文章时，是不是经常要引用"苏霍姆林斯基"说、加德纳"说？你有自己的观点吗？想想每一天的工作，备课、上课、批改、辅导、考试、开会、出卷子，是不是没空想或做别的事儿？说到日常的琐碎工作，你是什么心理？积极的成分多，还是消极的成分多……

认识自己真的很难，首先难的是我们的确缺乏认识自我的自觉性，即使是经历过林林总总的快乐与不快，大大小小的是是非非，自己喜欢或不喜欢的一幕又一幕，我们除了高兴、悲伤、自责、悔恨、郁闷、无助等情绪外，很少真正地在灯下，在一个静静的地方扪心自省。无论是在教学上还是在做事上，我们会有意外的成功，也会随兴发挥，有得意之作，亦有败兴之举。有时可能做了不该做的事，成为了不想成为的那类人，但真正静下心来去醒悟的却少有。人生都需要一种勇气去面对，然而努力去做出调整，进入到自我封闭，或闭关自怜，或将自己躲进书中，这些也许都是一种错误。作为教师，我们会时而有本领恐慌与职业恐惧之感，这些给了我们向上的动力，也给了我们时而灰暗的内心。人就是在这样的与自我内心抗争中过日子，唯愿另辟内心中的一块土壤，让阳光照进来，驱散阴霾，让心灵充实如初。

教师的思维告诉我们，他认为什么是重要的，什么是次要的，什么是不要的。

教师的思维决定教师的行为，教师的思维决定学生的存在……

有时，我们就像一驾南辕北辙的马车，思维方向错了，越努力离目标越远。

认识自己，更新自己，走进自己的心灵世界，去找到那个"教师"，让教育回归教育，让教学回归教学，让教师更像教师吧……

第二辑

读有所思

"读书是在别人思想的帮助下，建立起自己的思想。"而要建立自己的思想，前提是要读懂书中所蕴含的思想。人一生中可能会读很多书，但真正能读到几本有价值的书可能就需要些缘分了。那些让你感动、促你思考、给你激励、引你向善的书，就是你成长中重要的力量源泉。

——寒江心语

《论语》的教育智慧

　　《论语》是名列世界十大历史名人之首的中国古代思想家孔子的弟子及再传弟子记录孔子言行的一部集子，成书于战国初期。因秦始皇焚书坑儒，散失严重，经后人口头传授及对孔子家残存书的整理，现存《论语》共 20 篇 492 章。其中，记录孔子与弟子及时人谈论之语约 444 章，记录孔门弟子相互谈论之语 48 章。

　　《论语》作为孔子及门人的言行集，内容十分广泛，多半涉及人类社会生活问题，其中有关教育的富有哲理的名句箴言。这些名句箴言穿越二千多年的历史时空，对今天的教育仍然具有重大的影响。约在中国两千多年的历史中，《论语》一直是中国人的初学必读之书，但也曾一度遭受冷落与批判。近年来，在国学热潮下，《论语》再一次摆上了国人的桌案，受国人热捧。然而，能够细心读完此书的人不多，即便是最应该读《论语》的教师，能够捧起此书细品的也不多。他们宁愿去读苏霍姆林斯基，读加德纳，读杜威。这不能不说是一种遗憾。孔子是我们的师祖。作为我国古代著名的教育家，他一生从事教育工作，在教育实践中取得了丰富经验。《论语》读起来的确有些涩，但其中的教育智慧却是朴素的，与今日之教育是相通的、共鸣的。作为教师，应该从根儿上寻找教育智慧，并思考当下的教育现象和问题，以提升专业素养，不必一味将目光投向西方。现将《论语》中关于教育的言论整理如下：

　　一、关于教育指导思想

　　孔子主张"有教无类"（《卫灵公》），即无论是哪一类人，都要给他们以教育。这与今天我们提出来的"教育均衡"、"人本思想"等是何等的一致。对我们每一位教师而言，要让每一个学生都有同样的受教育的机会，让他们享受同样的教育资源、得到教师同等的关爱。教师要做到不偏爱、不歧视，尊重每一个学生。

　　二、关于教育的基本方法

　　1. 因材施教。

　　我们经常会讨论这样一个问题，就是《论语》中提出的因材施教与现实中的大班额教学之间的矛盾问题。其实，这根本是两回事。因材施教作为教育的基本方法，同时也是基本原则，对于我们的教学始终起着积极的指导作用。子曰："中人以上，可以语上也；中人以下，不可以语上也。"也就是说，对于中等才智以上的人，可以和他谈论高深的道理；对于中等才智以下的人，不可以和他谈论高深的道理。这与今天提出的"尊重差异"、"让不同的人得到应有的发展"、"变差异为课程资源"等都是一致的。这就告诉我们，无论是在教学内容的选择、教学方法的确定还是在教学评价上，我们始终要考虑学生的个性差异。"因材施教"就是要做到教学有针对性，不要强求用统一的标准衡量学生，不要强求学生达到同一标准。这样将有利于学生在自己可能达到的目标层次上做出努力并获得成功。为贯彻因材施教的思想，孔子很注意对自己学生的观察了解。"柴也愚，参与鲁，师也辟，由也喭"（《先进》），"由也果"、"赐也达"、"求也艺"（《雍也》），在此基础上采取不同的教育方法。如子路问："闻斯行诸？"子曰："有父兄在，如之何其闻斯行之？"冉有问："闻斯行诸？"子曰："闻斯行之。"冉求办事畏怯，所以要鼓励他，故孔子对他说："明白了就马上行动。"子路胆大过人，自以为是，所以要故意抑制他。故当子路问"明白了道理马上就行动吗"孔子说："有父兄在，怎么能不请示一下就行动呢？"当一旁的公西华疑惑之时，孔子解释说："求也退，故进之；由也兼人，故退之。"（《先进》）这段话非常生动地将孔子因材施教的思想和做法呈现在今人面前，品之余味无穷。也有人批评这种做法是反天性的。比如，有人说现在中国的教育有时就是反儿童天性的。儿童乐观开朗、好动好说、敢于争先的，而老师让他安静，三思后行，谦虚谨慎，学会稳重；儿童性格内敛，不爱言语，事事谨小慎微，胆怯安静的，而老师让他大胆行事，大声讲话，培养兴趣，提高自信……其实，这正是"因材施教"，似乎是有一种中庸的味道，但这不等于不顺从儿童的天性，不等于压抑学生的个性。我们需要辩证地去考虑这些问题。

2．启发式教育。

坚持启发式，反对灌输式，这是我们教学的一贯原则。孔子强调"不愤不启，不悱不发，举一隅不以三隅反，则不复也"（《述而》），即：心求通而未得之时，我才去启发他，口欲言而不能之时，我再去开导他。也就是给学生思考与表达的时间与空间，不到火候不启发与点拨。这就是我们常说的"舌尖现象"，出现这一现象时再启发则恰到好处。告诉他一个道理而他不能类推出三个道理（三，也虚指多个），我就不再教诲他了。这里强调的则是在老师的启发下，学生要学会以联系的观点去看待所学的知识，自我启发，自我建构，自主联系。

《论语》中还强调在实行启发诱导的基础上注意循序渐进。"夫子循循然善诱人，博我以文，约我以礼，欲罢不能……"（《子罕》）这正是对循循善诱启发教育的写照。在今天看来，这同样是一种十分美好的教育境界。"温故而知新"（《学而》），"告诸往而知来者"（《学而》）。当子夏问孔子《诗经》中关于描写女子美貌的诗句时，子曰："绘事后素。"打个比方说，"这和绘画一样，先有白色的底子，然后才着色绘画。"子夏对曰："礼后乎？"（"是不是礼乐产生在仁义之后呢？"）子曰："起予者商也！始可与言《诗》已矣。"（《八佾》）（能启发我的人是子夏啊！现在我可以与你谈论《诗经》了）这些都生动地再现了孔子教学过程中善用启发诱导，并在启发教学过程中，教学相长的过程。在我们今天的教学中不也时常如此吗？

当然，《论语》中关于教育方面的言论还涉及教育的培养目标，其中"学而优则仕，仕而优则学"（《子张》）是他培养具有仁义之心的"仕"、"君子"，以为当时的社会服务的主张的集中体现。关于教育的基本内容，则主要集中在六艺，即诗、书、礼、乐、易、春秋。每一个教学内容的基本特征、属性是什么？育人功能是什么？《论语》中部分有所涉及。我们所能感受到的，就是在教育中，在可能的前提下，教育内容力求广博。

《论语》中有丰富的教育思想和人文内涵，每当我们遇到教育困惑时，依然可以在书中的字里行间寻找到教育智慧，以开启心智，从最根本、最朴素的道理中寻求问题解决的方式方法。

2010 年 11 月 26 日

孔 子 哭 了

半年多来，我一直将《论语》作为枕边书，并非受前些阵子的"国学热"所鼓动，只是自学生时代便对古文情有独钟。而工作现实与自己开了个不大不小的玩笑，我做了一名数学教师，一做就是二十年，自己这方面的爱好一点一点地消磨尽了。要不是收拾书架，我还真不知什么时候才能将冷宫中的"孔子"请回来。幸好在书堆里遇到了他，使我有机会"聆听世界上最愉快的声音"。"身为中国人，一生之中仔细读一遍《论语》或听一遍《论语》，才不愧为此一语文及此一文化的后裔。"《论语》原著读罢，我又细读了多遍傅佩荣的《论语心得》，任原汁原味的《论语》智慧滋养着我，却未敢留半字心得。《论语》及孔子实在是"望之弥高，钻之弥坚"啊。"饭疏食、饮水，曲肱而枕之，乐亦在其中矣。"（《述而》）在家中，我一边做着晚餐，过着城里百姓的正常生活，一边手捧着经典，摇头吟诵，仿佛将自己置身于孔府，或游于山水之间，像个仁者、贤者、隐者、谦谦君子，待价而沽，以博施济众，兼济天下——如果您同样喜爱读《论语》，可以先读一读傅佩荣的《论语心得》。下面是此书中的一段，先品一品。

孔 子 哭 了

一般人心目中的孔子，大概接近子夏所说的："君子有三变：望之俨然，即之也温，听其言也厉。"（《子张》）今天我们诵念孔子的话，确实有些严肃，都是掷地有声的大道理，或是刻在石板上的座右铭。事实上是否如此？

子贡的印象比较缓和，他认为孔子的性格是"温、良、恭、俭、让"（《学而》）。孔子是谦谦君子，文质彬彬。孔子在自述时，很少谈到个性，但是我们仍然可以肯定他是一个情感丰富的人。

他善于观察大自然，经常发感慨，如"逝者如斯夫！不舍昼夜"（《子罕》）、"岁寒然后知松柏之后凋也"（《子罕》）。他看到颜渊力求上进，会说："惜乎！"（《子罕》）为他担心身体。看到伯牛病重，则说"命矣乎！"（《雍也》）认为命不好，无可奈何。看到子游用心教民，还会开玩笑，说："割鸡焉用牛刀！"（《阳货》）听到曾点言志，他甚至悠然神往，叹息一声："吾与点也！"（《先进》）

不仅如此，《论语》还记下了一句耐人寻味的话："子于是日哭，则不歌。"(《述而》)孔子在这一天哭过，他便不再唱歌。我们可以顺着推想：

第一，孔子大概经常哭，并且不在意让学生看到。如果他一年哭一两次，学生无法得出"是日哭，则不歌"的结论。

第二，孔子如果这一天哭过，就不再唱歌。反过来看，如果孔子这一天不哭，他是否一定唱歌？在逻辑上不能如此武断，只能说：若是此日不哭，"通常"他会唱歌。由此可知，他的生活充满快乐的旋律、审美的情调。的确，他的学生向他习诗、习乐，都要边唱边学。他周游列国，曾经困于陈、蔡之间，虽然七日以干粮果腹，子路不停抱怨，他照样"弦歌不辍"。

他唱歌时，还有一个习惯："子与人歌而善，必使反之，而后和之。"(《述而》)现在要问的是：孔子的哭，又是为了什么？个人理想无法实现，天下百姓流离失所，都可能让人悲从中来。像孔子那么典型的人道主义者，太多的事情可以让他感动了。《论语》记得最直接的一段，是颜渊之死。孔子已经七十一岁了，眼见最好的弟子先他而死，实在情何以堪。他哭得十分伤心，以致别的弟子提醒他不要过度悲恸。他说："如果不为颜渊哭得过度，我为谁哭得过度呢？"(《先进》)既发乎真情，又合乎常理，孔子真是令人敬爱！

很多人曾对我讲，说《论语》虽好，但是读后发现什么也记不住，所以不如省省精力做点别的吧。其实，我们读《论语》的目的倒不应该是记住其中的某些精辟的名句箴言，感悟其中的人文思想、教育价值恐怕更为重要。经典对人的滋养总是静悄悄地，但一经植入你的身心，将持久地发挥作用。

2007 年 11 月 13 日

从 "中国学习者悖论" 得到的启示

近日，从书中了解到了一个词——"中国学习者悖论"。所谓中国学习者悖论，笼统地说，是指如下"奇特现象"：按照西方的观点，中国的教学模式普遍落后，是属于传统的"传授——接受"型。这也就是说，教师在教学中起着绝对的支配作用，学生则处在纯粹的被动地位，他们需要的只是记忆与模仿。但是，在近些年来举办的多项国际比较测试中，包括国际经济合作与发展组织（OECD）对成员国家或地区进行的针对十五岁青少年的能力测试（PISA测试），中国学生与其他国家相比，特别是与西方国家学生相比却又取得了较好的成绩，从而我们在此就突出地遇到了这样一个矛盾："一种被动的学习怎么可能产生比较好的学习结果呢？"

对于上述问题，可以从不同角度去分析。以数学为例，从逻辑的角度去分析，至少有两种情形可以理解：第一，相关的测试缺少信度，不足以反映出学生的真实数学水平，从而不能说明中国的学生比西方的学生有比较好的学习效果；第二，应当努力改变西方人对中国数学教育的看法，并努力发现我国数学教育中的合理成分。因为正是我国教育中的合理成分促成了学生有比较好的学习结果。

现实中，西方学者更多的采取了第一种立场，即认为现行的考核内容和办法不能很好地反映出学生的学习结果，为此就不能认为中国学生的数学水平高于西方国家的学生。但后来，尤其是近两年已有越来越多的西方学者开始倾向于第二种立场。或者说，他们开始以一种开放的心态去关注并研究中国数学教育的特点、内在的本质以及促成学生取得良好学习成绩的优势。这是值得欣喜的。

其实，在课程改革实施进入理智期（个人认为）时，人们开始从理性的角度去审视东方与西方、传统与现代、继承与改革的关系。单就中国课改拿来西方理念一事，人们也有清醒的认识：拿美国与中国来说，分别代表着西方与东方特有的教育文化。具体来说，两国的数学教育各具特色：美国有先进的理念，中国有美国所不具备的优良的教育传统。两个国家好比各占一座山头，遥相对峙，各踞真理的一端。我们真正想要的是在两个国家教育之间找一个中间地带。为此，在课程改革中，我们大可不必一味地追求西方所谓的现代理念，而完全否定本国的教育传统。这样，就会在丢掉了传统的同时，我们也失去了对本国教育的自信。当然，这就涉及一个问题：哪些是我国数学教育中的精华，哪些是糟粕？国外数学教育，哪些是科学的、合理的，哪些可以移植到中国，哪些可以在我国教育传统的基础上生根发芽？从这里我们可以看出，给我国的数学教育以界定是大有必要的。这是教育专家学者的事，但作为一线教师应该对此有个认识，至少清楚在数学教育中，没有谁是完全先进的，没有谁是完全落后的。在我们仰视他人时，不要有自卑自贱的心态，在他人关注并追随我们时，我们更不要慌乱自负。保持理智，保持辩证思想，从对立面去考虑问题是至关重要的。

2010 年 5 月 25 日

你是哪种读书人?

说到读书,人们马上会想到小学校园内的书声琅琅,想到中学教室内的埋头苦读,想到大学校园莘莘学子的书生意气。其实,自古以来,读书都不是在校学生的专利,而现今的社会,读书更是成为一种工作的方式、一种生活的必需。尤其是身在职场中的人,读书学习显得尤为重要。在这里说一说教师吧。教师从事的是教书育人的工作,本身就要教会学生读书学习,身正为范嘛。在教师当中,虽然同是读书,然而读书者的心态却大相径庭。有人读书是为了消遣,有人读书是为了提高教学技能,有人读书是为了提升文化修养,有人读书就是乐趣,而有人读书就是一种习惯。有人读书很感性,受一件小事儿触动,就想到要读书学习;有人读书很理性,首要考虑的是需要不需要,而后才是喜不喜欢。我将这些人分成三种类型。

装点门面型:现实生活中总有那么一些人,头重脚轻根基浅,平时不学无术,偶尔感到读书之重要,便发誓祈愿,从此慷慨解囊购书订报,寒窗苦读。时不过周,页不过百,便拿起喇叭表白自己读书万卷、学富五车。可本性使然,没过几日,那些曾经装点门面的书籍、那些堂而皇之登堂上架的砖头,真的被供奉起来,等待它们的是厚厚的尘埃和蛀虫的光顾。

自知自制型:随着电脑网络的介入,尤其是信息量的增多与更新速度的提高,教师和书本这两个主信息源的地位已开始动摇,教师随时会遇到来自学生稀奇古怪问题的挑战。教师不是百科全书,他不可能占有全部知识,但教师的职业性质要求教师要尽可能地通过学习丰富自己的文化知识,以最大限度地满足学生的需要。很多教师正是感受到了教师的职业要求,所以读书成为工作的需要。读教育理论、百科全书、教辅书,查阅报纸杂志、电子刊物等。他们可能没有感受到读书的乐趣,但得到了实在的收获。

文人雅性型:有的教师受家庭书香氛围的影响,或多年形成的志趣,将读书视为自己生命中重要的部分,将读书融入了生活。无论是哪一类的书,他们都会涉猎。在他们的概念中,"读书"不是一个十分强调的词汇,是等同于吃饭睡觉一样的延长生命的营养品,只不过一个是肉体生命,一个是精神生命而已。能够做到这一点,是让人十分佩服和羡慕的。

在现实生活中,前两种读书类型者众,而能够怡然自得、宁静雅致品读诗书者甚寡。面对来自学生的挑战和同行的竞争，老师们已意识到了读书的重要性。第一种类型的人将读书视为救命稻草，他们不甘心退出历史的舞台，更不敢暴露自己的无知与懒惰，同时又无力改变自己浮躁的本性。他们在本能地保护自己不受伤害。然而，情感与自尊不能掩饰摆在眼前的事实，过去的经历与荣耀更不能成为任何人否定今日落后的借口。将读书拿来作秀，将散发油墨香味的书拿来做面具，是一种个人的无奈，还是一种欺世盗名的丑陋行为？

说到我，我应该属于自知自制型的人。对自己，我有较为清醒的认识。我不敢说自己哪方面做得出色，但我知道自己哪方面有所欠缺。对于读书，我不想去说得过多，让人侧目或仰视；也不会做出自欺欺人之举，成为他人的笑柄。我只想：因为我是教师，我要读书；因为我要求学生读书，所以我要读书；因为碌碌无为、得过且过有负罪感，所以我要读书。

让读书成为一种习惯吧，我们的生活会变得有滋有味。

2007 年 1 月 4 日

由企业管理想到教育管理及其他

　　《细节决定成败》是汪中求先生总结多年管理、咨询工作的实践经验，并借鉴国外企业管理的经验写成的一部细节管理专著，其内容丰富、资料翔实，对提高企业管理水平具有实际作用。我是 2004 年 10 月在这本书问世仅半年时间就有幸拜读的。在当时，这本书应该说是各企事业单位非常推崇的一本书。本人自认为是比较早在同行中读到此书的。其中，"细中见精"、"小中见大"、"寓伟大于平凡"、"简单的招式练到极致就是绝招"等观点成为很多企事业领导以及喜欢思考者信奉的真理。它的出现也着实成为了只要有管理的地方就必读的真经。我曾多次在校内外某些会议上将本书中学到的观点加以引用，这些新鲜的观点引起了大家的关注。于是，系统内部分单位或人手一册啃读，或取其管理之法，以提出本单位的管理理念。总之，它的出现让管理深刻了许多，让我们对司空见惯的管理多了一份思考。

　　下面是我在读书的过程中思考教育、教学管理及课堂教学而写下的：

　　1. 对于教学来说，凡事无小事，简单不等于容易。

　　2. 现实拒绝浮躁，成功亦容不得急功近利。

　　3. 学校办学要立足于世，为社会所认可，就应该将教育管理做细、做实，将师资队伍建强、建精，而不应该一味追名逐利、豪赌夺标，教育应该是一件神圣而朴素的事业。

　　4. 办学不是搞投机，要有强烈的历史使命感和深厚的社会责任感，要实事求是、服务社会、服务人民，不能搞招生引资，不要喊把学校做大、做强。学校是育人之场所，非营销产品之地，所以不要盲目办超级大校。

　　5. 教育的竞争或者说办学的竞争已变得类似商战一样的残酷，在各位校长心惊胆战地维持学校惨淡经营状况之时，是否想过这样一个问题："我的心态问题，我是否能够沉下心来，研究教育'市场'，进行教育改革与创新，研究管理制度，开发人才资源，是否立足现在、放眼未来……"

　　6. 在工作中，一个教师的粗心，如桌面上的零乱、笔记的不规范、衣着的邋遢、话语的随意、学生本簿的褶皱等细节都可以反映出教师的素质高低。一个人也正是因为所谓的工作不拘小节，而使领导难以对你产生充分的信任，更不会相信这样的人能够做好管理。

7. 细节成就一个人，细节也容易如蚂蚁毁堤一样，断送了一个"大智若愚"者的前程。一个聪明的人应该懂得正确认识自己。其实，审视自己的工作、言行、交友等应该能及时发现自己的不足。如果你的缺点毛病已成为公开的秘密，而只有自己不知晓，那别人只好当你是白痴、弱智了。

8. 对于一所学校而言又何尝不是如此。往往是绝大部分领导与老师用辛苦与智慧换来的社会信赖，被其中1％或2％的教师之不良行为轻而易举地损伤。

9. 对于一名教师来说，哪些工作的细节应该予以关注呢？

（1）个人形象。服饰、发式、语言、动作等。

（2）办公用品管理。桌面文件、本簿（各类笔记、记录）、计算机文件管理等。

（3）领导安排的工作。只要接受必须按时、保质保量地完成，不要说似是而非的话，少抱怨，不要强调理由。

（4）讲诚信。对他人有责任感，与他人交往讲诚信。

10. 如果说教学的一般规律是科学，那么教学中的细节就是艺术。

11. 作为一名校长，如果不了解教师的心理，或不体察教师的需要与感受，还谈什么"以人为本"的管理呢？古有刘备兴复汉室强调"以人为本"，是以人为根本；而今，以人为本是尊重人的意愿，了解人发展的需要、发展人的个性，即人本主义精神。为此，作为学校的领导者、管理者、引领者的校长，应该日三省己身，从人与人平等交流、工作的角度来拷问自己是否真的是"以人为本"。

12. 作为一名教师，不要在日益竞争的环境中仅仅将目光盯在竞争对手身上，要把目光放在工作的每一个细节上。一名教师在竞争中往往不是被对手打败，而是毁在自己的师德不够高尚、业务不够精良、志向不够远大、内心不够宽容上。

13. 一个老师之所以可以成为一个受人热爱、信赖或尊重的人，就在于他不仅有精湛的教学艺术，更有热情服务他人的意识以及诚信。

14. 如果从教学活动的执行而言，细节的意义远大于创意。

15. 我喜欢对微软的怪解："微中见大，软中寓刚。"

16. 学校管理的成功同样取决于确立良好的领导体制与组织机构，建立科学合理的管理制度，并使之成为一个良性运转的系统，这样才能使学校的发展持续而健康。

17. "凡事预则立，不预则废。"如果听到或看到这句话，更多人想到的是工作中制定科学合理可行的计划的重要性，但人们往往在具体工作环境下难以坚持经常，这可能就是不良的工作习惯使然。

18．从市场营销和市场运作的角度来进行教育管理对我们是有启发的。至少它是以人为本的。很多名校要建分校，就应该考虑分校应该建在哪里，在此居住的居民有多少，文化层次、经济收入以及对教育的需求，以及适龄儿童数如何、交通如何等。这些考虑是细致的、科学的，对于决策是很重要的。

19．读到此，使我联想到学校办学的同质化问题。各学校为了生存与发展，纷纷打着特色办学的幌子，以个性化抵制学校之间同质化办学的影响，谋求其良好的社会形象，保持良好的生源，但作为学校——育人场所，还是应本着育人的宗旨，一切的教育举措皆为了促进学生的发展，以质量取胜。这是教育立足的根本，别无他法。

2008 年 3 月 16 日

《教学勇气——漫步教师心灵》读后随记

我很长时间没有写东西了，但内心略感安慰的是，读了两本书，其中一本是澳门教青局余巍博士翻译的美国帕克·帕尔默教授的著作《教学勇气——漫步教师心灵》。我吃力地啃完这本书，多少咀嚼出一些滋味。不是说这本书没有营养，而是有些高深，除了语言习惯与我们略有不同之外，还有其中所阐述的一些观点以及观察教育的一些视角与我们有些不同。下面是我在此书上随记的体会，整理如下：

1. 教学的困惑可归结为三个方面：学科、自我和学生。

2. 我们在教学中要时刻寻找一种与自己的本性更契合的教学方式。

3. 充分了解自己的个性及教学之独立性，才能成就一个独一无二的你自己。

4. 曾经是学徒的我们，在一个又一个导师的诱导下，去不断地发现自我、自我认同、自我重塑，习惯了靠外部的影响而发现、发展自我。某一天，突然发现我们面前再没有那个人时，我们是不是该想一想如何努力成为他人面前的那个人呢？

5. 人并不像以前想象那样的自由行走，而是被附加在其思想和心灵之上的无形的操纵者控制着。

6. 讲台对于一个教师来说，是一个表现自己、出人头地、引人注目、实现自身价值的竞技场，但它同时也是考验能力、证明你能力不足的考场。

7. 能够如此痴迷地让自己的灵魂与内心做深刻甚至有些生涩的对话，在为作者所折服的同时也有些费解。我想，这也许是此书带给我难得的体验吧。

8. 自我认同、自我分裂、自我完整，如此等等，我们每个成长中的人真的需要像在心理治疗师面前接受治疗一样，不断地自我诊断，自我救赎。唯有如此，才能有所体悟、有所长进吧。

9. 发现并认清自己，有时是让人尴尬的，但这是真实的。不能自我蒙蔽、自我陶醉，因为我们还要向前走。

10. 任何真实可信的教学要求最终来自教师内心的呼唤。

11. 书读至此，当初识其意。然而，也许本人才疏学浅，竟然如坠迷雾，难解其意。似乎每一篇、每一段、每一行文字都表达的是同样的内容，而即便如此，我也没清楚它说的是什么，大抵是这个意思：教师在专业成长中要唤回自我认同与自我完整，要不断追问内心与外部行为之间是否达成一致。达成一致，才能做到面对学生的是一个敞开的真实的自我。也许会在其中暴露自身能力的局限，但总比游离于内心伪装的自我要让内心多一份安慰，也在内外一致的过程中，找到心灵的一种畅快。即便认为读出了上述的东西，但究竟是否是作者的本意，我也不知道，但这也许并不重要，因为在读书的过程中，我已渐生自己的思想，忘记书中的细节，找到最能触动自己的那股力量。

2010 年 8 月 23 日

并非"闲思"

　　昨日，澳门书香文化节在塔石体育馆开幕。正值三日连休，本不想出游的我，正好找到了一个好去处。听说是港、澳、台和大陆四地联合书展，更觉当去。于是，叫上哥们儿，一同进入了书的海洋。泡了三个多小时后，我捧着一摞子书回家了。

　　《闲思集》是我在特价摊位上找到的一本香港教育杂论。作者在八十年代末任香港《信报》"教育眼"专栏作者。他对当时香港的社会现象、教育问题、政府施政、学校管理、教师培训等问题都有关注与评论。对于一直致力于学科教学的我以及像我这样的教师来说，读一读这样的书会给我们带来新的思考。一天多时间，我闷在屋里，一口气读完，头晕眼花，但还是希望把最直接的思考写下来。

——题　记

　　（一）老师，活出你的尊严

　　也许历史上曾将教师贬为"臭老九"，也许我们的师祖孔子一度受到批判，也许教师这一群体在社会上的地位依然很尴尬。致使今天，在国家大力提倡"尊师重教"之大好形势下，教师的社会心理依然习惯将自身定为弱势群体。"活出自己的尊严"——我始终在内心对自己也对教师这个群体发出呐喊。"别人往往拿你自己看待自己的眼光来看待你"，如果自己都瞧不起自己，我们怎么指望获得社会的尊重呢？

　　1. 应置教学于当有的位置。教学的问题，上位是教育的问题；教育的问题，上位是社会问题；社会问题反映的是政治、经济、文化、人口、国际关系以及社会与自然的关系等一系列问题。如果教师视教育教学之外的其他于不顾，只是在本专业上专攻，势必造成思想狭隘、思维封闭、方法单一、缺少整合、内容缺失等教学局面。这与我们所期望的学生全面发展、个性发展与可持续性发展之目标是相悖的。

　　2. 教师应该敢于承担责任。在社会上，教师这一职业被神化，神化的后果是造成教师思想、行为、言语等受到严重束缚。教师在自己的小天地中，自我陶醉、自我欣赏、自我封闭、自行其是，养成了一种照章办事、逆来顺受、事不关己的处世哲学、工作态度与行为习惯。许多人不关心政治，不关心民生，不关心法令，懒得去思考，甚至有人微言轻不如不言的想法。一个政策、一个条文、一个工程、一个活动、一个计划下来，虽然有自己的想法，但多数只是在私下里发些牢骚，甚至是自我解嘲式的阿Q一下。所以说，教师在某种程度上是弱势的群体，是集体无意识的群体，是任人摆布的一个群体，是更多地以自我利益为中心的缺少公共意识的群体。遇到不公时，他们也有自己的宣泄方式，但多数不是积极地进行心理调整与表达，而是自嘲：起得比鸡早，吃的比猪差，睡得比狗晚……鸡鸣即起，一日开始；检查卫生，辅导自习；哪个缺课，谁又晚起……锅先不刷，碗亦不洗；急急忙忙，就上班去；先去打水，再来扫地……教师的职业倦怠，就在这样的状态下延续着，有时还会产生集体的愤懑。这种消极情感共振往往会产生不和谐的声音。面对这样的问题，作为学校教师的一个组织和领导，学校的工会、党团组织应有所担当。教育行政部门和教师培训部门及有关的专家学者，不能简单地将此现象概括为教师专业思想不稳固、教师职业倦怠、教师心理疾病就了之了，要寻求这种现象产生的社会原因，以图解决之。教师自己也应该有所觉醒，不是挨下去，这样苦了自己、害了学生，不要做过激的什么行为，那样无助于社会的稳定。教师应该试图从正面去找到某种途径表达这种声音，以引起社会、政府行政部门，尤其是教育主管部门的关注。同时，教师亦要反思自己的行为。很多教师以消极的态度来排解内心的压抑，关起教室门，乱弹自己的琴。如果学校教学监管制度不完善，那岂不是要贻害学生嘛。

3. 中小学教师当自立自强。当前，在内地，教师的专业发展已成为校本培训、师本培训的主旋律。引领教师走上专业化道路，使教师同律师、医生一样，成为社会公认的专业技术人才，是我们搞教师专业发展的一种社会理想，也是教育界自身对教师发展的一种单向期许。但客观地说，目前中小学教师的职业理想、专业情意、专业技术等还不容乐观。在走专业化发展的道路上，相当一批教师并不是抱定积极乐观的态度，而是同以往诸多教师培训、教科研活动一样，推一推动一动。大家都明白，要想改变社会对教师的看法，首先要改变教师自我的评价与职业认可。而事实上，绝大部分中小学教师在社会上不愿意暴露自己的真实身份。这不能不说是历史的、社会的中小学教师的职业形象给人们造成的心理阴影在作祟。但在国家尊师重教、教师社会地位逐渐上升、教师专业发展面临空前机遇的今天，如果教师自身不识趋势、拒绝改变的话，那只能说是教育的一种悲哀。上文说到教师缺少责任，如果在教师专业发展方面教师认定学不学习、发不发展是自己的事儿的话，那么就是一种不负责任的明显表现。作为教师，作为承担教书育人工作的特殊职业公民，自我的发展不再是自我的事儿。很多教师在面对工作中诸多问题时大呼改变，"人人希望改变，但人人都拒绝被改变"，这就是一种现实。

曾经是不屈从于现实的愤懑一族，曾经因一人一事于己之不公而怨天怨地，曾经借酒抒发内心的压抑与不满，曾经因世俗的困扰而不能自拔，曾经渴望跳出三界走出五行以求解脱……但今日，内心尚感安慰的是，我没有因此而改变自己对教育的钟爱，没有因此削减我教育的志向，没有因此给我的学校、我的学生带来损失，这是一位教师当有的职业操守底限。

(二) 值得关注

如果说读了《闲思集》对我有所帮助的话，并不因为作者的视角有多特别、思想有多深邃、笔力有多深厚，而是他的"杂"。一字以蔽之，"杂"恰恰是对"专"的弥补，博闻强识，渐得丰富，术有专攻，日求精进。这当是我们追求的一个理想中的自我，特别是教师。读罢此书，我凝视窗外，重新规划来澳门工作的时光，觉得思绪渐开，除了数学专业指导之外，其他值得关注的方方面面竟如跳动的甘泉汩汩涌动出来。也许下面这些会成为我闲暇时长时间关注的内容。

1. 作为澳门支柱产业的博彩业的井喷式发展对澳门教育的影响；

2. 多元文化并存对学校培养目标的要求；

3. 学生语言分流下产生的教育公平问题的思考；

4. 各色社团组织影响下，学生社会实践的丰富；

5. 教师满负荷工作量下，如何实现专业培训的跟进；

6. 普通话的推广与繁体字、简体字的使用问题；

7. 特殊教育、融合生、留级生问题；

8. 澳门的民主与法制、公民意识与国家意识；

9. 澳门人的闲暇生活；

10. 教会学校教育之特别之处。

2009 年 11 月 2 日

探究中国思维之怪言怪语

相当长的一段时间，笔者一直沉迷于一本叫作"中国思维形态"的书中。书中博古通今、中西对照的论述，特别是对中西方思维以及中国思维方式的哲思，既困扰、吸引着我，更启发着我，带我进入了一个不一样的境界，使我渐入佳境，甚至走火入魔。所记文字皆是当时一挥而就，现在看来有些怪里怪气，也有拾人牙慧之嫌，但我喜欢这些思考，便收录下来。

（一）中西思维对话

中国思维，其相对的是非中国思维。中国思维如果代表东方思维的话，那么其相对的就是西方思维，相对的是西方思维的代表古希腊思维。东西方思维有差异，例如说中国思维与古希腊思维，更可见其迥异。

中国思维之于古希腊思维是自发的、自然的、经验的、少有人工雕琢的，没有古希腊思维形成过程中那样经过更多的人工整合与剔除。所以，在现今的中国思维中依然可以找到千年前的原始影像。这种思维保留着古朴的印迹，带有连续性。而古希腊思维则因为有过数次的对经验、实践、观察、社会生活方式的自觉内省与加工提炼，所以在不同历史阶段形成了终结与变革，从而使经验的、直觉的思维形成更形式化的思维成果，主要表现为相对中国思维而言更成熟、更知性、更理性的推理逻辑形式的确定。

中国人不曾对任何一种自然而来的致思方法说"不"，因此中国人的"思维行囊"总是鼓鼓的，即属于经验类的实践、观察、直觉，属于经验与逻辑过渡类的比较、分类、归纳，属于逻辑类的类推、概念、分析、综合等等。由此可见，中国思维是丰富的、复杂的。而古希腊思维从苏格拉底开始，就一直对思维的反思情有独钟，使其思维更具体系化、抽象性。

2008 年 5 月 12 日

（二）思维与环境

"任何一种文化，都是在一个特定的自然环境中生长起来的，因此它必定要被打上这一特定自然环境的印迹。自然母亲各不相同，文化之子也各不相同。"

"文化如此，而作为文化的一个构成部分的思维自然也不例外。它的起点首先在自然环境之中，并由自然环境所决定。"

当我们的祖先由个体采集生活资料而本能地生存，发展到集体作业生存与生活时，自然环境便与社会环境并存共同影响着人们的文化形成。当然，也影响到思维形成与发展。为此，我们有理由相信，个体人的思维方式以及表现出来的外在的思维面貌是受其所在的自然，尤其是社会环境所决定的。

当前，学校文化建设越来越引起广大教育工作者的重视。一所学校在长期的运行过程中有了自己的历史，有了自己传统的做法，甚至形成了自己的办学特色，积淀了自己的学校文化。走进这一环境，在对比之中会在相同之中找到特别之处，而这一特别之处可能就是这所学校特有的文化与思维方式。当然，作为一所学校文化的活标本——教师，其自身所携带的文化基因同样会在他进入新的环境时为人所关注。

现在比较时髦的词是在自己所在单位后面加个"人"字，比如"树勋人"、"一汽人"、"海尔人"等等，以表明自己对这个团队的一种认同感、归属感。同时，这个词的背后也彰显出一个团队、一个企事业单位的形象，当然，更代表了这个单位的一种精神文化。

说到文化，有优秀的需要继承与发扬的文化，也有鄙陋的需要摒弃与根除的文化。作为学校文化来说，名校、大校有它们独特的气质与文化，但客观地说，在这种名校、大校风范和气度中间也难免掺杂有孤傲、凌人之气。因其已成为一种文化，渗透进每个教师的血液，成为每个教师的一种思维习惯与工作方式、交往方式，所以难以跳出自我，难以理解他人对自己的感受。

前面说了，一个人的文化、思维会不经意地打上环境的烙印，我们很多人在一个单位工作了十几年、几十年，恐怕早已成了"什么什么人"，但愿当我们作为一个某某单位文化符号出现在大家面前时，大家感受到的是"某某人"的真诚、自信、执着与宽厚，而非其他。

2008 年 5 月 14 日

（三）实践是思维的起点

其实，这里涉及的是实践与思维的关系问题，也是实践与认识的问题。人类对世界的认识是以实践为基础的，也是从实践开始的，更是在实践中进行的。马克思主义的实践论、认识论中有一个基本的观点，即"实践——认识——再实践——再认识"。认识是从实践中来，到实践中去。实践是认识的来源，也是认识的目的和归宿。实践在不断发展，认识也跟着不断地发展。

如果将"认识"替换成"思维"（有什么样的思维就会产生什么样的认

识，有什么样的认识就会形成什么样的思维。由此我认为，这种替换并非牵强附会，生搬硬套，是合理的），那么实践是思维的起点这一观点就是成立的。

实践是思维的起点，也是思维的基础，同时也影响着人们的思维方向。从实践角度思考，实践主要指的是活动，包括生产活动（劳动）和社会活动（交往）。虽然生产活动与社会活动往往是并存的，但在人类发展的不同时期、在人类繁衍生息的不同地域，会有不同倾向的实践路径，从而导引人类的思维走向。

原始社会，人们过着刀耕火种的农耕生活，对自然具有较强的依赖性，他们要靠生产实践来认识自然万物，在这过程中自然去思考人与动物、人与植物、人与天地的关系。这是实践路径因走向生产活动而形成的思维方向。

作为中国人，我们有很多思维方式是带有明显的群体倾向的。这与我国长期的封建统治以及传统的儒家文化是分不开的。"不孝有三，无后为大"、"少数服从多数，个人服从组织"、"个人生死是小，江山社稷是大"，如此等等，反映的是中国的宗族观念、集体意识。这种思维活动的群体倾向在某种程度上来讲，是不尊重甚至是扼杀个体思维的，对思维活动来说无疑是有害的。长此以往，不坚持己见、心理从众、缺乏创造性会成为一个民族的思维特点。在对比中西方人思维的个性与创造性这一点上，明显可见差异。

然而，就是中国人自己而言，在对实践的看法上也同样各有不同。这一点在我们的先哲那里就可见一斑。墨家重视日常的生产实践，"赖其力者生，不赖其力者不生"；而儒家思想中看重的则是社会交往中的道德实践，子曰"入则孝，出则悌"、"行有余力，则以学文"。这里的行就是实践，其内涵主要是孝与悌。

尽管对实践的重视侧重点不同，但中国思维的形成立足于实践，带有浓厚的经验色彩则是它的一个显著特征。在中国，向来少有"孤居书斋的独思者"：一来，他们的活动接近社会实践，思维以及解决问题的方式带有明显的实用主义色彩；二来，受自古以来的自然环境、社会环境，尤其是传统的文化与思维的影响，他们不习惯于向西方人那样致力于寻找一以贯之的抽象的理论与方法，像孔子那样将其思想一以贯之的太少了。

感觉近来思想渐入混沌，思维忽而清晰敏锐，继而古怪刁钻。语言生涩怪异，连环叠锁。本想通过读书学习了解中国思维，探究中国思维，以求丰富一己之哲思，提升个人文化之品位，但复读近日所写有关思维之专题，有走火入魔之嫌。但我还是会继续的，因为思维的人是幸福的。

2008 年 5 月 16 日

（四）观察是思维的起点

实践是思维的起点，观察是思维的起点，但并不是说思维有了两个并行的起点，只是我们思考问题的角度不同而已。

人来到世界，首先用眼睛感知世界，进而观察思考世间万物。何谓观察，从心理学的角度来说，观察是人们有意识地对世界的一种感知活动。观而察之方能对观察对象定性、定量地认识。古语云："仰以观于天象，俯以察于地理，是故知幽明之故。"讲的就是要想对世界中的各种各样复杂的现象给予合理解释，把握事物的本质与其自身的规律，就必须首先对这些现象做认真细致的观察。

世界著名的生理学家巴甫洛夫在他的研究院门口的石碑上刻下了"观察、观察、再观察"的名句，以此来强调观察对于研究工作的重要性。达尔文也曾经说过："我没有突出的理解力，也没有过人的机智，只是在觉察那些稍纵即逝的事物并对它们进行精细观察的能力上，我可能是中上之人。"可见，观察力是十分重要的。

人有双眼，都能够觉察世界，但是人的观察力是有别的，这就取决于后天的培养。对于儿童来说，从小要引导他们有意识地去观察。首先是要接近大自然，培养浓厚的观察兴趣。当然，我们所说的观察，在实施中是和思考相伴随的。在美丽广袤的大自然中，有许许多多值得细心观察的事物。什么花在春天到来时最先开放，哪些动物在夏天时总在树上叫；人高兴的时候、悲伤的时候、愤怒的时候、撒谎的时候表情和动作有何不同；在学习的时候，老师摆出的几个图形有什么相同的地方，有什么不同的地方……在观察过程中，要做到有目的地观察，有方法地观察，即观察什么、怎么观察。是由远及近、由上至下还是由左至右观察，是抓大放小还是细节观察……经常细心留意这些观察，养成爱观察、爱思考的习惯，会有助于我们积累更多的经验，更好地认识世界。

2008 年 5 月 19 日

（五）辨　　物

辨物，顾名思义，即分辨事物。具体讲，辨物分为分辨与分类两种。在人类的思维活动中，观察是思维的起点，观察必导致对观察对象的分辨与分类。将辨物纳入到中国思维的一个特征，是有原因的。

从原始祖先采集生活到农耕劳作，他们生活的环境是复杂而丰富的，他们所面临的物种同样是种类繁多的。因此，我们的祖先无时无刻不在进行辨物。对动物的识别、植物的认识、土壤的分辨、植物毒性的比较，这些都与其生存息息相关。为此，他们的思维自然走向辨物。而在西方，环境恶劣、物种稀少，人们观察到的动植物相对单一，他们的思维只能是走向对观察对象的形状、形态、习性、属性等细微的观察与把握上。因此，他们的思维走向带有摹形的特征。

西方的造型艺术，具体讲雕塑和绘画更多是写实风格的，西方的思维表现出来的是对观察对象的一种客观、真实、精细的把握。而中国思维在摹形方面，主要特征则是抓住最主要的特征，略去细枝末节，把最主要的东西加以强调，像国画中的写意，像我们比较夸张的石刻造像等。以此对比，可见中国的思维在观察这个维度上趋于概略性，西方则表现出精细化。这说的是中西方思维由观察而生发出来的摹形方面的不同。

如果将摹形与辨物作为观察引发出的两个方面相比较，中国思维较之西方思维而言不在摹形，而在辨物。

2008 年 5 月 27 日

（六）取　　数

以观察为背景，通过对观察对象特征的识别与把握发展起来的是辨物思维，而采取对观察对象进行记录的方式发展起来的就是取数思维。两种思维往往是结伴而生的，测算、取数、记录、演算，使对事物的观察由辨物而生的定性观察丰富为取数思维的定量观察。这使得人类对世间万物的认识更立体、更全面。

古希腊与中国是现代文明的两个发祥地。它们一个是逻辑的、几何的和图形的，另一个是定量的和数字式的。毫无疑问，前者是属于古希腊的，他们对事物结构性的把握，他们对于几何与图形的研究，无人可望其项背；而定量观察、注重取数、测算与演算，在这方面取得辉煌成就的，唯中国而无他。柏拉图在其学院门口树起"不懂几何的人禁止进入"，显示出古希腊人对几何的尊崇，欧几里得《几何原本》使古希腊几何学达到成熟与巅峰，这些都可以显示出古希腊人在数学方面的伟大成就。然而，他们对数及运算则显得麻木而粗疏。尽管我们难以深入考证这两个现代文明发祥地对数学的两种追求倾向，但两个不同国度的数学差异是客观存在的。

有研究表明，取数思维的存在需要一个集权的国家作为背景。在集权制的中国，占星术的发展是取数思维得以发展的温床，而占卜术师成为一种专门的职业，更推进了人类对天文星象的记录、测算。这些都为中国思维向取数、精细测算与定量发展提供可能。

2008 年 6 月 2 日

（七）经　验

"龙生龙，凤生凤，老鼠的儿子会打洞。"这句谚语揭示的是经验的承接。经验需要实践的不断重复与积累。一个人具有什么样的经验，往往受其长期所处的环境所影响，受其从事的职业及实践频次所影响。某种实践只有经过数次的重复强化才能得以巩固。

经验往往被人误认为是"经验主义"、"惯性思维"。其实，经验可以衍生出直觉思维与归纳思维，进而推进人的创造性思维发展，并在已有的经验基础上上升为经验之极致，会对某一事物产生超乎寻常的洞察力，会做出合情推理与直觉判断，但这需要对自己的经验不断进行反思。这样才不至于落入某种特定的模式中，而拒绝新的思想介入。

在教学上，对于一些名师而言，经验是一笔财富。一个有丰富教学经验的教师，在教学过程中总是在不断地发现、思考、积累、再实践；一个有丰富教学经验的教师，在教学中总是可以避免走更多的弯路，他总能在教学之初，对学生的学习做出经验反馈，从而在备课时就做了充分的预设；一个有经验的教师，总是能让一个不喜欢学习的孩子也学得很好；一个有经验的老师，总是可以像医术高明的老中医一样，让每一个孩子对他产生信服感与崇拜效应；一个有经验的老师，可以形成某种特定的教学思想、教学风格以及教学方法体系。但是，也有的教师教学三十几年，由于缺少教学创新与深刻的教学反思，几十年来重复的依然是初为人师时的套路。显然，这种经验是陈腐的、僵化的、缺少生命力的。

2008 年 6 月 4 日

（八）经验思维与理性思维之争

综观人类文明史，无不充满着经验思维与理性思维之争。中西方文明，以中国与古希腊为代表，以各自崇尚的思维方式创造着自己的文明。这两种文明遥相互映，共同成为人类文明的重要发祥地。

翻开中国的文明史册，"经验"作为关键词跃然纸上。倚仗实践与观察，在天文、生物、医学等方面，中国人形成了自己认识事物的重要的思维——经验思维。通过几千年的积淀，经验思维在中国大地上盘根错节、枝繁叶茂，曾在历史上创造了科学史上的辉煌。然而，在中国经验思维大厦林立、楼宇成群时，理性思维确如毛草小屋、断壁残垣。这在相当大的程度上制约了中国文明的进程，尤其是现代科技的发展。

从辩证法的角度去分析，经验思维与理性思维孰好孰坏、孰优孰劣并不是一道难解的题目。现实中，经验思维注重的是人的实践与观察，表现出来的思维形式是直觉与归纳。经验思维直接与客观事实相对接。从解决问题的功利角度去看，经验思维更有实用性；而理性思维注重的是对事物本质的关注与抽象，表现出来的思维形式是演绎。它不与现实直接对接，但如果理性思维不是人为的思辨得到的，而是对事实的本质的提炼，那么它对于人们解决问题就具有了理论的指导意义。

从表面上来看，经验思维似乎带有浅表性，而理性思维更深刻。但对于人类发展来说，两种思维是不能有所偏颇的，偏执任何一方都会导致一方繁茂一方萎缩。

对中国人来说，虽然经验思维占主流，但经验思维之中，对经典的尊崇、对古训的恪守、对专家的迷信，使得从事具体实践工作的人往往轻视自己的经验，而迷信专家的权威、仰视理论的价值。

就拿教师教学来说，对教师教学的评价谁更有发言权？自新课程实施以来，评价主体多元了，谁都可以对上课的教师说三道四，谁都可以说上几句"我认为……"，但最后发言的往往是"专家"。"专家"往往是某个领域实践与研究的权威人士，但"专家"这种称谓已经被选编为20世纪十大流行称谓语之一，被列为与"美女"、"老板"同一系列的十大贬值语之一。但专家的举手投足、专家发表的见解依然有着相当的号召力。因为他们带来的是教师缺少的理论，带来的是与教师经验思维相匹配的理性思维。在教师看来，教师评教师无异于臭棋下臭棋越下越臭，顶多是个低水平的研习，顶多是个经验的积累。如果有专家说上两句，那才叫提升，才叫高屋建瓴，才让人茅塞顿开呢。但我对某些所谓的专家既尊重又不完全信服，正像我对经验思维与理性思维并不偏爱任何一方一样。

前几日，长春市教育局教学教研室逯成文主任在谈到学校校本教研和教师专业成长时有个发言，题目很有趣，叫"求谁不如求自己"。我想这话说得很有道理。作为一线教师，经验是你的专长，而院校的教授们，理论研究是他们的专长，这里并无市井百姓与达官显贵之别。所以，作为教师不要小视自己，不要依赖专家。在实践与研究上，教师与教授们是需要相互依赖、彼此分享、智慧整合、共同发展的，正如经验思维与理性思维需要在现实世界这块共同的土壤中共同求得生存与发展一样。

2008年6月9日

（九）什么是有用的数学兼涉宜思维

"什么是有用的数学"，这是此次数学课程改革《数学课程标准》研制小组以及教材编写组考虑的核心内容之一。研究此内容的根本出发点在于我们要教授给孩子们有用的数学，想解决的问题是以往的数学中很多是没用的。

这不由得使我们不寒而栗：原来我们接受的数学教育中，很多数学是没有用的；原来我们教授给学生的数学中，很多也是没有用的。在这样的数学教育中，我们以及我们教过的一批批学生走了过来。而今，我们依然沿用当年老师教我们时的内容、方法教着学生，我们的一些学生有的也当了数学教师，他们也会沿袭我们的教学内容与方法。我们的教师群体愈庞大，我们受教育的群体就愈庞大，我们的教师教学愈卖力，我们的学生学无用数学的程度就愈深。这样推想下去，真是有些可怕。在中国，国情决定了我们任何一个再小的失误如果乘以 13 亿，那就是极大的失误。教育上的失误如果导致国内教育普遍的一种病症，那身在其中的每一位教师，无疑是这场灾难的帮凶。

以本人对数学课程标准的解读，尤其是近日对中国思维方面的涉足，对有用的数学有如下理解。

1. 有用的数学必将帮助我们解决生活与工作中的问题。

在中国，综观古今，任何一项科学技术无不与解决人们生产生活中的问题相关。科技是第一生产力，一项科学技术能否转化成生产力，能否最大限度地解决某些问题、满足人们的需要，即是否具有实效，这是我们对这项技术存在意义的根本判断标准。数学，作为人类认识世界、改造世界的重要科学技术，已经浸入到人类生活的各个领域、各个方面。在人们的日常生活中，经常会遇到各种各样的问题，解决这些问题需要有包括数学在内的各种知识。为此，我们有理由把一个人的数学素养，尤其是解决问题的能力作为一个人一生中重要的不可或缺的能力之一。如果我们的《数学课程标准》能够关注到这一现实，能够界定有用的数学，我们的数学教材能够选择有用的数学，那势必就会通过我们的数学教学推动我国公民数学素养的提升。按照中国思维的惯性，尤其是宜思维的特征，我们完全有理由把解决实际问题的数学作为有用数学的根本标准。（宜思维是中国思维的一种重要形式，这一思维特点是注重思维对象的差异性，强调根据差异性制定相应解决的策略方法，即突出的针对性。因地制宜，因材施教，宜地，宜时，宜人，突出现实与实效）

2. 有用的数学必将有助于学生对数学的后继学习与其他学科的学习。

中国人对学习的功利色彩是比较明显的，中国人思维的特点同样体现出这一点。今天的数学学习要为明天的数学学习奠定基础。小学数学是学生学习数学的基础知识、形成基本技能、获得基本思想、积累基本经验的重要学科，是学生初中、高中、大学继续学习数学的基础。有用的数学应该考虑选择那些基础性的、普及性的、发展性的数学知识，使学生掌握数学基础知识技能的过程，成为获得数学思想方法、获得广泛数学活动经验的过程。同时，数学作为一门工具学科，对其他学科的学习有直接或间接的支撑作用。数学的知识方法直接帮助学生在其他学科学习过程中的处理数据、描述事件、了解事实、把握程度等；同时，数学的思维方式可以使学生在学习或表述其他知识过程中科学严谨、逻辑缜密、简洁明了、真实有力……

3. 有用的数学必将通过启迪人的心智、培养人的思维、发展人的创造来全面提升人的素质。

"由于中国思维关注现象，关注世界的多样性和变化性，关注事物的具体性，故而其对一般性或本质的把握是比较有限的。""当思维特别关注现象的时候，就会影响对本质问题的思考，当思维特别关注具体性的时候，就会影响对抽象问题的思考。"（《中国思维形态》）这两段话对于我们思考有用的数学是有重要指导意义的，至少使我们清楚：能够帮我们买菜、购票、炒股、装修、阅读的数学是有用的数学；能够帮我们继续学习数学、学习其他学科的数学是有用的数学；同样，看似并不现实也并无解决问题作用的数学，但其可以启迪人的心智、培养人的思维的数学同样是有用的。当中国人为改造世界、改变生活大搞发明创造，对实用技术乐此不疲时，西方人正沉迷于抽象的、逻辑的概念公理证明之中。而现代科学的发展充分证明：没有后者的理论猜想，就没有真正的科学，真正的科学不会局限于单一的实用技术。所以，我们要选择那些"现实的、有意义的、富有挑战性的数学内容，这些内容要有利于学生主动地进行观察、实验、猜测、验证、推理与交流等数学活动"。从这点可以看出，有用的数学应该具备上述特征，尤其引起注意的是：它不仅仅是解决简单问题的技术，它指向的是一个人的数学素养。

删除繁难偏旧，降低计算的难度，减少应用题的步骤，加强估算、重视口算，提倡算法多样化以及解决问题策略的多样化；重视学生的动手操作、自主探索、合作交流，让学生经历数学化的过程；重视数学活动经验的积累，强调学生对数学思想方法的领悟。如此等等，这都是考虑有用的数学这一问题所必须涉及的问题。

2008 年 6 月 27 日

研究问题的思维方式之比较研究

在人类的思维方式中，比较无疑是最基本、最常见的一种。无论是个体与个体、群体与群体还是个体与群体的比较，都会导致对同与不同的关注，通过比较而分类，通过分类来帮助人们更好地认识所面对的各种现象，把握其基本特征，揭示其本质。

对数学教育的研究，从方法论上来说，比较是较常见的一种。提及比较，人们也习惯于东方与西方、传统与现代、理论与实际的六方对峙。

更为有意思的是以下几点：其一，东方人以中国为例，习惯于对西方理论的拿来，以西方的诸如建构主义、多元智能理论等作为我们反思数学教育、实施课程改革的基础理论，喜欢从国外的理论体系中找到我国数学教育发展的方向以及实施改革的动力，将其作为课程标准的基本理念，并直接化身为数学教育改革的指导。而说到有趣，此时的西方国家以美国为例，正在关注和研究中国所批判的甚至想摒弃的"落后的教学方式"，想研究"落后教学方式"如何将"大班额的学生"的数学基础搞得那么好。2010年末公布的由国际经济合作与发展组织（OECD）进行的2009年第四次国际学生评估项目（PISA）调查结果显示，在参加的65个国家和地区中，上海的学生在阅读素养、数学素养和科学素养全部三项评价中均位居第一。这一结果令美国朝野，特别是教育人士震惊。不知是人们习惯性的偷窥心理在作祟，还是对本民族传统的数学教育缺少自信，总之对于研究而言，这种比较是一种很奇怪的现象。

其二，更多地提炼不同点。说到东西方数学教育的不同，人们往往可以立即罗列出很多，诸如考试严厉对考试温和，教师中心对学生建构，注重演练对强调理解，负担过重对课业不足，强调严密对注意趣味，形式演绎对非形式化，重视模仿对注重创造，相对平均对两极分化，弱于自信对善于表达等等。说到传统与现代的比较，也多以重什么、轻什么，什么过度、什么缺失来表达。

从辩证统一的观点来看，从对立面去思考问题可以使问题愈辩愈明，哪怕是人为地放大现象或问题，人为地对某些特征典型化，研究者的出发点也是为了在强烈对比中凸显问题，引发思考与改革的动力。

平时在我们的观课中，当听了几位教师的课后，我们习惯于在比较中找到教师的不同：教学风格、情境创设、教学组织形式、学生的学习方式、课堂教学评价、教师个人的素质等等。但作为同台教学的不同教师，在一个大的社会文化背景，具体到同一学科、同一时期的教师、同一所学校的教师而言，他们的教学不同的背后呈现出的同质的东西往往少有人关注，相对于不同来说，也更具有研究的价值和教学的指导意义。而人们不习惯于做此工作，原因就是我们的传统比较思维在起作用。

由此，我们应有的收获是：对任何事物的研究，比较很重要，比较中确定的角度更为重要，比不同可明辨之，抽取相同也许更能认清本我。

2010 年 12 月 29 日

第三辑

放眼邻邦

"你了解日本吗？"如果有人问我，我会这样回答："我并不太了解日本，但我去过日本后才知道，原来日本人了解中国远比中国人了解日本要多。"这就不能不引起我们的思考。中国人看着抗日战争片，积蓄着对日本的仇恨，但转过身来，却又掏腰包去买日本的汽车、电视、相机、卡通……说了解日本，也无非是日本的发达、日本的高科技、日本的动画片、日本人的性、日本人的点头哈腰……至于日本的政治、经济、历史、地理、文化、教育、军事、国防等却知之甚少。相信影片中侵华日军将领中的"中国通"给我们留下了深刻的印象，却未能因此触动我们了解这个并不友好邻邦的神经。本辑收录的只是笔者十年前在日本教育考察的见闻与点滴思考。

　　　　　　　　　　　　　　　　　　——寒江心语

日 本 印 象

2000 年 11 月 26 日至 12 月 16 日，我有幸作为中国优秀青年访日代表团的成员赴日本进行为期 21 天的考察。其间，我广泛地接触了日本的社会，了解了日本人民、风俗习惯、教育现状……日本的自然环境、社会环境，日本国民的整体素质，日本的教育思想，学校教育面貌等等，都给我留下了非常深刻的印象。

此次赴日考察是中日两国政府间的行为。1998 年 11 月，江泽民访日期间与日本政府签订了一项中日青年友好交流协议，其中就有中日互派青年教师进行友好交流的议项。本次访日是第二批，整个团由来自全国三十几个省市的小学、初中、高中教师 120 名，共分成五个分团。本次访问由日本 JICA① 国际协力事业团具体组织安排，我所在的小学分团有 24 人。

在日本 21 天的访问考察中，我们先后去了大阪、东京、鸟取县、山梨县（富士山脚下）、京都、仓敷、广岛等地，考察了三所小学、一所养护学校、一所教育进修中心，拜会了县教育总长，与日本教师进行了三天的合宿研讨，深入日本家庭民宿②三天。同时，我们还参观了京都和广岛。其间，我不失时机地全面考察日本的社会、教育，切身体验日本人的生活习惯、思维方式、工作作风，努力挖掘支撑日本高度发达社会的人的内在的巨大力量。

日本位于亚洲东部，与中国隔日本海相望，是一个地域狭小细长、人口众多、经济高度发达的资本主义国家。其国土面积约为 377873 平方千米，约是中国国土面积的二十六分之一；人口约是一亿三千万，是中国人口总数的十分之一。日本资源匮乏，是世界上最大的进口国，但日本科技发达，汽车制造、尖端科技、电子产业居世界前列。因此，日本是世界上消费水平最高的国家之一。

日本四面环海，城市都镶嵌在绿树青山碧海之间，自然环境相当优美，如果没有海啸、地震等自然灾害，是极佳的居住地。

---

① JICA 是日本专门负责向发展中国家提供援助的组织。
② 民宿，即在日本家庭中吃住，与日本人共同生活。

日本社会秩序、社会治安、交通运输、市政设施、旅游服务都非常好。置身其中，你会被日本人的大和民族精神所震撼。

如果说中国人随意大度、不拘小节的话，那么日本人则是拘谨刻板而知小节，且骨子里有一种攻击性。日本人表达感情的方式比较细腻，见面爱寒暄，注重礼节，每天就是在点头哈腰中开始一天的工作生活。因此，有人称之为"暧昧"的日本人，真是恰如其分。但与日本人一起工作生活，你更会为他们的工作方式、工作作风所感染。也许正因为有太多的不同，所以无需留心观察，你都会从中领悟到许多。

2010 年 12 月 20 日整理

日本人的五种意识

在日本的 21 天中，我深感日本之所以能在第二次世界大战后迅速崛起，就在于它不惜血本投资教育。而在总结日本 20 世纪教育最大成功之处时，日本人认为"教育使得国民更勤劳了"。而"勤劳"二字的背后，还能反映出日本人的五种意识：敬业意识、服务意识、质量意识、危机意识和生存意识。

（一）敬业意识

访日期间，我们与日本人接触，感触最深的是日本人近乎拼命的工作作风、细致入微的工作安排、严格古板地执行安排的工作态度。日本人守时，是一切工作顺利进行的保证。我们还没有踏上日航飞机，在北京亮马河大厦培训时，中方官员和协调员就多次强调遵守时间的问题。到了日本，我们做得比较好的就是遵守会议时间。每次会议前十分钟，一定准时到会场。每天工作完毕，日方都要将第二天的日程表交到每位团员的手中，工作内容安排紧凑，时间计算到几时几分。在国内，中午一般要休息一个半小时，累了还可以打个盹，在日本可没有这个安排，基本是午饭二十几分钟后又开始了下午的工作，有时晚上的工作也排到了九点多钟。这样紧张的运转在日本是司空见惯的，但已习惯了国内工作方式且舟车劳顿的我们，真有些吃不消。负责我们活动安排的是"日本勤劳厚生协会"，我们团的人半开玩笑地说，勤劳厚生协会也太勤劳了，我们都让他们给折腾疲劳了。但几天后，我们也都渐渐地适应了这样的快节奏。

在我们分团活动期间，我结识了几位日本人，他们身上所具有的谦虚热情、严谨敬业精神给我留下了深刻的印象。在富士山下合宿研讨结束的前一天晚上，中日双方教师一起联欢。十点多结束时，我被告之在明天的总结会上代表中方发言，由小林斡夫（四十几岁的日本翻译）为我翻译。小林与我约定好十一点半交稿。当我写完草稿上楼时，小林正在榻榻米上合衣而卧。我边抄他边翻译，当我把抄好的稿子全部交给他时已是接近凌晨一点了，当我下楼时，他还有一半没有翻译完。当天晚上，他工作到两点多。第二天，他还就几位教育家名字的译法向日方的教师请教。他的这种精神感染了我，在发言结束时，我由衷地说了句："谢谢小林先生，您的敬业精神让我十分钦佩。"

　　走在日本的大街上，我们随处可见面目冷峻、行色匆匆的上班族。在与我们接触的日本工作人员中，楼上楼下，小步趋徐者众多。会议中，不管前一天工作多么劳累，只要会议开始，无论是坐还是跪，他们一个个腰板挺拔、聚精会神，表现得谦和有礼。这种精神至少对讲话者是一种精神上的鼓励与支持。

　　其实，很多事情你我都会做，但做的程度如何，不是个人的技能差别有多大，往往是一个人的敬业精神决定你到底能把工作做到什么程度。都说日本人是工作狂，都说日本人的工作压力和工作强度大，这回我看到了、领教了。

2010 年 12 月 20 日整理

（二）服务意识

　　一个国家服务行业的服务质量高低，可以反映出这个国家的国民素质、文明程度、发达程度。此话不假。在日本，我切身感受到了其服务的高质量。

　　在东京，我们住在新宿高层建筑区。这里高楼林立，街巷纵横交错。白天外出还可以，到了晚上可能要担心迷路。不过，要是真的走在了大街上你就会发现，原来你的担心是多余的。在大的街道十字路口处都立有大的地图牌。地图是俯视图，指明了你所处的位置，以及周围的街道和标志性建筑等，使人很容易辨别方向。

　　日本料理可谓日本民族一大特色，讲究少而精，注重色泽搭配，注重与季节的和谐，注重营养均衡，一餐上全，让你眼花缭乱，但是好看不中吃，有的还不清楚怎么吃，的确让人很尴尬。如果让我们到餐馆，我们可能更要担心很多了：点的是什么？够不够吃？到底多少钱？这些想法都是十分现实的，因为语言不通。但是，当你真的迈出门槛走在大街上，你就完全打消了所有的顾虑。日本的餐馆，对外都有一个大的食品展示柜，各种菜肴食品的样品摆放其中，样品是用蜡仿制的，十分逼真，而且是明码实价。你可以根据自己的口味、食量，选择你可以接受的价位来定餐，而服务员上来的饭菜几乎与样品相差无几。当然，日本的高物价在世界上也是有名的。

　　在日本，走在街头、商店，漫步在球场，夸张一点讲，只要有人群的地方就有自动售货机，为行人游客提供饮料香烟等。我所到的地方都是这样，当然，也没有人去破坏这些设施。另外，在大的商店门口都有为顾客准备的雨伞，如果赶上雨天，尽可以拿来用，回家或到另一个商店时，就近放到那一家就可以了，没有人会将雨伞带回家。几年前，我曾在报纸上见到过国内类似的服务性报道，其结果可想而知。

2010 年 12 月 22 日整理

（三）质量意识

了解日本的人都会说日本无假货，其实不仅如此，日本生产出来的产品，大都设计科学、做工精细、经久耐用。大到建筑装潢材料、家用电器，小到小学生用的文具，都让人赞不绝口。在日本，我们先后入住过大阪国际中心、东京京王饭店、王子饭店、米子国际饭店，感到日本的这几家酒店的设施非常好，华贵而不失典雅，室内温馨而舒适。再细看它所用的建筑材料和施工的质量，你都会赞叹。难怪日本人曾自豪地说：日本拥有一大批高素质的技术工人。室内如此，市区亦然。无论是走在东京还是走在鸟取或是走在广岛的马路上，从树木的修剪、房屋的修建到马路地砖的铺设，都会让人感受到质量意识在日本人心中的根深蒂固。而国内，受利益驱动，再加之施工人员素质低下，豆腐渣工程屡见不鲜。这不仅造成了资源的浪费，而且在国外形成了中国工人技术含量低的印象。所以说，近年来中国一再要打造中国的品牌，一再想在国外打出"MADE IN CHINA"的品牌商品，但是步履维艰。其中存在的问题是多方面的，但重要的一条是我们国人的质量意识淡薄，更注重短期的利益。

听一位到过日本的朋友讲起日本人的质量意识与服务意识。他去日本时，在 A 城买了根鱼竿，下午一行人乘火车到 B 城，中途拿出鱼竿给同伴看，同伴发现鱼竿有一小块不易被看到的硬伤。因为鱼竿很贵，所以他马上跟同车的翻译说了此事。在购物单上找到了商家电话后，翻译告诉他，那个商店会派人送新的鱼竿到 B 城，他们马上赶过来。要知道，此时车已开出一个多小时，如果开车到 B 城要两个多小时。到 B 城不久，日本商人开车送来了鱼竿，并一再抱歉。当然，还是补上了这样一段话：我开车到这里来，油费和过路费加起来比这个鱼竿贵多啦，但这是我们的疏忽。对不起！我们一定要对顾客负责。

2010 年 12 月 22 日整理

（三）危机意识和生存意识

在这个瞬息万变的时代，竞争激烈到了前所未有的程度，没有危机意识就会面临"杀机"，时刻保持危机意识就会迎来"生机"。《左传》中曰："居安思危，思则有备，有备无患。""居安思危，未雨绸缪"是一种超前的危机意识。危机意识是清醒剂，能让人在危机来临之前保持清醒。中华博大精深之文化中早有危机意识。然而，在近二百年来，我们的泱泱大国却经历了列强的入侵，特别是遭受了面积仅为中国的二十六分之一、人口仅为中国十分之一的日本的侵略。痛定思痛：我们的危机意识哪里去了？现今，在中国经济高速发展，人们生活水平日益提高，人们奔跑在小康路上的时候，我们的国家、我们的国人还有危机意识吗？看一看我们的近邻。

日本四面环海，海啸、台风、地震等灾害不断，而日本国土面积小、资源匮乏又是无法改变的事实。面对拥有 960 万平方公里土地、拥有 13 亿人口（当时的数据统计）的经济正迅猛发展的中国，日本人的确有一种危机感甚至是恐惧感。谈到本国的综合国力、军事实力、高科技制造业时，他们的霸权心态开始膨胀。但是，当他们从飞机上俯视日本，大大小小的岛屿散落在大海中，确有山河破碎之感；当他们站在地图前，对比日本这条小虫与中国这只雄鸡时，他们更是不自觉地暴露出弱者心理。这些怎能不让日本人有危机感呢？本团的张德华老师曾对日本的家庭讲过：在中国，姓张的人口就有日本人口总数那么多。虽然有点以大欺小，且骨子里对日本充满仇恨之意，但我想日本人不用咱们这样外力的直接刺激，他们早已将"危机"写在了骨子里，深植在民族血液中。

相比之下，我们的危机意识，特别是民族危机意识正在淡化。当日本人正在卧薪尝胆、精于算计、伺机而动时，我们还在昏昏然自我感觉良好。看不到"盛世危机"，就不会探索解决危机的办法，就不会付诸实际行动，就不会转危为安，危机就会积少成多。当危机积重难返时，历史的悲剧是否还会重演呢？

日本社会高度发达，国民丰衣足食、安居乐业。按照中国人的思维，日本人应该感到乐观和自豪。但事实并非如此，谈到日本，日本人总是忧心忡忡："国土狭小，资源匮乏"、"经济不景气"、"老龄化"、"少子化"等社会问题深为整个社会关注和担忧。这就是日本的危机意识。

由于环境恶劣，日本人的生存意识也非常强，从日本中小学生所接受的生活课、实践课、防灾训练课上可见一斑。同时，从日本的建筑物也能体现出来。不管是在东京这样的现代化都市，还是在乡村小镇，建筑物的牢固程度让人印象深刻。不仅混凝土打得结实，并且每幢大楼都有防震设计，粗大的三角架钢梁把整个楼房支撑得结结实实，虽然有点影响美观，但确实给人十足的安全感。当然，还有一种木屋，四面墙体都是木制的且活动的，如有震感，四处可以逃生。危机意识与生存意识是结伴而生的，这两方面在整个日本社会体现得非常明显。

2010 年 12 月 22 日整理

日本教育之四化四结合

日本高度发达的社会背后蕴藏着一种巨大的精神力量，正是这种力量创造了巨大的物质财富。而与物质财富相比，日本人身上所具有的精神意识更值得我们深思。追根溯源，日本人的精神品格的形成要归功于日本成功的教育。

在参观几所小学及养护学校与教育进修中心，听取了日本官方对日本教育现状的汇报后，在与日本师生交流研讨的过程中，结合国内的教育现状及新世纪教育发展的趋势，审视并感悟日本教育，我感到日本的教育试图实现"四化"，并体现为"四个结合"。

"四化"，即"国际化、社会化、个性化和信息化"。

在与日本教师座谈时，日本教师认为日中文化教育同宗同源，日本文化教育源于中国。因此，座谈期间，他们特别虚心地向中国的教育同行求教，征求我们的看法。但考察了日本的教育，我感到，他们在很多教育思想观念上的东西是比较超前的，而且这些思想能转化为现实，真正地见到效果。因此，我们一行的 24 人几乎一致认为，日本教育是面向全体、尊重个性、全面发展的社会化、国际化的大教育，日本教育培养的不仅仅是应付考试以图升学的书呆子，而是一个个面向社会、面向世界的社会的人、世界的人。基于以上认识，我觉得日本教育试图做到"四化"。

国际化。在这种思想的指导下，体现为国际理解教育与民族延续教育相结合的教育理念。

我们参观的幸町小学、逢板小学、外江小学都有国际理解教育，其中幸町小学国际展室、国际资料室的建成与使用，以及重视国际友好交流的实际行动都体现了日本大的教育观。文化教育要立足世界，就要放眼世界，走向世界。而一味追求世界的，就会失去自身的本民族的特点，使得自己的东西没有生命力。在日本，学校既重视国际理解教育又注重民族延续教育，日本教育中非常重视对乡土地理、历史、文化、经济、风俗等方面知识的了解。我们知道，日本大和民族精神、武士道、茶道、剑道、花道以及棋道等构成了日本独具特色的民族文化。这种文化的沿袭，当然要归功于他们的民族延续教育。让民族的走向世界，让世界的走近民族，这样的做法才是最好的。

社会化。在这种思想的指导下，形成了学校教育、家庭教育和社会教育相结合的教育理念。

我们参观的几所小学校，麻雀虽小、五脏俱全。"小学校社会化"给人的印象极为深刻。国内的学校，应该说教学的功能发挥到了极致，但是育人的功能仍停留在说教的层面。在某种程度上，我们还是在为了考试而教书，我们培养的是可以应付一切形式考试的学生，而日本则把培养一个适应社会的人作为自己的培养目标。因此，我认为日本学校的教育功能发挥得更全面一些。在与日方教师交流时，他们谈到学生既是个体的人，同时又是社会中的一员，孩子要在未来的社会中健康成长，就要学会适应社会。但现实中，中国出现了独生子女教育问题，日本出现了少子化现象和学生不爱上学的问题。由于家庭、学校中孩子数量在减少，这些孩子与伙伴、家长或缺少沟通或是在家衣来伸手、饭来张口。单调的生活圈子、过分地受到溺爱，使这些孩子心理脆弱、经不起挫折，以自我为中心、缺少爱心，自傲自卑、自我封闭，不善与人往，远离社会群体等。这是两国共同面临的问题。在日本的学校，通过模拟小社会，让不同阶层、不同行业、不同年龄的人来学校，把社会生活中的场景、物品搬到学校，营造社会氛围；同时，让学生走出校园，在教师的指导下，走进农村、工厂、商店，与不同行业的人交流，让孩子们了解社会、亲近社会，提高社会实践能力，并使他们自然地融入其中。因此，我们看到的日本学校，真正地把班级当作小课堂，而把社会当成大课堂。这几所小学，或与养老院有密切的联系，或在某农村有实践基地，或经常到某工厂做社会调查。这些做法对于培养适应社会需要的人来说是非常重要的。在日本，学校不是孤立存在的，家庭、社会、政府与地方都在参与教育，而且形成了非常好的教育合力。学校有家长委员会，设有教育相谈室，随时请家长和社会人士就孩子的教育以及社会所关心的教育热点、难点问题进行讨论。此次访问幸町小学，座谈时就有多名学生家长参加，而且在日方发言中占有很大的分量，并且他们所提出的意见和建议的确让我们这些业内人士很受启发。

个性化。在这一思想的指导下，形成了尊重个性与突出团队精神相结合的教育理念。

一个人如果没有了个性，就没有了创造，一个缺少创造力的民族是没有希望的民族。教育以人为本，以人的发展为最终目标，重视个性的发展，已成为中日两国的共识。在国内，从班级布置的标准化、统一化、开展活动的规范化可以看到我们重整体而轻视个人的存在。在日本，充分尊重学生的个性，让每个学生都有机会表现锻炼自己，让每个学生都能感受到集体的巨大力量，这一点是非常突出的。我们参观的三所小学，在欢迎仪式上表演节目时，都是全校学生参加，不落掉任何一个学生。有的舞蹈是临时发挥的，老师也参与其中，虽然舞姿不一定优美，但每个孩子都在充分地展示自己，他们天真活泼充满自信。有的合唱，服装并不统一，唱歌时学生们的动作也非常随意，但学生们感情真实流露所显现出来的真，集体的歌声所表现出来和谐的美，让人感到了个性化的魅力。当一群身着日本民族服装的孩子伴随着音乐的节奏，神态、动作、号子和着铿锵有力的大鼓声出现在台上台下时，你会感到团队精神的巨大力量。日本发达的社会，优越的生活条件，加上教育的个性化，使得日本的小学生特别自信。在一次模拟音乐课后，有近二十分钟的日本小学生向中国教师提问的时间（会后提问题、答疑是日本一个非常好的习惯）。当时，一个小学生问：请问中国的老师，来到我们学校参观后，你们发现哪些东西我们学校有，而中国的学校没有？另一个男孩则问道：中国的小学生也踢足球吗？他们也有自己的球队吗？长大后，我要用足球与中国的小朋友交流。看似几个简单的问题，却留给人沉重而长久的思考。十年后的今天，也正是那些孩子二十出头的年龄，正是足球国奥队的年龄，想想现在中日足球的差距，在十年前就已定下了。日本小学生的自信哪来的？他们的优越感怎么形成的？我们国内的学校会给小学生向大人、向来访的外宾提供发问的机会吗？如果给他们机会，孩子们会提这样的问题吗？对于自己的国家，有多少中国的孩子有这种融入血液般的情感，有多少身为中国人的自豪感？

信息化。在这种教育思想的指导下，形成了信息化教育与学科课程学习相结合的教育理念。

不言而喻，21世纪的人应该是懂得如何学习的人，利用现代信息技术收集、选择、加工、处理、存储和发布信息将是人们必备的基本能力。因此，21世纪的教育理应插上现代信息技术的翅膀。同时，教育更应注重对学生信息意识以及信息能力的培养。中日两国的学校中，重视硬件设施的建设、软件的开发与利用，重视对学生现代信息技术的教育，这一点是非常正确的。在日本，信息教育是教师进修的重要内容之一。

客观地说，日本小学现代信息技术的装备不如中国的一流学校，仅相当于一般学校的水平。但日本基本没有城乡差别，各校之间差别也很小。由于在校学生数量少，所以从学校平均十几台电脑这一数量上来看，我们国内还是比不了的。虽然电脑档次不是很高，但完全可以满足学校范围内使用，经济而实用。据不完全统计，至 2000 年止，日本家庭电脑中有百分之六十以上都上网了，而日本的学校电脑基本上都接入国际互联网了。比起国内一些学校盲目追求电脑的高档次，而利用率又极低的状况，作为一个尚处发展中的国家来说，这不仅是一种资源的浪费，更是错失利用现代教育技术培养我们下一代的机会（当然，现今的状况大有改观）。我们已经落后了，不能再让我们的孩子在知识上、信息能力上拉大差距了，我们不能眼睁睁地看着孩子们用 20 世纪的生活方式、学习方式在信息社会里栽跟头。

在日本的学校，利用电脑等信息技术来提高工作效率可以通过几个小事看出来。在逢板小学和外江小学参观时，日方老师随时用数码相机拍的照片，几十分钟后已在他们学校的网上出现了，而且一张张精美的网页图片发到了我们中方代表的手中。在日本的小学，一般从一年级开始就有电脑课，三年级以前学生会上网，并且会从网上查阅资料并下载，而到了五六年级，每个班级都有自己的主页，并可以在公告栏发布信息。现代信息技术教育与学科课程的整合学习正在得到越来越多的日本教育者的重视，但从目前开展的情况来看，与我们国内的进展差不多。

2010 年 12 月 26 日整理

日本教育之六个重视

中日两国虽同属东方文化，但地域不同、国家制度不同，因此文化内涵也大不相同。反映在教育问题上，虽有相近之处，但问题存在的程度不同，对待问题的态度和解决方式也不同。

根据日本的社会问题以及教育中存在的问题，结合社会发展的需要，日本的教育有以下六个重视：

一、重视残障儿童的教育

这里所说的残障儿童指的是发育缓慢、肢体残疾、哑盲、精神障碍的学生。日本非常重视对这些儿童的教育，投入大量的人、财、物，为孩子们创造最适宜成长的环境。日本的教育进修中心也把残障儿童的教育作为非常重要的一项内容培训教师，从社会大的环境里、从人性的角度去营造一个和谐的空间。其实，国内对这样孩子的教育重视程度以及投入也不亚于日本，但在基本的教育理念上以及具体的教育方式上恐怕就不太一样了。国内对这些学生的教育，一般都是成立专门的聋哑学校、育智学校等。而在日本，则有三种方式：一种是成立专门的学校；一种是让残障儿到正常的学校就读；一种是在医院边诊治边学习。对于随正常学生就读的做法，我们询问了日方教师，他们认为尊重孩子的人权，让那些可以自理的孩子到一个正常的社会环境中学习生活，不把他们当成另类限制起来，对于他们的心理健康成长、对于将来适应社会是有好处的。但我们也提出了担忧：这些孩子跟不上班级的节奏是否会产生自卑心理？是否因此成为学校欺负事件的受害群体？这样一来真的还会使他们更适应社会吗？

其间，我们访问了一所残障儿专门学校——米子国立养护学校。学校分小学部、初中部和高中部，共有学生一百多名。这些学生都属于先天痴呆、发育缓慢、精神障碍的。学校中除了特殊训练用的场馆设施外，其他设施与一般学校差不多。参观中，我们重点观摩了一堂反应训练课。在标准的体育馆内，十五六个学生在八位教师的看管下正在进行篮球传递训练和小型的比赛。看到这群反应迟钝、表情憨傻、声音怪异的孩子，虽然是教育工作者，但我们心里还是有些难以适应。但是，当我们看到老师们亲切热情耐心且很开心地与孩子们一起玩的时候，在感动的同时，我们对这些孩子也不免生出几分怜悯。在观看比赛时，我们发现一个女孩儿总是站在对方的篮下，本方队员拿到球后，总是传给她，让她投篮。"这个女孩一定是这个队的核心队员，你看球都传给她。"当翻译把我的话告诉日方老师的时候，老师的回答让我们愕然了。"在班内，这个孩子的反应是最慢的，她没有抢球的意识，所以大家都把球传给她，是为了集体帮助她。"在这种教育氛围的影响下，我们几位中方的男老师也走到了这群孩子中间，与他们一同比赛，去真实地体验一下特殊教育给教育者和被教育者带来的特殊的心理感受。是的，这些孩子虽然身有残疾，但他们有着正常人一样的生存、生活与学习的权利。他们同样，甚至更加渴望得到关心爱护、渴望得到欢乐，虽然我是一个外国人，但我是教师，给这些特殊孩子带来快乐是我们教师最大的幸福。在与日方教师交流的过程中，我们还了解到，为了让这些孩子适应社会，学校经常组织学生到社会上去，把他们自己做的手工、书画作品拿到街上卖，让他们体验成功的快乐，找到自身的价值，自然地融入社会。

对残障儿以及残疾人的关心教育，在日本已形成了良好的氛围。走在街上、商店、博物馆……到处都有盲道，电梯上有盲文按钮，厕所有专为腿部残疾的人用的扶手，有的公共汽车上还装有推轮椅的踏板。日本政府要求新的建筑设施要进一步考虑为残疾人提供便利。

二、重视校园暴力事件的解决

当前日本最大的教育问题可谓校园内的欺负问题，在日本叫作 Ejmi（音译）。身强力壮的欺负身体弱小的、高年级的欺负低年级的、有钱的欺负没钱的……这种现象从小学到初中、高中普遍存在，已引起了社会的广泛关注。近十几年，每年都有对全国校园内欺负事件的统计。我们在与日方教师座谈、看报纸、看电视新闻、看电视剧，都会涉及这方面的内容。对于欺负问题的解决，日方老师谈到了五点：一是社会不允许欺负事件的发生；二是站在被欺负者的角度去解决欺负的问题；三是充分认识欺负事件与家庭的关系；四是此现象的发生与老师在班内的指导行为有直接的关系；五是学校、家庭和社会三者要形成合力解决此问题。在日本，有关心理健康教育以及密切伙伴关系已成为教师进修的重要内容，足见欺负等校园暴力事件的严重，以及日本对解决此类事件的重视。

三、重视少子化现象的研究

在日本，高龄化和少子化是两大社会问题。作为学校，正面临着学生数量日益减少的问题，而少子化现象的出现带来了一系列的教育问题。其实国内也同样。在日本，把少子化问题与高龄化（国内叫作老龄化）问题结合起来考虑。

首先，面对的是教育资源浪费的问题。解决的办法是学校向社会开放，尤其是向老年人开放。场馆、教室免费或有偿地为社区老年活动服务（周末或寒暑假）。

第二，学额减少，学生小团体人数少而带来的学生缺少交流、社会交往能力下降的问题。采取的办法是，每年要把同年级的班级打乱重分班，或在开展活动时打破班级年级的界线，不同年级、班级的学生在一组参加活动。

第三，少子化带来的家庭溺爱，学生自私自闭，劳动观念和能力差，缺少爱心等问题。学校有意识地培养学生的责任感以及自理能力，如开设家庭生活科、学生午餐自理、与敬老院残疾人建立互帮关系等。

第四，少子化现象带来的教师过剩问题。解决的办法是限制教师录用的数量，考虑教师分科授课（目前，日本小学教师基本上一人教多科，除了专业性很强的音乐、美术等以外）。

第五，限制教师录用数量而带来的小学教师年龄偏大的问题（和我们进行合宿研讨的青年教师平均年龄 38 岁多），进而使小学校出现缺少生机活力的问题。缓解的办法是，请一些年轻的、没有教师专业资格且有特长的人来校代课。当然，同我们国内一样，日本也开始有一些学校面临合并。

四、重视生存能力的训练

中日两国小学生夏令营的较量至今让人深思。审视这代独苗苗，用放大镜看一看身边的一个又一个小皇帝、小公主，他们的理想信念在丧失，意志力在下降，劳动能力在退化，社会生存能力在萎缩，缺乏责任感，缺少爱心，自私高傲，唯我独尊……没有学会劳动创造先学会了不劳而获，车接车送，饱食暖衣而不思进取。这绝不是单纯的低调看这批孩子，也不是一概抹杀教育的功绩，但我所概括的问题的确存在而且亟待解决。日本小学生之所以在较量中取胜，而且放言说中国小学生不是他们的对手，是因为他们有一定抗争的能力。在日本的教育中十分重视对学生生存能力的训练（当然，其内涵远比我所举的例子要广）。在东京参观国立民俗博物馆时，天很凉，我们特别加了一条毛裤。我们经过馆外的草坪时，见到一群一二年级的孩子，他们戴着小黄帽、背着黄书包、穿着深蓝色的校服光着小腿儿在草地上玩耍。这一情景我们在书中看过介绍，当时还半信半疑，这回验证了，我们不约而同地举起了相机。逢板小学有一项规定：只要四十分钟内步行能到校的，一定走着上学，不准骑车或乘车，更不准家长接送。在参观的三所学校中，我们都见到了家庭科的教学，学生学习使用缝纫机、燃气灶、学习修理制造等；学校中还向学生讲解火灾、水灾、震灾等灾害的防灾逃生自救知识；同时，让学生到社会中与盲聋哑人及从事多种行业的人尝试交流；到大自然中去，如挖红薯就地烤熟了吃（逢板小学有"青空"课，教师经常带学生做类似的活动）。在日本，有关生存能力的训练指导也是日本教师进修的一项重要内容。

五、重视环保意识的形成

日本，自然环境优美，我们所到之处绿树丛生、百鸟云集、河水清澈、鱼翔浅底，屋舍、绿树、花草自然和谐，可谓人与自然融为一体。本人去日本之前，先后两次到中国的杭州、上海共学习了一个月，乘车沿途看到了淮河、长江，在上海游览了黄浦江，在人间天堂杭州到过江南明珠西子湖畔，去过钱塘江，去过京杭大运河。"水光潋滟晴方好，山色空蒙雨亦奇"、"日出江花红胜火，春来江水绿如蓝，能不忆江南"，这些绝妙的诗句只能作为一种想象了。对比之下，确感惭愧。混浊的江水、白色的漂浮垃圾加之周边设施环境，与现代化的高楼大厦极不相称。进行环境保护，进行城市的综合治理，让我们的生活环境美起来，是我们每一个人的良好愿望。中国的脏、乱、差现象所反映出来的国人素质偏低这样一个事实，不能仅用一个国家大人口多来掩盖，这又转到了教育的问题。

在日本的小学校园中，树木修剪得像盆景，花草也要摆出个名堂出来，校园内见不到碎纸片等杂物，这是学校教育的结果。有的小学校还有学校园、班级园和个人花盆。他们小学五年级起接受环保教育，让学生参加栽培活动、美化校园活动、回收废物制作纸张等。对学生进行环保教育也是教师进修的重要内容之一。人的环保意识的提高可以营造一个清新的生活环境，清新的生活环境反过来又约束影响生活其中的人，这样良性循环的出现当然离不开日本的教育。

六、重视人文精神和审美意识的培养

回顾国内的教育，我们发现自己忽视了人文精神和审美意识的培养，因此正在通过学科整合、通过加大综合课的比重、通过建设花园式学校、加大校园文化建设、重视艺术门类的教育等方式方法来弥补。在日本，比较突出的做法是利用一切可以利用的社会、家庭、学校以及自然的教育资源，挖掘其教育内涵，让学生置身其中，陶冶性情，欣赏美、创造美。日本的各种博物馆很多，周末免费向学生开放。我们参观的几所学校都有校史室、荣誉室、乡土历史展室、学生书画手工作品长廊等。在乡土教育课上，老师给学生看的是本地区的地图，让学生了解当地的自然、产业、文化和历史。

　　以上，我较为客观地介绍了日本的自然、社会概况，以及日本的人、日本的教育，或许多有溢美之词，但并非短短几十天被日化，反倒是在一种强烈的差距感、紧迫感下形成了这些带有较为浓重情感色彩的真实言语。我们不要仅仅因为中日两国的历史问题而一致排外，日本有很多好的东西的确值得我们思考与学习。只有这样，我们才能赶上并超过他们，"师夷长技以制夷"。日本人的这种先学后超再打倒的思想，我们为什么不借用一下呢？当然，并不是日本的月亮一定比中国的圆、日本的天一定比中国的蓝，日本社会、家庭以及教育也有很多丑陋、阴暗、不足的地方，我们要加以批判、引以为戒。

2010 年 12 月 28 日整理

日本的社会、家庭及教育问题

一、日本的社会问题

日本也并非天堂，其发达的社会背后问题多多。

街头乞丐，日本近年来经济虽然有下滑趋势，但它仍不失为一个经济发达的国家。但就是在这样一个国度里，在东京新宿高层建筑区，每到晚上十点多，在四十几层高的大厦下面，一座座"小棺材"开始摆了出来。这些用纸箱制成的小屋里不时有头伸出来，有时你会看见白天供行人公用的伞，晚上却两三个地打开聚成堆儿，原来下面有人睡觉。这些街头乞丐成了东京的高层建筑区一景。

色情泛滥，也许这就是资本主义特色。虽说日本社会秩序、社会治安都非常好，但掩盖不住黄赌毒。其中，色情书报可谓渗透到日本的每一个角落，电话厅、书店、超市、商店等都有。日本有歌舞伎（日本传统的一个剧种，伎并非妓）一条街，现在也被演变成了红灯区。日本政府并非熟视无睹，他们也认为这是社会的一个污点。从新闻媒体报道中可以了解到，日本也正在整治。与日本教师谈及这一社会问题对学生教育产生的不良影响时，他们也感到是一种无奈。当然，日本也有正面的教育。

无为青年，日本人的敬业精神让人敬佩，但走在街上也经常会看到三五成群的二十岁左右的小青年。他们奇装异服，染着黄发，聚在广场、楼下，弹琴吟唱，饮酒嬉闹，懒懒散散，无所事事。在日本打工的一位中国人与我们一同见到此景，说日本这代人就是这样，废了。此话可能有些言重，但也能反映出在物质生活极大丰富的日本，一少部分年轻人没有了追求，没有了信仰，不关心国家，不关心政治，不关心周围的一切，神经麻木。这样的现象在与日本教育界人士交流过程中，他们也很关注并且深感忧虑。而我们中国，虽然经济没有日本那样发达，但我们正在迅速地发展，国人精神振奋，干劲十足，因为我们看到了国家复兴的希望。

二、日本家庭——社会压力下，缺少情感的互利组织

仅从日本家庭主要成员来看，我把日本的家庭说成是"男人累、女人苦、孩子好似没父母"。从普遍家庭现状来看，至少我感觉日本的家庭是缺少爱的家庭。这也许有些片面，但也足以反映出在巨大的社会压力下，日本

大部分家庭的内部危机。随着日本经济的下滑、日本失业率的增加，加之日本昂贵的地价，承担家庭经济重担的男人为保住工作，为赚更多的钱买房子，便拼命地工作，有时还一人兼多份工作。晚上，在大街上你会看到身穿风衣、腋夹公文包、身体前倾、神情严肃、步履匆匆的日本男人在都市里奔命。精神上的巨大压力、工作上的超负荷，使得日本男人近年来自杀率大增。为了缓解压力，很多男人白天在公司衣冠楚楚，晚间进夜店却变成了另一个人。他们在损伤身心的同时也忽略了家庭，忽略了除金钱以外理应带给家庭成员的情感。日本女人的温柔顺从恐怕在世界上都是出了名的。原来大多数女人结婚生子后一般都不上班了，在家做家庭主妇，可谓家庭保姆。一个女人本来就易给人受欺负、受压迫的感觉，很容易被认为是弱势群体，尤其在社会分工上，使她们更多的成为男人的从属，至少在日本是这样的。她们没有了经济来源，没有了自己的活动空间，没有了朋友，整天待在家中，侍奉老小，一日三餐，还要照顾子女的学习。她们更多的时间独自一人，寂寞无聊。丈夫很晚才回来，二人也少有沟通，看来日本的女人比起中国女人也真够苦的。而中国，女人在社会上，尤其在家中，早已顶大半边天了。再说日本的孩子，由于社会择业的竞争，从小家长就要孩子立志考名牌大学，因此相当一批学生晚间要上私塾（类似我们的社会办班，但一般授课的都不是在职或离职的老师），可以说这些学生也不轻松。同时，有相当一部分家庭，父亲有时要一周才能与家人共进一餐。因此，孩子渐渐地淡化了与父母的亲情关系。这已经引起了教育界的重视。他们认为校园暴力事件的发生、欺负问题的存在与目前这种无爱家庭现状有直接关系。

三、日本教育问题

日本的教育并非完美的教育，同样是优缺点共存。

在教育思想观念以及一些具体的教育措施上，日本教育的确有很多地方值得我们借鉴。但在日本，教师地位不高、教师工资收入不高这是事实。随着社会上人们学历水平的升高，与家长相比，教师的学历低了一些，家长对教师的不信任导致学生对教师的不尊重，课堂出现失控的现象也较为普遍。说到中国课堂上的有序，说到中国有教师节，说到中国的尊师重教，日方教师是十分羡慕的。日本小学教师专业素养不高，这是我的另一个感觉。由于日本小学教师一人教多科，没有哪一科是他的专业。同时，由于他们整天与孩子一起，虽有一定的好处，但少了很多理性思考和理论研究的时间。在与日方教师座谈时，我提一个问题后，出现了对方教师离座现找资料的可笑场面。当然，从中日两国教师的思维方式来看，中方教师强于理性的抽象概括，而日方教师更长于感性的事例说明。不过，我可以承认他们较高的文化素养，但专业素质的确不如我们。他们在个别化教学上，在和谐平等民主的师生关系上，在轻松自然随意的教学氛围的营造上，确有长处。但他们过于松散的组织、过于简单的内容是否影响教学质量？一位教师对学生的影响是否单调，是否比多个不同性别、不同性格、不同年龄、不同文化修养的教师对学生全面的影响要好？另外，日本除了欺负事件外，不上学的儿童数量也在逐年增加。截至 1998 年，小学生（在校生约为 750 万左右）超过 50 天不到校的人数就达到 26000 人。目前，教育界正密切关注，但仍束手无策。看来日本的教育也存在很大的问题，我们要引以为戒。

圆满结束了第一次的出国学习考察，满载亲身的经历和感受回到国内的我，非常迫切地想把这次的所见所闻所感写出来。虽然文笔拙劣，但粗糙的言语记录下来的这份毛坯材料也会给国内同仁带来一些信息，带来一些启示。当然，了解一个国家的社会、教育需要长期的考察，需要占有大量的数据资料。对比两国的社会、教育更需严谨的态度。虽然时隔十年，两国的社会、教育等都发生了一些变化，但这份亲历带给我的感受与思考，我认为还是非常值得拿出来与大家分享的。

2010 年 12 月 30 日整理

中日小学教师的对话

2000 年 12 月，在日本富士山下，中国优秀青年教师访日代表团小学团一行 24 人与日本小学教师代表进行了为期三天的合宿研讨。日本教师多来自于山梨县的几所小学，而中国教师均来自国内省会城市的重点小学，是小学教师的优秀代表。

整个教育研讨因中日教师在三个方面的强烈对比，发人深思，思后令人震撼。十年过去了，作为亲历者，我对那场教育的交流与对决仍记忆犹新。透过这个事件，可以管窥出国内教师群体乃至基础教育的某些问题。

一、口号与行动

在中日双方进行交流的过程中出现了很多笑话，其中一位中方教师有这样一段发言："在中国，我们同日本一样也在进行教育改革。我们针对传统的以盲目追求分数和升学率为目标的应试教育，提出了旨在面向全体，培养全面发展、个性发展和可持续性发展的学生的素质教育……"拗口不？翻译有点儿懵。还有呢，"我们推行的素质教育就是要'一切为了学生，为了学生的一切，为了一切学生'"，日方翻译晕倒。而日方教师没有那么多空洞的口号，他们谈了国内存在的少子化现象、校园欺负事件、学生不爱上学的现象、残障儿童的学习等问题，并介绍了政府、学校以及教师采取的对策。这些介绍实实在在，平平淡淡，没有夸张的表情与手势，没有抑扬顿挫的声调，当然更没有大谈教育的高姿态，但朴素、稳健中见务实的工作态度。

二、理论与故事

涉及具体教育教学工作时，中方教师并没有把心沉下来，还是高谈阔论。包括我本人在内，在教育演讲时，先说我们的教育应该做到"三个关注、四化四结合、五个意识、六个重视"，再谈我们的教育教学应该如何如何，不应该如何，具体如"教育要面向未来，培养素质，注重实践"、"教育要面向全体、尊重个性、承认差异"等如此这般。中方教师理论基础之深厚、概括总结能力之强、整理材料经验之丰富、发言逻辑之缜密真让人不由竖大拇指。我们认定一个理儿，这是很多专家灌输给我们的，那就是"思想观念转变了，方法自然就来了"。所以，我们的教师不知从什么时候开始，热衷于书本的学习，重视自身思想观念的转变。这没错，但忽视了自身作为教学实践者的实践优势。我们谈的东西神秘莫测、虚无缥缈、空洞无物，但又看似合情合理，让人仰视而不得其要领。而日本教师则完全以一种我们现在叫作"教育叙事"的方式，讲述发生在教师和学生间的一个又一个教育故事，如《我和学生做纸张》、《班级的小树》、《排球赛输了之后》、《我一天的工作》等等。这些故事没有理论的提升，没有什么几个问题、几个要点和几个说明之类的表述，但从一个个故事中可以看出他们在做教育。与之形成反差的是，我们人人都在说教育。

三、教学技术与教育艺术

应该承认中国教师的理论水平和专业知识要高于日本教师，因为国内的这些教师大多是教单科的。他们有更多的时间去学习教育理论，有更多的时间专注到本学科的教学中来。所以，中国教师在谈到巴班斯基、马卡连柯和根舍因时，翻译搞不清，而日本的教师要现查阅资料，搞得大家笑声一片，我们也会因难住对手而暗自得意。在谈到学科教学时，他们更显得不那么专业，让我们这些学科的精英怀疑他们是怎么教学的。其实，在日本，教师群体正呈现大龄化，加之入行制度之严格，导致教师群体从年龄结构上来看不够合理。他们每位教师要承担一个班级差不多全部的课程，整天与学生泡在一起，他们没有更多的时间去学习教育理论，但他们更了解学生，更具有综合的课程意识和教育意识。所以，两国教师对比，如果说中国教师长于教学技术的话，那么日本教师更理解教育的真谛。中国的学科教师更习惯于在本学科教学上搞高、精、尖，而日本教师则不是这样。由于课程设置上趋向于综合化，学科设置除国语和算数外，他们倾向于社会性的，如社会、家庭、道德等科目较多，很多学校设有国际理解教育室、综合学习室等。由于课程设置及教师工作角色分工的影响，日本教师的教育意识更强，日本学校教育的压力要小。

经过以上几方面的对比，我们感到：中国的教育脱离实际，说在嘴上，写在纸上，就是难落实到行动上；行政干涉多，法规文件多，真正懂得教育的官员少；专家学者多，名师大腕多，不图名利搞教育的少；发现问题的多，批评批判的多，深入实践并解决问题的少；玩文字游戏的多，培训会议多，真正创新务实对改善教学实践有帮助的少。

我不是大师，只是一名教师；我不是学者，只是一个学习者；我不是批评者，只是一个教学的实践者。经历给了我体验，经历给了我教育的灵感。以上文字是积累多年的思考，虽有批评之意，但也只是客观反映教育现实而已，希望在中国的基础教育上能出现一个又一个理智的实践者。

2007 年 1 月 17 日

第四辑

人在澳门

能来澳门生活两年，虽是出境未出国，但这段经历对我来说真是难得而珍贵。跟随这辑"人在澳门"，我想，您看到的不仅是这里的教育，还有社会生活的方方面面，当然包括博彩；您看到的不仅是那几十篇文字，还有文字中所反映出的一个教育者的教育情怀以及内心深处对未知的新奇与探究。当然，由此您也会对澳门有一个重新的认识。

——寒江心语

走进澳门教育

正所谓"时也，命也，运也"。2009 年，在我即将步入教育二十个春秋之际，正当我徘徊在人生的两难选择之时，命运为我做出了选择，把我从工作了二十年的学校引向了澳门。"人生有几多个十年"，这句话家喻户晓，正道出了我对未来的期待和过往近二十年教学时光的慨叹。在对培养我的树勋小学心怀眷恋与感恩的同时，我也希望能有这样的机会走出去，丰富经历，开阔视野，迎接新的挑战。就这样，2009 年 8 月 27 日，作为"内地赴澳教学交流计划"十人中的一员，我来到了这个神秘、神奇、魅力无限、蜚声国际的小城——澳门（Macau），揭开教育生涯新的一页，开始小心翼翼地走近澳门教育。几个月过去了，这座陌生的城市渐渐地接纳了我，而我也开始归属于这块土地，用心聆听，用心感悟，用心去解读这里的教育。

澳门教育暨青年局、资源中心、巴波沙中葡小学、鲍思高粤华小学是我了解澳门教育的一扇门，我走近澳门教育始于开启这扇门。而今，半年时光已逝，我翻翻箱子，拍拍脑袋，摸摸内心，半年的工作、生活留下来多少私藏？能否把澳门教育这本厚书读薄，能否把自我对澳门教育的情感增厚，能否把两所学校教师的工作画卷展开，能否把自己对学校教育教学的发现、感悟以及应对策略提炼、浓缩成文字并改变在澳门教育同行的教学实践中？我想，用情、用智去做事，且日三省吾身，收获自在过程中。

说到澳门，在我曾经的印象中除了"赌城"之外还是"赌城"。真正走近她，了解她，就会发现她的多元、厚重、丰富、精致、祥和、博大……既流光溢彩，又古朴宁静；既富丽奢华，又简朴平实；既是民族的，又是世界的；很中国，也很国际；既不同于内地城市，又有别于近邻香港。然而，就是这样一个仅二十八平方公里的弹丸之地却吸引了世界的目光，因为她的与众不同，因为她的不流俗，不改变。社会如此，民风如此，声望如此，那么支撑社会、政治、经济、文化建设的教育又如何呢？

葡治时代，澳葡政府对本澳非高等教育采取长期放任的态度，学校教育几乎完全依靠民间社团和一些宗教团体来支撑。在当时，办学团体在资源非常紧张的环境之下守住了教育下一代的缺口，段段艰辛的设学育人故事仍然保存在图书馆档案中。及至临近 1999 年回归之期，澳葡政府始对本澳的教育着手规划，希望政权移交之时能够在关乎社稷民生、子孙万代之福祉的教育方面有点作为，不要留下空白或太多的乱子让本澳百姓抓住话柄。为此，回归前的 1997 年起，澳门实施十年免费教育，由政府直接拨款到入网学校资助学生学费。由于拨款按学生人数计算，使学校的经营更有保障。2007 年，政府宣布实施十五年免费教育（包括幼稚园三年、小学六年、初中三年和高中三年），从资源供应的角度看是落实了由政府包办本澳非高等教育①的目标。此时澳门政府对教育的重视、投入以及今日澳门教育发展的规模与市民的满意度，均是澳葡管治时期不能相比的。

据教青局统计数据来看：2008/2009 学年，就读于非高等教育的学生总数达 79327 人，其中正规教育的学生人数为 76409 人，包括幼儿教育 9127 人，约占 11.5％；小学教育 27483 人，约占 34.6％；中学教育 39328 人，约占 49.6％；特殊教育 471 人，约占 0.6％；而回归教育②的学生人数为 2918 人，包括小学教育 250 人，约占 0.3％；中学教育 2668 人，约占 3.4％。

另外，澳门特殊的历史背景使官校和私校的数目比例十分悬殊。据 2008/2009 学校的统计显示：公立学校 13 所，约占 15.9％；私立学校 69 所，约占 84.1％；公立学校学生 3175 人，约占 4.2％；而私立学校学生 73234 人，约占 95.8％；教师总数为 4846 人，公立学校教师 318 人，约占 6.8％；私立学校教师 4393 人，约占 93.2％。可见，无论在学生或教师人数上，私校都占总体超过 90％以上的比例。这一切均与内地以公立学校为主的办学格局截然不同。

随着第 9/2006 号法律《非高等教育制度纲要法》于 2006 年 12 月颁布实施，澳门的非高等教育在"持续进步，发展有道"的进程上又迈进了一个新里程。在此基础上，已相继制定了一系列切实可行的制度条例、发展目标、奖励计划，为澳门非高等教育的健康、持续、稳定地发展保驾护航。而今的教育呈现出"自主、多元、民主、开放"的发展态势，推开任何一家学

---

① 非高等教育，指除高等教育外，包括幼儿园、小学、初中、高中教育以及特殊教育、回归教育、职业技术教育和持续教育。

② 回归教育，主要面对已超过适龄就读各教育程度的人士，提供再学习的机会，从而掌握继续升学、融入社会以及谋求个人发展所需的基本知识和能力。现时本澳的回归教育分为小学回归教育、初中回归教育及高中回归教育。

校，你都会发现她是个独立的存在。深入去了解任何一家学校，你都会发现她在教师聘用、课程设置、教材选择、活动开展、考试评核等方面的独立自主。公校与私校不同，教会学校又与非教会学校有别；有男校有女校，校长有神父也有修女；有八十岁的老校长也有年轻的新锐领导；社团组织下学生丰富的社会实践、博彩业对教育的影响、多语言教学的格局……这是澳门教育最吸引我的地方。此外，特殊教育、回归教育、融合教育又是我在内地工作少有接触的教育门类，更加吸引我去了解、去比较。

来澳门之前，有业内略了解澳门教育的人士讲过，澳门教育发展并不均衡，教育教学质量与内地大中城市的教育相比有一定的差异。也许这是客观事实的反映，也许这是抱有内地某种教育评价的标准去套评异地教育的现象。总之，对于这种评价，权作一种声音而已，不会左右我的判断。我告诫自己要先尽力跳出内地工作的思维模式与传统经验，要尽力倒空杯子，吸纳一汪清泉，以第三者的角色，从国际视野、社会背景、历史沿革、文化传统、人文风俗、教育面貌等角度深入了解澳门教育，审视澳门教育，并有意识地从教育的宗旨、目标、价值取向、教育传统等层面将两地教育平等地放在一起去比对，对两地自以为正确的现象、做法进行深入思考，大胆怀疑，以此提升教育的把握力，进而增强与澳门同行进行交流的实效。

一学期来，我除了观察访谈、文献学习、会议交流外，主要是深入两所学校的课堂，了解课堂教学文化。以教师、学生、教学内容、教学方法、教学媒体、教学环境作为教学的基本要素，在其组合运行过程中，自然就折射出教师的教学思想、教学习惯，进而反映出学生整体的学习状态。"立足教学，研究教学，在教学中研究，为教学而研究"，这是教学行动研究的要旨，是我工作职责之所在，也是落到最基层、最根本去把握学校教育教学情况之必需。

从远观、审视到走进澳门教育，我试图去揭开澳门教育的面纱，并与澳门教育同行一道实现有效沟通，并在这一过程中彼此关注、交流思想、整合智慧、分享经验、互助共进。在过往的时光里，在与鲍思高三十六位、巴波沙四位数学教师共同工作的过程中，我们观课、交流、工作、集体备课、培训讲座、联校观课，共同积累了大量的过程性资料。这是我和老师们十分珍视的成果，是常态工作的记录，是我们共同工作的见证，是彼此教学思想的提炼。对工作进行总结，但并非简单地对过往的工作做一个完结性的交代，我更看重的是它对今后工作的指导意义，我想要的是教师的教学热忱、研究意识、教学技能、教学效益等方面的再度唤醒以及原有基础上的再度提升。学无止境，教无止境，完美的教学是教师的理想。正是因为有了这一目标，才使得身为教师的我们永不满足，永不停步。

走进澳门教育，徘徊思忖，这是我留下的第一枚脚印，尽管战战兢兢，尽管如履薄冰，但无畏与冲动、钟爱与执着，还是让我迈出了第一步——

2010 年 1 月 28 日

带着思想去实践

2009 年 8 月末，笔者等二十位内地教师受教育部委派赴澳门承担教学交流工作。受教青局指派，我来到巴波沙中葡小学和鲍思高粤华小学驻校工作。其间，笔者行走在澳门的街头巷尾感受社会民风、历史文化，走进广场、场馆观看并参与社会活动，窥视背后的教育文化，浸身学校体验校园文化，深入课堂了解教学文化，融入教师当中，感受教师团队文化……思想在两地文化差异与共鸣中碰撞，实践在经验分享中进行。一年多的工作实践与教育思考，不应成为个人的私货，所以我拿出来与澳门同仁及广大教育同行分享。

（一）

2009 年 9 月 1 日，从我登上澳门教青局就职礼台的那一刻起，作为来澳门参加驻校交流计划的内师（承担交流计划的内地教师的简称）团队中的个体，我便毅然地将这副担子挑在肩上，将这一使命放在心中。作为内地选派的二十位教师之一，我深感此行之荣耀，也备感此行之压力。一年说长不长，说短不短，如何定位自己的工作，如何最大限度地让一年的经历深度地影响自己，同时最大范围地给澳门同仁积极的影响，这是我比较看重的。"一个人只不过是一根会思想的苇草"，但我不会因为个人力量的单薄与微弱而放弃最重要的东西，那就是思想。作为一位在内地工作近二十年的教师，一位走近不惑之年的教育工作者，我可以说是内地教师的"活化石"。在我的身上有内地社会文化的气息、内地教育文化的品质、内地教师成长的一般经历、内地教师教学的惯常思维、内地教师专业成长的价值追求、内地数学教师的教学传统……澳门同仁和我如果能在有限的共同工作交流过程中努力读懂彼此，在客观了解各自教育教学现状的同时，分析优长与短缺，并形成从"教育基本功能、教育与社会发展、教育同人的自身发展需要之关系"等角度去考虑教学问题之思维，这应该是我等来澳门之最大意义。单纯地进行"经验交流、技艺切磋、教研制度的建立"等，虽然很重要，但本质上还是要因我们的存在，使各自的教育思维被激活，教育思想变深刻，教师的职业价值被正确地理解。

改变首先要来自内部，作为内师，同样要先行自我改造。此来澳门，无形中就是在做一个比较研究，但我首先想到的是教育、学校教育、数学教学、教师专业成长本应有的共性的东西，在此基础上再进行教育现象的比对就会更有根据。

1. 教育有两大功能：一是适应，一是超越。培养学生，当然要让他们适应社会，但仅有适应是不够的，同时还要超越。教育不仅要传承人类文明，同时要创新、要变革，这样才能推动社会发展。从教育功能审视两地教育，又有何相互借鉴之处？

2. 学校如何从单向的专业知识传递及专业能力训练拓展到培育人格的独立性、判断能力、选择能力、应变能力？如何尊重及重视人的不同性向及潜能，让人真正享有自由发展的空间，这已成为教育界必须面对的时代主题。在这一方面，澳门与内地做得如何？有什么不同？

3. 数学教学活动必须建立在学生的认知发展水平和已有的知识经验基础之上。教师应激发学生的学习积极性，向学生提供从事数学活动的机会，帮助他们在自主探索和合作交流的过程中真正理解和掌握基本的数学知识与技能、数学思想和方法，获得广泛的数学活动经验。学生是数学学习的主人，教师是数学学习的组织者、引导者与合作者。对比两地数学教学，各自的传统是什么？如何用新的理念去统一我们的教学思想又保有各自独特的教学风格与优势？这是我们应该思考的。

4. 教师要走专业化之路，必须在师德修养、专业知识、理论修养、专业技能等方面全面提升。教师不再仅仅是一个课程的执行者、实施者，而应该成为课程的研究者、开发者与实施者。要做一个研究型的教师，这是一个教师专业生活的必需。如何让教师从繁重的、机械的、低效的日常工作中解放出来，做一个学习型、研究型、效能型的教师，如何以教师的学习方式的转变、教学方式的转变去影响学生的学习方式，这是两地共同面临的一个教师专业成长的主题。

以上四个方面虽不能包含教育问题的全部，但已超出我来澳门进行交流工作的范畴，超出个人能力所及。但凡教育教学问题，皆有着千丝万缕的联系，斩断联系而孤立地就某一教学领域的问题进行研究交流，只能算是头痛医头、脚痒搔脚的治标不治本的做法。这种做法有显性效果，但缺少长久的功效。作为一个教育工作者，当有全局与部分、共性与个性、一般与特殊、现象与问题、传统与现代、继承与革新、过度与缺失、改造与摒弃、继承与发展等思考教育问题的思维。从大处着眼，从细微处着手，才能使我们所做的工作在正确的方向、正确的轨道、正确的思维方式、正确的策略方法上运作。也许启动得慢，也许行动起来缓，但一旦启动，就会显示其强大的内趋力与感召力。教育不是轰轰烈烈的运动，但它却是一场静悄悄的革命。革命为何悄无声息，原因在于它是思想观念的渐变。当然，这是我个人的想法，希望同来的教师能与我同步，但更希望自己身先士卒，做一个思考的人、一个实践自己想法的人，做一点星火，但不敢期待燎原。

走近澳门教育，用心去观察、用心去聆听、用心去感受、用心去比较、用心去思考，发现澳门地域虽小，但特殊的历史背景、独特的地理位置、多元的文化并行与交融，使得教育呈现出"自主、多元、开放"的发展态势。澳葡时期的教育体制与教学传统，回归后的教育改革与教学气象，在时间与空间上交错磨合，形成了相对稳定的澳门教育现状。是落后还是前沿，是国际化还是民族化，是应试教育还是素质教育？教师、学生、课程、课堂、考试、评鉴等等做何评价？恐怕不会像解一道数学题那样有根有据、有条有理、有相对固定的答案，但仁者见仁、智者见智，仅靠半年的了解，我不敢妄加评论，只把自己感兴趣的教育现象列举一二，偶尔评论三言两语，只是有感而发。

1. 十五年的免费教育。

非高等教育自 2007 年起实行完全免费，在内地不可想象，但在澳门，有了回归后的经济复苏，特别是博彩业开放后带来的近两年经济的腾飞。何厚铧特首在任期间对教育的这一政策无疑是给澳门市民的一大红包。从社会福利来说，免费教育是一大好事，但对于教育自身发展来说，教育质量的提高能否与教育投入的增加成正比？这是社会各界以及教育界内部关注的。内地一再强调穷国办大教育，但没有钱办教育难，要办好教育需要加大教育的投入。而作为一个国家两种制度下的特区澳门，面临的则是一种不同的问题：富区办小教育。教青局的领导已认识到没有钱不好办教育，但有了钱教育不一定办得好，这就涉及钱用在何处的问题。学校基础设施建设、学生人头的教育资助、学校各类活动的资助、教师培训计划的资助、教师工资待遇的改善、市民持续教育的资助等等，在我看来最为重要的是教师待遇的提高以及教师培训资助两个方面。教育的成败决定在人，教学质量的提高决定于教师。教师工资待遇的提高意味着社会地位的提升，教师的工作被关注与认可。显然，稳定教师队伍、提高教师自我职业认同感与幸福指数，这是提高学校教育质量中重要的方面。另外，教师培训是教师走专业化之路的助推器、加油站。社会的发展使教育不断面临新的问题、新的挑战。教师要胜任教育工作就需要不断更新思想观念、更新知识结构，做一个学习型的教师。

同时，学校要发展，就要努力建设一支学习型的教师团队，通过培训建立团队共同发展愿景，通过培训提高教师的专业能力，让教学研究与在职学习成为教师教学生涯中幸福的生活，这对于提高教学质量来说是最为重要的内容之一。

十五年的免费教育，对教育发展来说无疑是利好消息。抓住这一政策带来的发展机遇，一定要从人的培养入手，偏离了培养人这一重头，而将钱更多地投作其他，那就不是简单的资金浪费，而是发展机遇的错失。我们可喜地看到，教青局出台了一系列有关教师培训的计划及资助项目，聘请内师来澳门就是众多计划之一。本人以为这是一项发展澳门教育的重要决策，能起到激活思维、培训交流、提升本澳教师的专业关注度及专业能力等作用，这对于增强学校活力大有益处。

2. 办学自主、多元发展、中西融合的学校教育文化。

不可想象，澳门教青局对各个学校的办学持尊重、"放任"的态度。学校办学体制、办学规模、办学特色、教师聘用、课程设置、教材选择、考试评价、学生社会实践等几乎是完全靠自主。办学主体除少部分学校是官办的公立校外，更多的是由社会团体、教会、企业办的私校。除了公立校和部分入网的私校会有教青局干预的影子外，其他私校的发展完全靠自身的运营。教会学校有教会学校的办学思想、文化观念及课程设置，非教会学校也各不相同。其规模或大或小，但推开校门，发现各有千秋，风景不与他人同。这是澳门学校教育最吸引人的地方之一。这种教育方式不同相对于内地的大一统而言，自有其活力四射的地方。这种教育格局与美国当代学校的情况差不多。这就引发了人们的很多思考或是疑问：没有统一的课程、教材、考试、评核，对于这样一个小区域来说，如何保证教育的公平与发展的均衡？如何评价一所学校的办学质量？对于进入高中后的选拔考试如何实施？同时，也不利于调动教青局的办学积极性。澳门办学形式灵活，但也存在质量相差悬殊、放任自流、效益不高、资源浪费等问题。

中文普通话的教育越来越受到重视，某些中学开始在教学中推广使用普通话，而更多的学校依然观望，抱守传统的中英、中葡教学语言，对普通话使用的大趋势视而不见、不为所动。从学生接受教育的角度来说，显然就出现了受教育机会的不均等，有的学校仅是一墙之隔。

葡文教育是澳门的一个传统，但面临危机，葡国遗韵能影响多久、有多少学生坚守继承之？价值到底有多大？比起学习英语及普通话，葡语是不是更重要呢？这只是澳门自主办学的一个语言选择的例子而已。其他的教育现象多多，在我看来，相当一些好的做法是值得推广的，但各学校固守自己的阵营，孤芳自赏，"走自己的路，让别人去说吧"。这种心理有助于各校保存各自的办学特色。从澳门教育整体来说，个个是珍珠，个人有精彩，但从受教育的群体来说，则是一种单一。多元并不简单地等同于开放、民主与进步；同理，规范并不简单地等同于封闭、专制与落后。如果说多元表现为尊重、权力与自由，那么规范表现的就是责任、义务与基本质量保障。统合散漫的"多元化"办学格局，在基本统一办学规范与标准的基础上，保有各自办学的特色，当是现在以及未来一段时间内澳门教育要做好的重要工作之一。

　　3. 学生丰富多彩的社会实践活动。

　　教育之目的，一言以蔽之，曰"培养人"。教育的过程就是将一个自然人培养成一个社会人的过程。教育要在充分尊重人自身发展规律、发展可能、发展性向的基础上，充分考虑社会的需要，进而决定培养什么样的人。是培养知识储备型人才还是培养知识创新型人才？是适应社会还是创新社会？是专才还是通才？是善于解决问题还是长于理性思考？应该说，培养什么样的人是教育的第一大主题，而真正能够左右人的特质的，在于课程。在内地，受制于高考的压力，学校、家庭以及社会都将目光盯在分数上，升学率是学校好与不好的晴雨表与标签，分数是一个学生是否为优生的评价指标，分数也是左右一个家庭情绪的调试剂。在万人过独木桥的教育竞争中，在家庭、学校、父母、老师的多重逼迫下，孩子无奈地放弃了自己快乐的童年、少年生活，将身心全部奉献给了课桌、书本。"为了母亲的微笑"、"为了换取一生的幸福"，就这样，他们失去了自由，手捧书本，执笔答卷，还要承受分数评价带来的一次次挫败。这种教育下的学生，失去的太多，失去了快乐、自由、亲情，也失去了感知社会的机会。在他们的世界里，就是书本；在他们的社会里，只有同学、教师以及不敢正视的父母严厉或期待的双眼。不要说社会实践，就是音乐、体育、美术、科学等科目，在初中、高中关键期也被无情地夺去了，这不能不说是一种无奈。

　　课程改革后，学校的课堂教学发生了很大的变化，课堂教学呈现出多样、丰富、快乐的景象，一股清新的空气透了进来。教师与学生都在这个过程中感受到生活的美好。随之而来的是一系列的改变，首先是减少学生课业负担的政策，如：限制学生在校的时间；严禁双休日、节假日办课外班；限制各类学科竞赛；在小学，对学生的学业成绩，取消百分制，推行等级加评语制；增加体育活动，在校体育活动不少于一小时，增加大课间，丰富中小学生的体育生活等。这些改变虽然收效还不是很大，但至少"该给孩子一个怎样的生活"已得到了充分的关注，并开始进行实质性的问题解决。

来到澳门，我感受比较深的是学生的学业压力不大。究其原因，还是在于没有高考的压力，没有未来择业的压力，高中毕业生就读于本澳、香港、台湾、内地或国外机会非常多，占应届毕业人数 80％以上的学生能够进入大学就读。其他学生在博彩业或其他行业就业也不成问题。这是两地教育现象不同的根源。

从理论上讲，几乎所有人都明白一个道理：要让孩子进入社会、适应社会，在未来的社会生活中进退自如，且有一个美好幸福的人生，就需要在人生的起步阶段有意识地让他感知这个社会，至少有一个共识，不读书不行，但只读书也不行。毛主席曾有一句话："学生就是这样，以学为主，兼学别样。"显然，学生的主业是在学校接受教育，更多的时候是从书本上学习间接知识，但这不是全部，还要学习其他，这里自然包括智之外的"德、体、美、群、劳"等。作为一个社会人，首先要意识到个人的独立存在，意识到个人的社会角色与地位、个人的社会责任与义务。学习不是为了改变自己，至少不要只有那种"书中自有颜如玉，书中自有黄金屋"的学习价值观，要把社会责任、人生使命融入到生活的全部。这样培养出来的人就不是一个小我，不会是一个狭隘自私的人，而是一个胸怀世界的仁爱之人。这是一个社会人的基本素质。

澳门学生的社会实践内容之丰富，其主体性、参与性、实践性、自主性、体验性之强，给所有内师留下深刻的印象。学生参与社会公益、游乐比赛，甚至参与商品经营，这在内地简直是犯大忌的。而组织学生社会实践的不仅有学校，主要是各种社团，像慈善会、福利会、家长教师会等等。在节假日，不同名称的社团、社工局、教青局、民政总署会组织学生参加园游会、庆祝演出、公益服务、表演课本剧……走在澳门各个活动场所，你会发现在运动会、园游会、大型歌舞会、政府组织的回归庆祝会等活动中，都会有一支装束齐整的学生服务队——童军。在运动场，你还会发现：场上是学生进行体育比赛，场外的摊位上，学生有组织、有秩序、业务娴熟地卖各种商品；在迎新年年货大集上，除了少数几个摊位是商贩，绝大多数的商家都是中学生。起初我们看到会觉得不可思议，在这里时间长了，就觉得稀松平常了。

在内地，让学生走出课室，走出家庭，到社会上去做一些与学习考试无关的事儿，学校不敢，家长不让。不敢的原因有二：一是担心出安全事故，锻炼事小，安全事大；二是担心影响学习，学生要务正业。家长不让，不让的原因有二：一不会放任学校"误人子弟"；二不会答应孩子不学无术。与澳门学生走向社会、参与社会公益、承担社会责任、熟悉社会交往、了解社会现实相比，我们内地的学生则是"两耳不闻窗外事，一心只读圣贤书"。教育，当是为了学生适应社会、创新社会，而我们做的却是反教育的事情，让学生远离社会、闭关苦读，为的只是一个目标——学有所成，将来有好工作，有票子、有车子、有房子。这是相当一部分人的追求，这是他们的成功人士的标准。读书为的是自己有个美好的未来，知识改变自己的命运。而"为中华之崛起而读书"、"为服务他人，服务社会，服务人类而读书"这样的大格局的价值观，在这样的教育机制和教育价值取向的文化中是很难产生的。这不能不让每一个关心教育、关注下一代学生命运的教育工作者担忧。当然，课程改革后，一切都在发生着我们所期望的积极的变化。

4. 高负荷快乐工作的教师群体。

在内地，教育一直受到政府和社会的普遍重视，人们将孩子的未来交付给了学校，学校越来越多、越来越重地承载着多方的期望。社会教育、家庭教育似乎想淡化学生成长的教育义务，而将这一切推至学校。在社会的瞩目、家长的期盼下，学校成了焦点，教师成了焦点中的重要人物。一段时间来，教育的批评声音此起彼伏，教师的负面新闻长篇累牍，教育被批为滋生腐败的新温床，教师被列为与黑社会齐名……一时间，教师大有"文革"时期被贬为老九的感觉，教师不再是人类灵魂的工程师，一句"太阳底下最光辉的职业"也被教师无奈地拿来自嘲。办人民满意的教育，促进教育均衡发展，做人民满意的教师，做名师人师经师……多方压力挤向教育，但最后要由教师去扛。有调查表明，中小学教师心理健康指数非常低，近70％的教师存在不同程度的心理疾病。其中，过度焦虑导致的失眠、健忘、情绪不稳定、抑郁寡欢、强迫症已相当普遍。相当一批工作十年左右的教师，不同程度地出现了职业倦怠。在澳门，政府、社会、家长对学校的压力不大，整个社会也并不把高考中第作为孩子成功的唯一标准。为此，学校的教师相比内地而言，是在自然的一种状态下去按部就班地做自己应该做的每一项工作。虽然澳门教师的工作量不比内地少，甚至课时要比内地教师多，但我所见到的澳门教师都在快乐地忙碌着，他们是在享受工作。在办公室看不到教师愁眉苦脸，听不到教师唠叨牢骚，在课室、走廊也见不到教师对学生怒目而视甚至吼叫……一切都温和、和谐、自然、有条不紊。对比之下反思，我们发现来自外部的压力是根源。外部压力中主因是高考的指挥棒，也是千百年形成了"学而优则仕",读好书，做大官，赚大钱的人生观之根深蒂固。

5. 践行尊重、关爱、品德、社会责任的校园文化。

曾经有学者专门就内地学校办学思想进行研究，其中从内容呈现的方式来看，绝大多数是"四词八字"式，如"励志文明，勤奋健美"、"求真务实，诚实勇敢"等。从内容本身来看，绝大多数属于励志、劝学、修德、养成。来到澳门，我们也专门到两所学校看了学校的简介，特别关注了学校的办学思想，感觉与内地有同有异。相同的是，同样关注智育，关注学生立志向学；不同的是，内地对智育的关注趋同性、唯一性更突出。而澳门则不是如此。在澳门，学校更重视人际交往、品德修身、博爱包容、社会责任、国际视野。如鲍思高粤华小学每年一度的口号"效法鲍圣，互助互勉"、"善尽本分，律己爱人"，强调人与人之间的友爱、互助；巴波沙中葡小学以"全人教育"为办学宗旨，不断构建校园"关爱文化"。相信在这样和谐的校园环境中，学生能够健康成长，并在多元教学模式的构建与实践中努力构建多元和谐的校园文化，凸显爱国爱澳、学会学习、乐于探索、热爱文化生活、关心社会事务等教育，培养品学兼优的学生。

办学思想是一所学校办学的灵魂，贵在践行之。透过我所工作的两所学校的观察，经过一次次活动的见证，我强烈地感受到，在学校，学生是受到尊重的、欣赏的、呵护的。在校内的活动中，学生有更多的自主参与的机会，发表创见的机会，体现个人价值的机会。这是学生作为发展主体得到尊重的重要表现。对学生社会责任、品德形成的教育，与内地大有不同，内地会通过班队会、纪念日、节庆日、社会实践日向学生进行品德教育，教育的形式大多是教师说教。在澳门，尤其是在一些教会学校，除了《宗教》、《修身》课外，还通过周会、早祷和午祷以及瞻礼等以故事的形式把思想品德教育内容渗透给学生。一个个真实的、感人的、平凡的小故事，让学生知道爱国、爱澳门、爱亲人、爱教师、爱同学、爱周围的人，让他们知道珍惜美好的学习生活，知道为需要帮助的人提供帮助，知道改掉学习中的一些不良习惯，知道感恩，清楚个人责任，懂得珍惜友情……这种教育，如阳光、如春雨，长期地包围着学生，滋养着学生，无声无息，却蕴含巨大的雕塑力量。

6. 中规中矩的数学教学。

课堂教学，是我等此次来澳门的主要工作指导范畴。通过内师驻校交流，提升本澳教师的教学理念，改进教学方法，提升教学技能，提高教学质量，也是教青局聘请内师来澳门的主要目的。为此，在全方位感受澳门历史、社会、文化、教育面貌的基础上，我的工作主要精力都在数学教学指导上。

　　对于在内地工作近二十年，有着十九年一线数学教学经历的我来说，经历了传统的近十年的数学教学，形成了相对稳定教学范式。教材的知识体系、备课考虑的基本要素、教学的基本流程、教学的基本功、教案的基本书写格式、作业批改的基本规范、考试命题的基本题型、考试评分的基本尺度、数学教学研究的基本主题等等，都已在头脑中形成一定的模型，并在今后的工作中左右着我的教学思维。相当长的时间内，我在很大程度上是按照一定的惯性施教。自2001年秋第八次课程改革大幕拉开至今，又一个十年时间，在我的教学步入成熟期的这十年，受课程改革带来的思想观念、课程标准、教材变革、学习风暴、新旧教学矛盾的冲击，我又被迫走上了二次学习与实践的道路。这十年对于经历此次课程改革的教师来说，最大的收获是"让学习与思考、实践与反思成为自己的工作习惯"。正如课程改革给教师定位的那样："从教师与学生的关系看，教师应该是学生学习的促进者；从教学与研究的关系看，教师应该是教育教学的研究者；从教学与课程的关系看，教师应该是课程的建设者和开发者……"一直以来，行走在课程改革之路上的教师，在此要求下努力调试自己的教学行为，以求给课堂教学带来可喜的变化。事实如何呢？众说纷纭。有人说，课程改革为课堂教学带来了一片欢笑声，课堂教学因课改而变活啦；有人说，课程改革在一定程度上改变了教师传统的教学观念，教师的教学方式正在发生改变；有人说，课程改革促进了教材知识结构、内容呈现方式以及活动组织形式的多样；有人说，课程改革最重要的是让广大教师走出学科教学，开始思考教学与课程、课程与学生发展的关系……以上皆是赞扬声。但同社会上其他领域的改革一样，任何改革在初期以及进行过程中都是伴随着不同声音前行的，更何况这是关乎学生学业前途的课程改革。反面的声音是：有人说，课程改革，使课堂教学刮起浮躁、虚假、形式化之风，严重动摇了我们曾引以为豪的双基教学；有人说，课程改革自上而下以政治运动方式推行，只能是表面是上轰轰烈烈，实际上仍是抱残守缺，表面上波澜壮阔，下面却是不为所动；有人说，课程改革并没有真正地推动常规教学的改变，我们看到的只是观摩教学的表面繁荣，假象掩饰不了真实；有人干脆就说，课程改革是失败的。这种反面的声音出现在课程改革进行至五六年，正值在全面铺开时期。一经说出，引起不小的震动。但课程专家站出来说：课程改革在路上。但走过十年的课程改革，应该进入一个平稳期，这比较符合事物发展规律，也有利于教学的稳定，毕竟我们的教学不能总处于一种改革的状态。

前十年的数学教学传统的承接定型，后十年的新思想观念的介入，新旧思想观念、教学行为的对话，在学习与实践、实践与反思到再实践过程中，一个教师对教学的理解才有可能日臻成熟。我由个人的工作经历想到来澳门实施教学指导工作的着力点，的确有所开悟。

正如课程改革实施之前要进行教学现状调研一样，一学期来我深入课堂了解教学，抓住教师、学生、教学内容、教学环境、教学方法、教学媒体等要素，去了解澳门的数学教学。如果以尽可能客观的评价去描述之，我给出的四字评价是"中规中矩"。我曾有多篇文章专门记述"课堂教学印象与教学评论"，此再罗列一二：

第一，和谐民主的师生关系。和谐的师生关系是教学成功的前提，而和谐源自教师对学生的爱以及在此基础上形成的情感互动效应。同时，爱的表现为尊重、赞赏与鼓励。在澳门数学教学中，这是一个共同的优点。

第二，严谨务实的教学态度。教好教坏是水平问题，而是否好好教则是态度问题。教师的教学态度向来被认为是教师师德修养中最重要的一个方面。澳门的教师是快乐的，前文说他们在享受工作，为此，走入学生中间的他们的教学态度是严谨的、务实的。他们准时进入课堂、认真组织教学、努力传授知识、严格要求学生、认真进行批改……这是一个教师当有的重要素质，澳门教师做得很好。

第三，坚守中的双基教学。小学数学课程的定位是"基础性、普及性与发展性"。数学教学无论如何改革，都不能以牺牲基础为代价。澳门虽然没有经历课程改革，但也许正因如此，才没有出现左右摇摆的短时动荡。为此，沿袭下来的重视基础的教学传统已成为澳门数学教育生存发展的基石。对于计算、应用题、图形等基础知识和基本技能的训练，一直是澳门数学教师工作的主要内容。虽然仍有不如意，但那是多种原因造成的，不能因此否定数学教师坚守双基的工作。

第四，信息技术的应用。信息技术介入教学而成为教学与学生认知的工具，这不仅在澳门，在内地也同样如此。但不同的是，由于与教材配套的软件开发并投入使用，使得更多的教师在课堂教学中自觉地使用，并因此大大地丰富了教师的教学手段，丰富了教学内容的呈现方式，进而提高了课堂教学效率。这也得益于教室内信息技术硬件设施的装备以及软件的购置。在内地，除了大中城市中的个别大校名校实现了计算机、投影进课堂外，相当一批的学校还停留在有机房、电教室的程度，使用信息技术进行常规教学对于它们还是一个相对遥远的事儿。虽然在信息技术使用过程中尚有些许问题需要研究探讨，但在大面积提高教学效率这一点上，信息技术的全面使用无疑功不可没。

第五，略显单一的教学方式。与内地课改前的情形相似，在教学中，澳门的教师更喜欢也更习惯以告诉的方式进行教学。为此，讲授、讲解、示范、演示、练习等成为了澳门数学教师驾轻就熟的教学方法，并经过长时间的反复稳定下来，成为教师的一种相对顽固的教学方式。教师教学生学，教师讲学生听，教师示范学生观察，教师提问学生回答……教师教学方式直接影响学生的学习方式，教师的主动教换来的只能是学生被动地学。这种教学现象，课改前在内地是非常普遍的，当然，并没因课程改革十年的推进而彻底改善。总体来看，澳门的数学教学的确存在着教学方式单一、学生学习被动的现象。但新的教学动向也在少部分教师的课堂中有所萌动，只是力量微弱而已。

第六，教材改革很关键。对于教师而言，最为现实的工作就是读教材、用教材教。改变教学方式、改变学习方式、提高教学质量的重要前提是有好的教学内容，而教学内容的主要载体或来源就是教材。澳门各小学的数学教材五花八门，有内地人民教育出版社教材，有香港版的数学教材，有《新思维数学》教材，但就是没有本土的数学教材（《澳门二十一世纪现代小学数学》是香港教材的翻版）。没有本土的教材可以说是澳门教育的一种尴尬，但并不会成为限制当地数学教学发展的理由。各校对选择何种版本教材有自主权，但任何一次教材的选择与推行都要经过长时间的适应，尤其是教师培训。也许因澳门与香港的多方面因素更为接近，所以很多学校选择了香港数学教材。也许本人受内地《数学课程标准》影响，在对比之中总感到香港版教材的繁难偏旧以及与现实生活的脱离等现象。我曾花了一段时间对比内地人教版教材和《澳门二十一世纪现代数学》（实为香港版）教材，并在对比中对差异进行了分析，此不赘述，但有一个想法总要说出来：应该更换教材，选择内地《新课标》教材。这对教与学来说都是一件好事。

说到澳门的数学教学，我并没有大加赞赏，也没有横加指责，只是客观地摆出了我所看到的事实，并在比较中阐明基本观点。总体来说，澳门的数学教学一切按部就班，中规中矩，如日初日落，循环往复。我做的就是观察、了解、思考，接下来想做的就是抛出石子，求得澎湃，哪怕只是涟漪。因为思考的动力就来自于观念的冲突，行为的改变源自思想的改变，将两地的不同观念、行为摆到桌面，大家在争辩中就会使彼此得到提升。真正的改变在学不在术，在思想不在行为，或者说先思想再行为。

第七，教师专业发展刚刚起步。办教师专业发展型学校，教师走专业化发展之路，在内地已有十几年的历程，不仅积累了相当丰富的实践经验，而且通过教师专业发展型学校的创建，教师的职业追求不断增强，职业生涯自觉规划，学习意识不断增强，学习目标得以明确。这对提高教师队伍的整体水平来说无疑是非常重要的。澳门与内地不同，教师的职称制度刚刚酝酿，缺少各种评优晋级，虽然看似教师之间是一种平等，但缺少竞争机制与职业发展目标，教师的学习外部动机不强，这对于提高教师的素质来说是很困难的。随着澳门回归，尤其是在内师来澳等因素的促进下，澳门一些学校开始做"教师专业发展"项目，可能只是一些做法的内地移澳，但这是一个良好的开端。不管将来澳门教师培训以何种名目来进行，它在教育发展中的源动力作用是不容忽视的。因为学校的发展靠的就是人财物，而其中最为重要的是人力资源。建设一支年龄结构合理、专业思想稳定、有一定理论基础、娴熟的教学技术、改革创新意识的教师队伍是学校发展的根本保障，而这一切要靠教师的培训。教师走专业化之路乃大势所趋。

（二）

思想总要由行为去传递，观念同样要以实务为载体。思想远行，行为跟进。在来澳门驻两校交流工作的一段时间里，我的行为周期以周为单位，行为方式是在鲍思高与巴波沙两所学校做折返跑。虽然忙碌，但这种充实感与成功感却支撑着我矢志不渝、乐此不疲。在两地教育对比中、学科教学比较中，与教师交流中萌动的思想以及一个个灵动的小智慧不时地强化着我的这种工作的快乐。我在整理学期末工作材料时，没想到足有两百页之多，沉甸甸、丰盈盈，细数过往工作，列举三四。

1. 了解。

了解可以是见之而识之，了解也可以是知而道之，了解亦可以是理而解之，掌而握之。对一所学校的了解，是一个长期的渐进的过程，是我用一学期要去做的事，但对学校概况的了解则需要几天的工夫即可。与校长和老师座谈、问卷，阅读文献资料、一学年计划，阅读教材、学生作业、考卷等等是我了解两所学校所做的工作。其间，我撰写了《两地数学教材异同之分析》、《印象巴波沙》、《印象鲍思高》、《走进澳门教育》等文章。

2. 计划。

我与学校协商，确定了两所学校年度交流计划，将教研主题确定为"读懂教材，读懂学生，读懂课堂，提高教学的有效性"。两所学校均侧重计算教学与应用题教学。另外，巴波沙中葡小学侧重常规教研制度，如集体备课制度的建立与运作，常规教学的实际、实在、实效，而鲍思高小学侧重数学教学案例的研究。我们在计划中确定的主要交流方式是观课交流、工作坊、培训讲座、教研活动协助等。

3. 观课议课。

观课是了解教学实际的重要渠道，只有直面课堂，直面教师，直面学生，直接感受教学文化，才能激发教学思维灵感，才会有足够充分的素材与教师交流，才会让教育教学理论落地、生根、开花、结果。在一学期中，我在鲍思高观课17节，巴波沙观课12节。每次观课后我都与教师面对面交流，并同时以书面形式将我的听课记录以及点评呈给教师及学校，使教师了解我的想法。

（1）敢于坚持。帮助教师发现他们教学中正确的想法、做法，提升教师的教学自信，鼓励其大胆坚持。

（2）教学有法。"教学有法，但无定法，贵在得法"，与教师共同探讨行之有效的教学方法，对采用的教学方法有的坚持，有的怀疑改进，打破常规与定式，让教学因方法的丰富而灵活多样。

（3）读懂教材。读懂教材，才会将正确的、科学的、联系的、发展的、变化的、生活的、活动的数学呈现给学生，帮助教师分析数学知识的纵向联系与横向结合，使今日之教学不是孤立的教学。这一点非常重要。

（4）读懂学生。分析学生的基础、经验、思路、错误、需要等，从学生的角度去思考问题，会使我们的教学有的放矢、行之有效。这是教师备课、上课、反思中必须充分关注的重要方面。

（5）读懂课堂。教学设计是理论预设上的真实，而真实的课堂教学会出现枝节，教师如何处理随机生成的问题，重要在于一种短时内的价值判断。是引起关注细究之还是教师一语道破，是课内解决还是引向课外，方式很多，在于教师的取舍与详略。

4. 讲座交流。

"什么样的课是新课程下的好课"、"图形的认识如何教学"、"面积教学的策略"、"从乘法的意义说开来"、"数与代数教学问题及策略"、"计算教学常规建议"等是一学期来我们与两所学校讲座交流的主题。通过讲座与交流，使教师从不同层面认识课堂教学、教学评价，认识内地新课程的相关理念。两所学校教师的好学上进让我感到此项工作的必要与价值。我们将自己的理解告之别人，将别人的理解吸纳过来。整合智慧，交流经验，共识共进，这个平台是驻校交流重要的活动场。

5．研讨活动。

（1）集体备课。集体备课对于规范教师的教学、大面积提高教师教学的科学性及教学质量的作用毋庸置疑。本学期，我们在巴波沙小学进行了实质性地操作，只是囿于四个人教授小学不同的班级，同一个学年只有一个人，集体备课只能分阶段进行。在一学期的集体备课过程中，我们的工作主要是教材的分析，保证教师明确教材的编写意图，知晓教学内容中的知识性，确保教学不出现知识性的错误。同时，在这个时间，向教师介绍内地的经典教学案例，使大家习惯每周在固定的时间坐下来，就教学中的某些问题进行交流。

（2）联校观课。联校观课作为校际间的教研协作形式，是教青局近年推出的。本学期，巴波沙小学承担了此项工作，这也成为我将个人教学思想注入其中的一次重要活动，但我的本意是"尊重、客观、实际、研讨"，想暴露澳门教师原生态的教学，以引起大家的关注。

走过一学期，思想必留下痕迹；用心工作一学期，思想必通过实践产生效应。这是一个好的开始，因为我带着思想而来，引多方声音而聚，内心充实而欣慰。

2010 年 7 月 15 日

澳门教育的观察与思考

"内地优秀教师来澳交流计划"是内地对澳门实施教育支持的一种具体措施。为加快澳门非高等教育改革的步伐，接受内地先进教育理念的影响，澳门教育暨青年局在国家教育部港澳台事务办公室和中央人民政府驻澳门特别行政区联络办公室的协助下，从 2008/2009 学年开始在澳门推行。该计划通过每年引进二十位内地教师到本澳学校驻校交流，开展各项校本教研活动，从而提升澳门学校的学科教学效能，推动澳门学校的校本课程发展，促进教师专业的持续发展。

计划实施以来受到本澳学校的欢迎和肯定，对于优化学校教学工作取得了一定成效，主要包括在学校内逐步建立相互观课和公开课堂的文化，形成共同备课和教学研讨的机制，成功引进内地先进的教学理念，以及促进年青教师的专业成长。在内地教师驻校交流期间，已通过校内的集体备课和相互观课以及组织跨校的联校观课等活动，有效地开阔了澳门教师的视野并提升了教学效能，而面向全澳教师的教学研讨系列活动，通过教学演示及研讨促进本澳教师之间的专业交流和学习，成功构建了互相观摩教学的文化及教研氛围。

我是 2009 年 9 月 1 日作为第二批内地教师正式入职，2011 年 8 月 31 日离职，在澳门工作了整整两年，与来自广西、江西、山东、安徽、湖南、湖北、四川、辽宁等地的教师一起，度过了激情燃烧的岁月，倾内地之所学所得于澳门学校，也敞开胸怀去拥抱这个绮丽多姿的小城，并以一名教育者的眼光去观察小城教育现象，以一名教育者的心去体悟澳门的教育气息。

一、澳门与内地教育之比较

临去澳门工作之前，曾有人向我介绍过澳门。他说与香港比，澳门城市给他的印象是破破烂烂，澳门人给他的印象是不思进取，整个社会运转比较缓慢。说到澳门的教育呢，则更多地表现为内地常有的自傲与不屑，似乎澳门的小决定了它的不起眼，决定了它似乎只能充当香港的跟班。当时，我也是将信将疑，还是怀疑的成分多一些，因为此人也只是随教育考察团到香港后顺道到澳门走马观花，只一天的时间，让他谈印象，他敢于说出这些，就说明他的不够严谨，他对一个地区教育的了解只道听途说加主观臆断是不负责任的。

来澳门后不久，我在《澳门日报》上看到这样一句话：如果你来澳门一天，你会发现这是一座赌城；如果你来澳门一周，你会发现这是一个中西融合的国际化小城；如果你来澳门一个月，你会发现这是一座美食城；如果你来澳门一年，你就不想走了……当时我就很有同感，两年后的今天再想这句话，更觉得精辟。因为有时间的积淀，有经历的见证。两年后的今天，我再思考并比较澳门与内地的教育，既有对澳门相对深厚的教育感情，也有相对理智的思考。

我曾有三句话，分别定位我所工作的三所学校：

鲍思高粤华小学：教人向善，博爱天下。

巴波沙中葡小学：张扬个性，社会责任。

澳门大学附属应用学校：公民领袖、国际视野。

我是幸运的，三所学校中，一所是天主教学校，一所是公立中葡学校，一所是依托大学创办的一条龙学校。我也正是依托三所学校的工作经历，并以此为窗口，了解与内地相比不一样的澳门教育。

（一）澳门教育的历史文化底蕴

澳门独特的历史文化背景造就了小城今天"多元共存、自由开放"的教育环境。澳门教育的文化底蕴要从两个源头说起。

第一个思想源头，就是西方的教会到澳门传教、办学。

16世纪中叶，葡萄牙人东来入居澳门，澳门逐渐发展成一个繁盛的国际贸易商港，西方及亚洲各国人员混杂而居，开创了许多东方教育的先河。明清之际，天主教通过澳门向远东传播，教会办学由此成为澳门教育的一大特色，如：1594年，澳门就建立起远东第一所西式大学——圣保禄学院，即大三巴；1728年，又创办有澳门天主教"少林寺"之称的圣若瑟修院，也有人称小三巴；今天，天主教各级学校仍是澳门教育重要的组成部分。此外，19世纪初，以马礼逊为代表的基督新教又先后在澳门创立了伦敦妇女会女校、马礼逊学堂等，为澳门教会教育增添了新的元素。

第二个源头，就是中国儒家传统文化。

澳门既为中国领土，中国传统的儒家教育在小城扎根深厚。随着时代变迁，老式的私塾学堂已被新式的学校取代，但儒家的教义、文化传统却一直延续了下来。

中西并行共生使澳门小城的教育有着丰厚的源头和历史文化底蕴。今天，澳门"多元学制共存，中、葡、英多语学校并行，多元办学实体互补"

等教育现状，使得澳门教育呈现出缤纷色彩，吸引着每一个涉足其中的教育工作者，我就是其中的一员吧。

（二）澳门教育的回顾

"回归"是广大教育研究者整理澳门发展史的一个重要的分界线。回归前，尽管澳门教育有着悠久的历史和优良的传统，但长期以来社会教育的责任主要由教会和华人社团来承担，葡萄牙政府早期并不积极参与教育事务，特别是华人的教育事务。这种情况使得澳门教育形成了以私校为主的局面，政府对教育的投资长期不足为教育的现代化发展带来了负面影响，减缓了澳门教育与世界接轨、与现代同步的步伐。

到了20世纪90年代，眼见着澳门归还中国的日期临近，澳葡政府不想把教育作为一个烂摊子交还中国，开始加大了教育投入与监管力度：1991年制定了澳门第一部教育基本大法《澳门教育制度》，澳门学校的校舍设备得以更新，教师待遇逐渐提高，自身教育传统不断得到总结与整理；国外与其他地区先进的教育理论与经验逐渐被引进来，通过教师的培训落实到课堂教学中。1997年，澳门开始实行从学前到初三的十年免费教育。

时光如水，岁月如歌，转眼澳门盼来了回归，随着澳人治澳、赌权开放及中央政府政策的大力支持，澳门踏上了现代化的高速公路，发展迅速，教育也在这大好形势下得到了快速发展。澳门也开始独立参与国际、国内教育事务，与国际接轨。

2000年起，澳门连续三届参加国际经济合作与发展组织（OECD）的PISA测验（2003年，2006年，2009年）；

2004—2009年，澳门政府委托澳门大学教育学院、香港教育学院等高教机构针对澳门教育整体和学科部分展开检视与评鉴；

2006年，澳门政府通过《非高等教育纲要法》，学校在遵守政府制定的相关教育阶段课程框架与基本学力要求的前提下，可自主开发其学校的课程；

2007年起，澳门全面实行了十五年免费教育，这在澳门临近地区当中是最为超前的；

2008年起，国家教育部与澳门教育暨青年局实施"内地优秀教师赴澳门教学交流计划"；

2010年，澳门立法会通过了《私立学校教学人员职称框架》，2012年秋实施；

与内地做法不同的是，澳门很多教育法律法规的出台，广大教师都会事先拿到讨论稿，并提出意见，如果很多制度迟迟不公布于众，他们就会事先通知政府，某一天要组织大约多少人，上街游行请愿，递交他们的意见书。也就是说，政府与市民互动沟通方面做得比较民主。

（三）澳门教育现状

说到澳门的教育现状，我想用这样一句话来浓缩一下："多元学制共存，中、葡、英多语学校并行，多元办学实体互补。"

1. 教育分类。

澳门作为中国特别行政区，有自己的教育历史传统，有自己多元的学制。澳门教育分非高等教育和高等教育。非高等教育包括两类：正规教育和持续教育。高等教育包括两类：大学教育和高等专科教育。澳门教育类型和组成如下图：

教育的类型和组成

我们感到有些疑问的应该就是"回归教育"。什么是回归教育呢？这里的回归不同于"澳门回归祖国"的"回归"。

回归教育是一种认为人的一生应是学习和工作不断交替、相互结合的过程，接受义务教育或基础教育乃至高等教育后就业的成年人应在需要时又返回学校去学习的理论。

回归教育是 20 世纪 60 年代欧洲出现的思潮。最早倡导回归教育的是瑞典的竞技学家莱恩。瑞典教育家巴莫（O. Palme）于 1968 年首次提出回归教育概念，他主张教育不要一次完成，而要根据个人的兴趣、职业、社会经济状况等因素，在一生中选择最需要学习的时候接受灵活有效的教育。

回归教育与传统教育比较，传统教育视学生辍学为消极行为，而回归教育认为可以化作积极行为，即在一定时期内主动离开校园就业、旅行和进行社会活动，尔后重返学校，这样会提高学习效果。回归教育强调受教育者的平等权利，个人离校和复学应得到国家和社会的保障。

从正规教育的类型与组成来看，与内地基本相同。

2．澳门的学校。

2008/2009 年度，澳门非高等教育学校 82 所，其中私立学校 69 所，公立学校 13 所。公立学校师资总体优于私立学校，但私立学校的教学质量反而优于公立学校。私立学校的社会声誉好于公立学校，成为家长送孩子读书的首选。公立学校普遍规模较小，其中有两个原因：第一是公立学校更多地承担社会责任与义务，接收私校开除的、留级的以及家庭困难、身体与智力残障的学生，学生整体素质比较低且比较特别，使得大部分家长不希望送孩子到这样的学校；第二是私立学校承担葡语教学任务，在葡国影响渐微的今日澳门，人们不再看好葡语的发展前景，所以家长不选择这样的学校。在这样的学校中，你会看到这样的现象：一个班级十几个人，小的小、大的大，多动的、身体残疾的、智力低下……还会看到一种现象，一节课有两个老师在教室，其中一个会在学生座位旁边做个人跟进辅导。我所在的巴波沙中葡小学就是一所教青局直属的公立学校（2011 年学校重建，已更名为澳门郑观应公立学校）。

3．澳门的教师。

在 2009/2010 学年，任教于澳门正规和持续教育的教师共有近 5000 名。回归前从事非高等教育的教师良莠不齐。自 1951 年起，澳门圣若瑟中学开设了师范课程，但培训的能力非常有限；1984 年，华南师大与中华教育总会合作为澳门培养师资；1987 年，澳门大学的前身东亚大学受政府委托开设教师培训课程；到 1989 年，澳门大学教育学院成立，澳门的师资培训走上了正轨。现在，很多在职的年轻教师会在业余时间去读教育证书课程，这是教青局承认的作为教师资格准入制度中重要的学历参考。由于现在的内地教师很难进入澳门工作，澳门的年轻教师便多来自于澳门大学教育学院，艺术类的学生则多来自理工大学。

4．专职人员。

澳门的学校除了聘请教师以外，特区政府还资助学校聘请专职人员，如学校医护人员、阅读推广人员、信息科技教育人员、余暇活动人员、实验室管理人员。内地相当一些学校此方面教师的配备是严重不足的，多是老弱病孕担任或兼任。

5．学生。

前面有文简要介绍了澳门学生的基本情况，此处仅就高中毕业升大学情况做一点补充介绍。

据澳门青年研究协会和澳门中华学生联合总会两家机构联合进行的"澳

门高中毕业生升学与就业意向调查研究报告"数据显示：2008/2009 学年，正规教育高三毕业生人数为 5269 人，升学率为 90.6%。在 1050 名选择升学的受访者中，有 536 人选择留澳升学，占总回答人数的 51%；有 241 名学生选择到台湾升学，占总回答人数的 23%；206 名学生选择到内地升学，占总回答人数的 19.6%；选择赴海外就学的有 52 人，大约占总回答人数的 5% 左右；选择到香港升学的有 12 人，占总回答人数的 1.1%；有 3 人未对本题作答。

（四）两地对比中见澳门教育特色

之所以定位为澳门教育特色，那一定是与我们内地的教育不太一样的地方。经过两年的考察，我发现澳门教育具有以下特色：

1. 特色之"办学主体多元"。

澳门教育的第一大特色是办学主体多元，其中与我们内地的国家、政府办教育不同的是社会参与澳门教育事务。

在 2009/2010 学年，本澳非高等教育系统中共有 80 所学校，除了 11 所为教育暨青年局及文化局开办的公立学校外，其余的 69 所为社团、商会、街坊会、妇联或教会开办的学校。

2. 特色之"多种学制"。

澳门中小学教育存在 3 个体系的 4 种学制，即中文体系、葡文体系和英文体系，学制为中国内地学制、中国台湾学制、葡萄牙学制和港英学制。

3. 特色之"一条龙学校"。

很多学校都是幼稚园、小学、初中和高中的一条龙学校，而内地多是独立的中小学。也有九年一贯制学校，但与澳门的一条龙相比，顶多算是半条龙。之所以有很多一条龙学校，这与办学主体有关，有很多学校是由教会、商会办的，学校校董会可以决定学校发展的规模与走向，所以一条龙学校就出现了。

4. 特色之"自主、多元、个性化"。

与国内教育的大一统、全国上下一片红相比，澳门小城虽小，但推开任何一家学校，你就会感到绝不相同，让你感觉到澳门政府和教青局似乎有点不作为，教师聘用、课程设置、教材选择、教学活动组织等全由学校自己说了算。

国内有统一的中高考、绝大多数为政府办学、有几十年形成的办学及教学管理模式，即使是课程改革后，实施了课程管理权下放，实现三级课程管理，教材编写实施了一纲多本，但总体上大一统的格局并没有实质变化，且在国家课程管理方面，有关意识形态的一些课程，如语文、历史、政治、思想品德等课程国家又要收回，统一教材。所以，我们的个性化往往是在大一统的基调下小有展现的。澳门没有统一的中高考，且多年来，由于澳葡政府的放任、多元办学主体的参与、不同价值观念的注入，各学校自主、多元、个性化的特色明显。澳门特别行政区政府、业内人士，包括市民，在呼唤政府加大教育监管力度的同时，大部分人并不希望统一教材、统一考试……你升旗，我祈祷；你做操，我散游；你讲《公民与道德》，我讲《修身》；你选人教版，我选港澳版；你讲广东话，我讲英语或葡语……

5．特色之"三文四语"。

"三文"，即中文、葡文、英文三种书面语言；"四语"，即粤语、葡语、英语、普通话四种会话语言。这是澳门文化和社会生活中的一个十分独特的现象，也是困扰澳门基础教育课程的一个重要问题。这既是学校个性化的选择，以满足学生不同的需求，同时也涉及接受教育机会均等的问题和学生可接受性的问题。如果增加某种语言课的课时，必然消减另一种语言课时，到时都学不好。澳门有很好的英语、葡语基础，粤语是母语，但现在普通话又是大势所趋，而师资又相对不足，且增加各种语言的学习机会，势必平均使用力量，各学校也很纠结。

6．特色之"注重形成教育传统"。

澳门的教育活动往往是一届一届地延续，能让人感受到活动的传统。内地虽然以市、区、学校为单位也有自己传统的教育教学活动，但我们习惯于说哪一年到哪一年度，比如年度春、秋季运动会。可能由于领导更替的原因吧，有些活动也会时断时续。学校的教学比赛、学生活动往往要看这一年度学校忙不忙而定。忙不忙是什么概念？就是外界干扰多与少，这就在一定程度上使学校教育不能自我决定，经常跑偏。再说丰富，内地的教育教学活动涉及学生的，一般会有三月学雷锋活动、四月祭扫烈士墓、五月春季运动会、"六一"儿童节联欢会、七月校园歌曲、书画和器乐大赛等等，此外有的学校还会有数学竞赛、作文竞赛、英语竞赛等。如果打开一家教育机关网站，我们看到的更多是领导讲话、会议简报、教师培训、办事指南等，反映教师和学生丰富的职业与学习生活的东西太少，更看不出教育机构为教师和学生提供的培训与可以自主选择的一些信息，互动性差、更新更不及时。从教育的角度而不是从新闻的角度来看，内容更谈不上丰富。我们再看一看澳门教育的一些内容（来自澳门教育暨青年局网站）："教养子女讲座、'澳门青少年科技创新作品选拔活动2012'作品展、'与逆境共舞2012'生活日营、小区性教育推广活动经验分享会、'社会影音院系列活动二〇一二'小区探索工作坊、'欣赏生活·欣赏艺术'师生视觉艺术作品展、'读书会'阅读推广活动、'校园乐缤纷'活动、阳光义工培训活动二○一二、'职业放大镜'活动参观新八佰伴、二○一二年国情教育培训课程、'理财教育'工作坊、'社会服务大使比赛'体现学生服务社会的精神、'预防青少年病态赌博'工作坊"……

澳门教青暨青年局网上的另一则培训通告则是："为配合和落实本年度澳门特别行政区政府'拓展青年参与的空间，提供机会学习成长'的施政方针，……举办各类兴趣班，包括面粉花艺班、花束班、HipHop 舞班、结他班、西饼制作班、流行劲舞班、中国书法班、瑜伽班、中国国画班、创意图案设计之环保家品布艺班、厨艺班、编织班及护肤化妆班，欢迎本澳十三至二十九岁青年参加。"

7．特色之"注重道德与爱国教育"。

澳门多数学校提出的是"德、智、体、美、群"五育并举；而教会学校提出的则是"德、智、体、群、灵"，实施全人教育，培养学生成为处世成熟、关心社会、对社会有贡献的知识分子和专业人才。澳门的学校都有周会，相当于内地早操时间将学校分年级集中于礼堂，在教师的带领下，围绕某一德育主题看短片、讲故事，启发学生心智，向学生进行爱国、爱澳、修身养德等教育。内地提出德育为先，但缺少行动，有的只是说教；内地总结出寓德育于学科教学、寓德育与活动等教育经验，但多停留在口号层面；我们让学生背学生守则，背"八荣八耻"；我们告诉学生什么可以做，什么不可以做，什么是对的，什么是错的；我们习惯的教育方式就是自上而下的训教管制，而对自下而上、自我教育的教育方式办法不多。这可能与我们内地的文化传统、教育思维定式有关。

此外，如"学生丰富的社会实践"、"小班化教育"、"童军"、"留级制度"、"教师固守年级制与学生重组制"、"教师繁重而快乐的职业生活"、"教师培训自主"等都与内地有很大不同，给我留下了深刻的印象。

（五）澳门教育面临的一些问题

篇幅所限，仅把我了解到的澳门教育面临的一些问题与困惑列举在此，读者就某一方面感兴趣的话可以特别查找资料，在此就算是一个全面但一般性的了解吧。

1．博彩对澳门教育的支持与影响问题；

2．"多元化、个性化办学传统的坚守"与"适度统一规范"两种呼声的碰撞；

3．多语种带来的教育平等问题；

4. 公立学校资源丰富与教学质量不高的矛盾；

5. 教师队伍不稳定的问题；

6. 师资不足与反对外劳的矛盾；

7. 教师缺少专业发展愿望的问题；

8. 教师接受培训自主与教学理念差异的问题；

9. 学生学科学习质量不高、家长成绩期望不高的问题；

10. 学生升大学过易，中小学生缺少压力的问题；

11. 缺少本土化教材的问题；

12. 没有教学研究指导机构的问题。

（六）澳门教师眼中的内地教育教学

此处同样只是简单地列举，以下内容多来自于我对澳门教师的访谈以及澳门有关媒体报道。

1. 教育发展不均衡；

2. 中国学童失学严重；

3. 减负越减越重；

4. 学校规模都非常大；

5. 校长在学校是绝对权威；

6. 教师很积极，但不知是否真心；

7. 教师教学时很善于控制；

8. 教师教学很注重板书；

9. 教学像演戏；

10. 教学环节清楚，每一步教学任务明确；

11. 学生都很积极，语言表达能力比较强，但缺少个人见解；

12. 很多学生都想表现自己，而不太把别人的意见放在眼里；

13. 整节课都很忙碌，学生缺少静静地思考；

14. 活动多，但是做题少，很少看书；

15. 公开课的课件做得非常漂亮，而平时却不怎么用；

16. 学生考试分数都很高；

17. 来澳的大学生大多学习愿望不高，英语比较差；

18. 教师善于写论文，且喜欢引用"苏霍姆林斯基"说……

19. 教师工作量太轻。

我生活在这个圈子里太久，没有时间去想这些，就算去想，对一些教育现象和问题也熟视无睹或不以为然。这使我脑子里突然冒出这样一句话：

"真正跳出去，才能看清自己。"别人看到的不一定都是事实，但那是他眼中的真实。

（七）我们可以向澳门教育学习什么

放下老大自居的架子，不再对小城存有偏见，更不要对人家盛气凌人、指手画脚，想一想：我们可以向澳门教育学习什么？

1. 静心做实事，而不是喊口号。

我对澳门教师还有一个比较深的感触，就是他们的心比较静、不浮躁，一旦做一件事，就认真地把这件事情做好，并且一做就是多少年，不像内地搞运动，一有什么号召、什么精神，大家血脉贲张，似乎只有这个是最重要的，一帮哄地去做；下一个新的东西来了，又一次冲上阵去。我们习惯把这样的举动叫贯彻，习惯把这种运动叫作创新。我们习惯一个中心两个基本点、三项要求、四个举措、五个落实、六个跟进，什么什么工程、什么什么倡议。我们习惯跨越式发展，习惯大步伐地前进；习惯一个王朝建立一定要从推倒前朝标志性的建筑开始……

澳门的区情与内地不一样，澳门小有小的管法，内地大有大的治理办法，但抛开这些不谈，就谈教育现象与问题时，我发现澳门教育没有太多的说教，也不像内地学校搞国旗下的讲话，但澳门人爱国、爱澳，感恩之情处处可见，澳门人的国际视野、社会责任、品德行为让你感受到了文明。走进学校，走进教师中间，无论是日常的观课议课还是与教师做交流培训，你都会不自觉地约束自己，降低高姿态，基调定得低一些，嗓门控制得低一些，不要空谈"斯基"、"主义"，不要勉强推行你那套所谓的理论，老师们会让你沉下心来。为此，交流过程中表现出来的是尊重、商量、分享、交换。身在其中，你不会浮，不会躁，不会急，不会跳，最初你会不适应，但真正适应后你会发现交流与对话本应如此。

2. 培养全人，而不是制造考试机器。

一位同在澳门工作的"内师"朋友说："我对澳门与内地教育最大的不解就是虽然说起来内地的教育、教师似乎比澳门先进、专业得多，但是澳门教育培养出了文明、诚信、善良、谦和有责任的人。而我们的教育呢，培养的学生正好缺乏这些做人立国之本。"是啊，内地培养出来的学生有狼性，为一己之私利可以不择手段，而澳门培养出来的学生则更懂得尊重，懂得社会责任，懂得关爱身边的人。也许我的言论过于武断与偏激，但这是我真实的感受。

我们呢，从小到大接受的教育就是打败身边一切对手，为成功不择手段。考试分数高低是成败的唯一标准。分分，学生命根；多得一分是一分，一分定终身。为了高考，可以置倒在血泊中的母亲于不顾奔赴考场；为了备考，亲生父亲过世两个月孩子不知道；还是为了高考，复读再试失败而自杀；还有，为了高考得高分不惜作弊铤而走险；为了高考超过身边的学生，几乎不会有孩子选择与同伴一起复习，防火、防盗、防身边同学……

当我看到孩子们放下碗筷就拿起书本，当我看到男孩子"不喜欢"篮球，而"偏爱"做奥数题时，当我看到女孩子"不喜欢"时尚而"偏爱"读书时，当我走到大街上看不到学生时，作为成人，作为老师，或作为家长，我的内心五味杂陈。

在澳门，学校放学后会有体育活动以及其他活动，内容非常丰富；而我们，为了安全要净校，为了让孩子回去写作业，家长也绝不放孩子在外野。在澳门，公共的自由波地（公共球场）总有一群孩子在玩耍，而我们的公园内，老的老，小的小，学生极少。周末课外班，内地学生学的是语数外，学艺术也多是为了特长加分或报考艺术院校。而前面介绍过的澳门学生则有不一样生活。

3. 让教育回归教育，而不是把教育窄化为学科教学。

其实，当内地一些教育同行问我澳门教育怎么样时，我知道他所说的教育其实是澳门的课堂教学。在我们的教育思维中，教育是等于教学的。

从学科教学角度来看，澳门缺少的是教学的策略与技巧，但从教育的角度来看内地，我们缺少的是良知与灵魂、关爱与责任，缺少的是作为一个合格社会公民的一些重要的素养。我们的成功标准就是二十几岁之后有车子、有房子、有票子、有位子。学生成功的标准就是考取高分、名牌大学，最好可以留学。其他的如身体、德性、心理健康、社会交往等都不那么重要了。

对比两地，内地是教学，澳门是教育；内地教学"高、精、尖"，而在教育方面则是"假、大、空"，澳门教学"平、松、慢"，而在教育方面则是某些有识之士喊出的——"让教育回归教育"。

4. 按计划工作，不搞突击，不打快拳。

在内地有一句大家非常认同的话，叫作"计划没有变化快"。看新闻时常看到某某铁路提前半年竣工通车，某某工厂提前两个月完成生产任务，某某地十八天建一座高楼……继而会看到高铁出事儿了，产品不合格了，高楼成危楼了。我就在想，提前半年竣工、提前两个月完成任务，那当初的计划是怎么做的呢？真是"计划一套、实施一套"啊。再看学校，为迎接检查，我们可以停课大搞卫生；为迎接检查，我们可以任意调课；为迎接检查，我们可以加班补材料;为迎接检查,我们可以让计划的工作延期或取消。学校有计划,但学校计划外的工作不知什么时候就会冲到学校来,能给学校布置任务的部门太多。所以,只要有过几年内地教学经历的人都会有这样的一种同感:安安静静办教育——太难。

在澳门,首先学校办学自主,包括教青局在内的上级教育部门不会搞突然袭击,就是近年来推行的学校教育评鉴,也要在年初征得学校同意,将深入学校的日期商定。由于学校多是关起门来自主办学,所以学校之间极少交流,这也为学校办学创造了比较宁静的空间。另外,澳门各学校都有校历表,每年中工作日期、假期、活动等都在表中一一标注,由于没有其他干扰,所以都会按计划实施。各教学活动也会有具体的实施计划表在年初制定下来,哪个月哪一天哪一时段由谁要做培训、由哪些人参加,哪个月哪一天哪节课谁将被观课、观课内容是什么,哪个月哪一天数学课讲到哪一节也都定得非常具体。看上去非常刻板,但也正是这种刻板让我们看到了制度、计划对一所学校办学与发展的重要性。我们缺少的不正是这些吗?

5. 减少会议,提高会议质量。

一直以来,文山会海让每个职场人深恶痛绝,但正所谓积习难改,怎么办,还得努力去改。为此,有人开玩笑说:"今天下午,我们要开会研究一下如何减少开会的问题。"个中滋味你我皆知。

内地学校开会有很多现象,反映出我们的工作懒散。"两点开会三点到,四点开始做报告,纯属瞎胡闹。"这是一位老工会主席总结出来的。的确是这样;为了参加上一级部门的会议,在一级一级下达的时候,都会打出提前量,省里说九点开会,市里说八点半到,区里就说八点十分集合,学校可能就要说七点半准时上车;有的学校领导特别多,一把手讲完,二把手上,二把手讲完三、四、五、六补充强调,很多时候领导集体内部没有达成一致,还会在会上讨论。而下面的老师往往急得不得了,因为学生还在班级。

在澳门,学校不会占用学生上课时间开会,需要开大会时,比如开学工作会等,会利用周六的时间,教师加班,然后算补时。如果要讲解什么事情,一定会做成图表,借着图表讲解;一般的部门小会,会统一定在部门教师空堂时间,会前由会议组织者打出会议议程及主要内容提前发给与会教师;如果是讨论会,会提前告之每位参会者讨论的议题,让大家有所准备,且规定每人的发言时间。如果大会时间超过两个小时,会有茶歇时间,大家喝点咖啡、吃点点心,非常人性化。

2012 年 5 月 25 日

水 与 火
——两种教育现象之思考

以水与火来指代两种教育现象，这似乎是一个比较大而且抽象的命题，似乎只是那些啃过砖头书本、钻过古籍堆、专门研究哲学和教育史的长衫长者或文化人士的专利。而事实上，此类命题早已有之，并非本人所创。本人只不过看到某些教育现象后将现象推至其极，而将水与火做标签贴上去而已。

还是从我所亲历的一些教育现象说起吧。2009 年 9 月，我来澳门作教学交流工作。我有了两地工作的经历，自然就会留意不同的教育现象，自然就会在不同中思考。更巧的是，我在澳门工作的两所学校也有诸多不同。一所私立学校——鲍思高粤华小学，属于天主教学校，规模大。另一所是公立学校——巴波沙中葡小学，规模较小，虽然教学语言是中文和葡文，但整体办学感觉更接近内地。所以，看澳门学校教育，可以说是多元共存、兼容并蓄、并行不悖。打开任何一所学校，都有一道不同于其他学校的风景。这一教育现象使得澳门教育充满了宗教、文化、传统、现代、华丽、淳朴、温情、包容等社会气息，处处呈现出不同，时时发现变化，校校散发出味道。还是从我所在的两所学校对比来看。

1. 集会仪式。

集会仪式是一所学校文化的重要体现。澳门回归后，巴波沙小学每周一要升国旗。今年的国庆，学校还举行了隆重的升国旗仪式，请学生家长参加。每天的课间操和每节上下课，同学们要向老师问好、同学间要问好。每次集会时，体育教师要整队，口令声声，严肃认真，并且要求学生的队伍要横竖皆成行，校长时常会根据学生的情况提出诸如文明守纪、爱护环境等要求，并要求学生大声重复或回答以示听清了要求等等。粤华小学不升旗，但每天早、中、课间要祈祷，而且祈祷有一整套规定和具体的内容，且每周五天广东话、普通话、英语三种语言交替使用。此外，作为教会学校，它们的相关节日很多，如慈幼会教师发展日、追思节、圣诞日、鲍思高瞻礼、感恩节、复活节、佛诞节、庆祝进教之佑瞻礼、圣母无原罪瞻礼等等。每次集会时，没有立正、稍息、向前看齐这些口令，只是柔声细语。学生虽然站得不够直、排得不够齐，但是注意力集中，内心对组织者的讲话、祈祷、故事等充满了信赖。

2. 教育思想与教育方式。

"效法鲍圣，互助互勉"是鲍思高粤华小学的年度教育口号。学校的校监、校长全是神父。学校在他们的带领下，非常重视学生的修身、友爱。虽然这是一所男校（全校友 1500 名学生，仅 76 名女生），但学生相对比较安静文明。在思考这种教育现象时，我得出一个结论：在说教与命令下，学生的个性受压制，表面服从，内心反叛，所以会出现越严管学生越乱，越乱就觉得管得不严。内地的很多学校容易陷入这样一个思维怪圈中。而这所学校每天的早祷不是体育教师整队，不是领导训话，不是长篇地发表通知，而是讲故事，讲爱的故事、感恩的故事、关心他人的故事、环保的故事、自省修身的故事……我见到神父校长上台，亲手为全校获得环山跑优胜奖的四十几名学生一一颁奖，他自始至终面带微笑，没有讲话，却有一种力量在感召着全校的师生。这种力量应该就是爱。学生就是在这样的氛围中成长的。这种教育在我看来是偏水性，比较柔软：阴柔但不冷，温暖而不热烈，绵里藏针，寓教育于无形；是"晓之以理，动之以情，循循善诱，润物无声"。而巴波沙同样重视学生的公民意识与品德修养，但更注重挖掘学生的潜能和个性的培养，重视爱国守纪。鲍思高学生唱赞美诗时，巴波沙学生会集体肃立，高唱国歌。在对学生的管理方面，巴波沙学校比较强调规训：什么是对的，什么是错的；什么事情可以做，什么事情不能做；一定要如何如何，一定不可以怎样怎样；必须这样或那样，否则就……听了让人多少感到紧张与束缚，与内地似乎更接近一些。我觉得这种教育偏火性，阳刚果决，崇尚"以爱动其情，以严导其行"。他们更喜欢一声令下，立竿见影，锯响有末，寓教育于有形。虽然也推崇潜移默化、润物无声，但客观来看，尤其是在比较中，还是让人感到火的刚猛。

水与火，看似两个不相容的极端，但水可兼火，水能克火，水可自上而下，亦可自下而上，无孔不入，无处不在。"天下之物，莫柔于水，然而大不可极，深不可测，修极于无穷，远沦于无涯，息耗减益，通于不訾。"（《淮南子 原道训》）这些精辟深邃的言论来自我们的老祖宗。然而，在我对比巴波沙、内地和天主教学校教育现象时，我的第一感觉却是内地的教育属火，轰轰烈烈，折而不弯；而天主教这样的教会学校占的是水，玉带萦绕，滋身入心。

　　无论是水还是火，作为教育的两股力量，其基本出发点和归宿是一致的，都是引人向善，都是为了人的生存与更好的发展。如果把两者看作两个山头的话，我们当然希望彼此迈向对方一步，在中间找一个地带，立足水寻求火的热烈，立足火寻求水的包容，希望能够使得水与火优势互补。这也是《中庸》之思想："不偏之谓中，不易之谓庸；中者，天下之正道，庸者，天下之定理。"不是放弃自己的立脚点，而是反对过头，又反对不及。

　　一两个教育现象似乎不足以得出这样的结论，我的观点也许有误，但重要的不是定性某地区某学校的教育如何如何，而是希望通过这个引子，能够引起广大教育工作者顺着这一观察视角看下去，走进去，再跳出来，也许真的会对我们有所启发。

2010 年 9 月 20 日《澳门日报》

澳门博彩与教育之思考

我知道这是一个比较大的话题，但一时想不好什么更贴切的标题，只是想通过我的考察与思考，让更多的人对澳门有进一步的了解。因为如果不谈博彩，就等于告诉别人自己从来没有来过澳门；如果不说教育，就等于告诉别人自己从来没有带着教育的使命在澳门工作过。如果不把博彩与教育放在一个天平上称一称、掂一掂，就等于告诉别人自己没有把澳门教育放在赌城这一大的社会背景下去思考过，没有把博彩给教育提供的发展机遇与挑战做过思考。显然，我只是用上面的一种言语方式，想透过几千字说一说澳门的博彩与教育，同时也填补澳门两年生活中本人有关教育、人文、社会思考的一个空白。

澳门是世界四大"赌城"之一。澳门的博彩史远比美国的拉斯维加斯、大西洋城早。在面积不到三十平方公里、人口不过五十万的小城，大型赌场几十家，算上各星级酒店内的娱乐场，毫不夸张地说，举目四望，赌场林立。最现代、最奢华、最怪异、最具想象力的建筑多是赌场。在这里，东西方赌博花样应有尽有。澳门因小和博彩业的兴盛，可与欧洲赌国摩纳哥媲美，故有"东方蒙地卡罗"之称。夜幕中的赌城是灯的海洋，无论是海边赌场中心地带，还是氹仔几大新建的赌场，光怪陆离的灯光像珍珠、像玛瑙、像瀑布、像繁星，流光溢彩，美不胜收。其景如梦如幻，令游客叹为观止，流连忘返。

澳门本地与海外的学者均认为，不了解澳门的博彩业，就不了解澳门。要了解澳门，首要关注的就是博彩业，关注澳门以其独特的地理位置、历史文化、经济模式、政治结构而形成在区域经济中占支柱地位的博彩业。

特别是香港在澳门之后，在英国殖民者统治期迅速崛起时，已将澳门的发展逼向了"绝路"。澳门有"赌业"的底子，加之香港在英统治过程中曾严令禁赌，将"赌"扫出香港，这在某种程度上给了澳门一个发展"博彩业"的契机。又因在历史发展过程中澳门不再是工商、贸易、金融发达的地区，又没有香港那样得天独厚的深水港，其航运、贸易受到限制，若离开旅游博彩业，澳门大概会迅速萧条下去。

在澳门生活两年来，我发现一个有趣的现象，生活在"赌城"的人们并不嗜赌。赌场的客源主要是游客，而游客又以内地、香港来者居多。

"赌城"澳门的百姓很少出没赌场，虽然有时也会有人进去玩两把，但更多的也只是玩一玩而已，就当进便利店买东西一样，赢了就走，输了就当作慈善捐款了。这些人回到澳门岛的老城区，依然是在海边散步、在公园下棋、在长椅上闲着、在楼下遛狗、在小店里有一打无一打地照看着生意，优哉游哉。

很多人可能与我一样，一说到博彩就是进赌场，就是玩牌或押大小。到了澳门，我有意学习了一下这方面的知识才知道，赌式可分为三大类：一是幸运博彩，即"赌博娱乐"，花样繁多，有番摊、骰宝、牌九、廿一点、轮盘、花旗摊、百家乐、角子机等十余种；二是相互博彩，跑狗、跑马以及回力球等；三是运气博彩，即彩票，有山票、铺票、白鸽票、即发彩票及泵波拿等。

我在澳门的住处应该说已是澳门的西北端靠近关闸了，但依然感受得到强烈的"赌城"气息。只要从珠海入澳门关，迎接你的一定是一两排靓女，手执各赌场的招牌和大把的宣传单，热情地带幸运和微笑给你。不远处即有两处"发财车"接送站，免费载着游客到赌场试运气、发大财。可以说，一进澳门，赌城气息扑面而来。在我住的单元对面，只有一条马路之隔，就是澳门著名的逸园跑狗场。晚上，只要打开电视，一不小心就收看到赛狗的画面，而且几乎是每天都有，风雨不误。每天上班经过大墙外，也可免费闻犬吠。过了跑狗场，就是彩票投注，不远一处，门口立的就是角子机……如果走到中心娱乐区，那就得小心，别走错了屋。

按澳门公务员法规定，公务员平时是被严令禁止进入赌博娱乐场的，只是春节时的大年初一到初三解禁。

我以公务员身份受聘于澳门教青局，因为身份的原因，只在春节去过两次赌场，并没有赌，只是满足自己的一份好奇。里面各种赌博设施齐全，赌客可谓摩肩接踵。虽然人多，但是秩序非常好，空气也非常好。无论是巡场、监场、荷官、服务人员还是赌客，各干各的。就在这表面的平静中，进行着金钱、运气、胆识的博弈。有的人为了消遣，有的只图好奇，有的碰碰运气，有的内心存有贪婪……

在一个个赌台面前停留片刻，多数是看不懂的玩意儿，但职业的神经使得我每每经过台前，都要看一眼业务娴熟的荷官。除了少数的阿姨级靓女和阿叔外，大部分是年龄二十几岁的靓仔（广东话，小男孩）。他们一身职业装，却掩饰不住本来这个年龄少有的倦意与茫然。这不得不让我关注这个群体，关注澳门博彩业的从业人员，以及博彩业对教育的影响。由于时间的原因，也由于身份的原因，我没有机会去做更多的了解，直到前几天，我报名参加了一个由教青局资助的"2010年澳门青年社会调查研究资助计划"研究交流会，使得我对澳门的博彩业，特别是从业人员的生存状况有了进一步了解。

澳门没有什么工业、制造业以及大型的企业，因此博彩业在澳门经济中举足轻重。据澳门统计暨普查局2008年统计显示，澳门博彩业拥有6.66万名从业人员，与博彩业有直接间接关系的行业，如旅游业、航运业、酒店业、餐饮业、娱乐业、零售、押业、公共交通、物业出租等，其从业人员应有10万之多，约占澳门劳动人口的一半，占澳门总人口数的五分之一。难怪有人会有这样的错觉：在澳门，只有正受教育的中小学生和养老院的老人远离了赌场外，其他人多与赌场沾边。学校培养出来的学生呢，年满十八岁后，要么到赌场就业，要么可以合法地进出赌场。这似乎有些夸大，但实话说，也没夸大到哪儿去。

2009年是澳门回归后关键的一年，对澳门有重大指标性意义的"双庆（六十周年国庆和澳门十年回归纪念）"和"双选举（行政长官选举和立法会选举）"接连而至，有学者形容，"今年世界聚焦澳门，形成了一股'澳门现象'"。

当年，中评社报道称，要了解澳门，不得不谈牵动澳门40％人口生计、80％政府税收的"龙头产业"博彩业。澳门自1874年起开始实施赌博合法化，可说是全世界博彩业历史最悠久的地方之一。澳门自开放赌权五年以来，特别是对内地实行自由行以来，毛收入已超越"世界赌城"拉斯维加斯，一跃而成"世界第一赌城"。学者形容，澳门仅仅用了5年时间便走完拉斯维加斯走了20年的路……

有了博彩业，澳门有钱了。有了钱，澳门可以自豪地对外讲，我们可以给澳门市民发红包了，我们实施"十五年免费教育"了，我们可以大幅度改善教师待遇了，我们可以加大教育设施改善的力度了，我们可以更多地资助教师的在职教育了……看来，真是经济基础决定上层建筑啊！当看到澳门博彩业的发展为教育发展带来的显性支持时，我们不免发出感叹。

但对于生活在"赌城"的学生来说，赌场"学历不高，收入可观"的就业机会对他们是一种巨大的诱惑，对澳门教育同样提出了挑战。博彩给年轻人的人生观、价值观、就业观、消费观、身心健康、康体娱乐以及他们今后的生活带来的负面影响不容忽视。对于正在成长中的孩子来说，当身边的亲人五个人中有一个人在赌场工作，十人中有五人从事与博彩相关的行业，自己的老师中正有一位或两位刚从赌场转行任教时……当身边的人不热衷读书、事业、拼搏进取，而执迷于金钱、贪求一夜暴富、不思进取、不劳而获、贪图享乐时……我想，这种社会环境对孩子们的影响就比较可怕了。怕就怕在他们会习以为常，不知不觉地也变成了后者。

近年来，随着政府对教育投入的加大，市民以及政府包括教育自身，都对教育提出了更高的期望。然而，受限于长久以来的本地教育传统、受限于教师自身的业务素质、更囿于本澳自澳葡以来人们形成的思想观念的深层影响，尽管政府、教育主管部门、学校做出了积极的努力，但小城教育的发展却行进迟缓，远不及博彩业的突飞猛进。虽然当中亦有教育自身发展本应有的规律，但上述三个原因确实值得思考。

回归后，中央政府向澳门特区政府允诺，采取多种形式支持澳门教育，加大澳门与内地的交流。以北京师范大学为基地，定期为澳门教师进行培训；同时，澳门教育暨青年局每年定期分批次组织各学校教师赴内地进行教育考察与研修。另外，自 2008 年起，实施"内地优秀教师来澳交流计划"，深入到学校做教学交流与指导工作，现已进入第三年。此外，澳门将继续实施"持续教育发展计划"。为鼓励市民终身学习，特区政府计划拨款 5 亿做启动费用，于 2011 年 7 月 1 日至 2013 年 12 月 31 日，为每名年满 15 岁的澳门居民开立个人进修账户，提供 5000 元进修资助为居民支付学费。应该说，从政策支持到本澳政府的金钱支持再到内地教育资源的支持，外部做了大量的工作，期望澳门教育改革的步伐加快，期望澳门市民不断提高受教育的机会，提高自身素质。

但客观地说，教育的改变是一场静悄悄的革命，不可能在短时间内达到一个我们所期望的大的变化。我们要通过多方努力，使澳门教育内部，特别是学校，尤其是学校的校长、教师自身找到一个改变的理由，自身产生变革的迫切感，那时澳门的教育列车才能真正启动。

从社公局通过电视、广告牌、车体广告所做的有关理性认识赌博的公益广告中，从社公局成立的戒赌辅导中心，以及教青局资助的"澳门青年社会调查研究计划"来看，社会以及教育都在正视澳门的博彩对教育的影响、博彩对人的影响，以及博彩带来的一系列青年问题和社会问题。

前日，我在"澳门青年社会调查研究交流会"上了解到，澳门基督教青会、澳门戒毒康复中心、归原社会研究学会、圣公会澳门社会服务处等社会团体、研究机构参与到调查中来，澳门大学、澳门科技大学、澳门管理学院、澳门镜湖护理学院等高等院校也加入到青年社会调查中来。诸如"博彩从业人员主观幸福感之研究"、"博彩从业青年生存状态与成长路径优化研究"、"澳门青少年赌博价值观及参与现况研究"等，以博彩从业人员为主要调查对象，兼涉青少年的赌博价值观等方面的研究，从社会现象、社会问题到应对的策略，从博彩业扩展到教育与社会，可以说整个澳门都在关注博彩，关注博彩社会背景下的青少年及其教育。

博彩业是澳门的经济命脉，没有钱是很难办成事的；百年大计，教育为本，教育是澳门培养本地人才、提高民众素质、使澳门得以持续发展的根本，没有一流的教育就没有一流的人才，没有一流的人才，澳门的发展将持续受限。一个是经济基础，一个是上层建筑。博彩与教育是相互促进、互为补充的一对"矛盾"。任何一个地区不能没有好的教育，但就现阶段以及相当长的一段历史时间内，澳门同样不能没有博彩，博彩与教育将一直纠缠着，成为人们永久的话题和研究对象。

2010 年 12 月 13 日

二元统一之谓善

——澳门首届小学数学
教学大赛印象

　　为庆祝澳门回归十周年，2009 年 12 月 5 日，由澳门数学教育学会主办的"澳门首届小学数学教学大赛"在高美士中葡中学举行。来自六所学校的六位老师做了教学展示，由内地小学数学专家邱学华、首都师大方运加教授、《人民教育》杂志社余慧娟主任、澳门大学教育学院江春莲博士等六人组成评审委员会，有一百五十余位教师观摩比赛。虽说是首届，但比赛却在平静而平常中进行并结束。时值双休日，笔者有幸观摩了赛事的全过程，透过这一活动平台，也使笔者除了所在的两所学校外，看到了澳门小学数学课堂教学的"全貌"。观课期间，我随时记了点感受，将这些零星的东西整理一下，权作学习体会吧。

一、共性特征

　　六节课虽各不相同，但作为一个区域内的教学案例，还是自然形成了自己的区域特色。透过这些共性的特征有助于把握澳门小学数学教学的现状，在对比内地教学的同时也可窥见当前国际上数学课程改革的趋势，毕竟澳门是汇集国内与国外教育改革经验与成果之地。

（一）注重数学与生活的联系

　　内地课程改革的一个基本理念是倡导大众数学与生活数学，强调数学与现实生活的联系，希望将数学置于现实情境之中，以唤起学生的生活经验并激发学生学习兴趣，进而增强学生对数学学习意义的感受。六节数学课，课题不同，年段不同，但在教学设计中都不同程度地将数学还原到生活之中，从生活中引入，或将数学知识与方法应用于解决现实生活中的简单问题。《找规律》一课引入食品、水果、玩具，让学生在熟悉的事物中，自然地学到有关排列规律的知识；《梯形的面积》一课，从电视台的广告牌引入，使学生发现生活中有计算梯形面积的需要，同时在练习中计算堤坝的横断面等等，让学生体会到数学的有用；《生活中的编码》则将学生的目光全面引向生活中众多有关编码的现象，如身份证、车牌号、电话号码等等；《排列组合》一课，早餐的搭配、地图涂色等；《时与分》则关注学生的日常作息时间。

数学对于教师来说可能仅是一门课程，而对于学生来说，数学就是他们生活中的一部分。学生为了熟悉自己的生活，为了解释生活中的现象，解决生活中的问题而需要数学。教师的教学只有从学生熟悉的身边事物入手，才能让教学内容为学生所感知，这样的数学教学才会有生命的活力。综观几节课，数学问题生活化不正与内地的课改理念不谋而合吗？看来，这是世界课程发展的大趋势使然。

（二）注重对学生思维能力的培养

数学之于其他学科，如果一定要找一个独特的育人功能的话，那就是对学生思维能力的培养。苏联加里宁的"数学是思维的体操"一直以来为国内教育同行所引用，因为他道出了"数学思维具有无穷的威力，具有令人醉心的魅力"，也使广大数学教师视培养思维能力为己任，让思维贯穿于自己的数学课堂之中。内地课改的一段时间以来，数学教学有形无神、表面活跃、缺少数学味的现象普遍。诊其病因，十有七八是课堂上缺少思维能力的培养。试想：数学教学是问题解决的过程，问题解决的过程一定要伴有思考，思考是学生数学学习的本质。一节课如果没有了核心的数学问题，如果没有学生参与其中的解决问题的过程，哪来的思考？没有思考或者说没有深层次的思考，数学思维能力的培养自然就会成为一句空话。观澳门六节课感到，在学生思维能力培养方面都有体现，那种表演式的、花哨的、缺少数学思维的课并没有在此出现。如"闯密室"一课，以教材中的搭配为课程原型，重组了教学内容，将搭配、照相、图形计数、涂色问题等等融在一起。而乘法原理、加法原理等知识，则让学生在操作中去体验与理解。从课伊始到结束，学生一直面对一个个问题情境，大脑始终处于思考状态，先不说这样的利与弊，单从教师对学生思维的训练这一点来说，是很突出的。"多边形的内角和"作为一节数学活动课，教师利用 MP－LAB 图形处理平台，让学生带着任务进行探究，从三角形、四边形、五边形等入手，在记录边数、分成的三角形个数以及内角和度数后，通过观察、比较、归纳得出多边形内角和计算的方法。学生不仅掌握了规律，而且在经历知识再发现的过程中，思维得到了提升。

（三）注重信息技术对教与学的工具性作用

2000 年，教育部部长陈至立在全国中小学信息技术教育工作会议上的报告中提出的"开设信息技术必修课程，加快信息技术教育与其他课程的整合"为中小学信息技术课程的设置以及信息技术作为教育技术在学校的普及起到了推波助澜之作用。在此后的几年中，信息技术与课程整合的课题研究由中央电教馆牵头，下设九大课题核心组，辐射国内各省市；信息技术课程在国内中等及发达城市列入课表；校园网、城域网、农村远程教育工程等等在全国铺开。信息技术环境、设施、培训、实践、研究的并行前进，极大地推动了我国基础教育中课堂教学的发展，"信息技术作为教学环境、教学媒体、教与学的工具"这一理念逐渐为广大教师所接受。信息技术在改善教与学的方式、改变教学内容的呈现方式等方面所起到的积极作用已写入《数学课程标准（实验稿）》。总而言之，信息技术已不可回避地成为我们课堂教学的重要元素。内地如此，澳门亦然，且在普及与提高常规教学方面做得非常突出。

　　本次教学比赛，六节课均使用了信息技术手段，虽绝大部分属于"大屏幕演示"模式，仍然在"CAI"多媒体辅助教学层面运作，但对改善数学内容的呈现方式、丰富信息内容、提高信息传递与反馈的速度、丰富教学手段等方面所起的积极作用是毋庸置疑的。同时，也让人欣喜地看到了新的操作平台、技术的应用，如 MP－LAB（数学图形操作平台）。这种技术当属"十五"规划课题——信息技术与课程整合研究期间的一个成果，在"十一五"期间进行实证研究与推广，在澳门及南方多个省市都有点校在使用。客观地说，任何一项教育技术手段在教学中的功能都是有限的，MP－LAB 也不例外，但我所看重的是广大教育工作者对教育技术创新的热情与成果。从此次培道小学的数学课中，我至少捕捉到了这个亮点。

　　同时，从课件制作的技术来看，科学性与艺术性的统一、线性与非线性的结合、动与静的结合、教师演示与学生操作的结合等方面都有充分的体现。"时和分"课件的精美界面、非线性的操作程序以及关于时分秒的动画制作，既揭示了数学知识的内在联系，又给学生足够的视觉和心理享受；"梯形的面积"变教师操作为学生操作，MP－LAB 操作平台成为学生进行数学知识探究的工具。在这一过程中，学生的探究新知、合作交流、动手操作、渴望表达的心理得到了极大的满足，数学思维也借助这一平台得到最大限度的具体化。

二、建议思考以下几方面问题

　　1. 希望与可能——目标定位要考虑学生的可接受性。

　　如何确定教学目标是教学设计首要考虑的问题。因为教学目标是一节课的出发点也是归宿。通过教学，要求学生完成什么任务，达到怎样的标准，从哪几个方面去衡量，都要通过教学目标反映出来。一节课如果有明确的教学目标，教师就会围绕教学目标，选择和整合教学内容、制定科学的教学策略、选择有针对性的教学方法、组织有效的教学活动、灵活处理教学中的随机事件，并对学生的学习情况做出适时监控、对教学方法和教学进程做出适当调整……总之，教学目标是一节课的灵魂。

教学目标的制定应该做到以下几点：全面、具体、适度、可行。所谓全面，即知识与技能、过程与方法、情感态度与价值观三个维度目标的统一，不能偏废其一；具体，在目标表述上不要说空话、套话、大话，要结合一节课的具体内容、学生的实际以及四十分钟时间限制，制定具体的目标。适度，对于知识与技能的要求分四个层次，包括"了解、理解、掌握和灵活运用"：需要学生达到理解程度的，就不要强行要求学生会运用；只需要了解的，就不要强求学生掌握与运用，即不要人为地拔高要求。关于过程性目标，如"经历、体验、探索"，同样要将目标层次定位准，不要人为地超越学段的要求，超出教学内容所能达到的要求以及学生的认知水平层次，此谓适度。可行，当然指的是在现有的班级授课环境下，在已拥有的教学资源中，面对现在的教学对象、通过教学活动可以达成教学目标，具有可操作性。教学目标要在对教学对象、教材进行认真分析的基础上来确定。教学目标制定好了，教师就应该是成竹在胸了。

综观几节赛课，半数以上的教学目标定位是值得商榷的，普遍的问题是目标定得太大太高，教师希望把太多的内容一下子全塞给学生。为此，教师在教学内容的深度、广度等诸方面不断努力着、丰满着，在教学目标要求层次上对学生的可接受性也欠缺考虑。"编码问题"一课，信息超载，大量的信息一股脑地涌到学生面前，学生哪怕只是对信息进行简单的浏览都会觉得辛苦，学生在信息的海洋中漫游，最后迷向了。教师苦心做了错事，事与愿违。"闯密室"一课则面向精英，目标定得太高，所选择的内容过全过深，将奥数题目中的排列组合，呈纵深方向灌输给学生，包括加法原理、乘法原理，具体选择的内容包括"图形计数、搭配、涂色"等等。为了赶时间，教师不得不越俎代庖，冲在最前面，像讲座一样，将一个个题目展示给学生看。少部分学生随声附和着，大部分学生目光呆滞，有的学生也只有绝望的份儿啦。应该说，教师的愿望是好的，希望在有限的时间内教给学生更多的知识，但教师想到了知识的逻辑关系，想到了知识的呈现形式，想到了如何一步一步地把知识抛出去，却忘记了时间，忘记了学生。

要改变这一现象至少要做好以下两件事：一要读懂教材，将教学内容合理地划分出课时，可以有弹性，但不可置超量内容于一课时，想毕其功于一役，希望一锹挖个井是违背规律的；二要读懂学生，读懂学生的基础、学生的困难、学生的思路、学生的错误、学生的经验。课前读懂可以量体裁衣，制定有针对性的目标；课上读懂，可以及时调整教学策略。

"希望与可能"，望同仁三思再定夺，否则是在给自己设置障碍，给学生制造过度的麻烦。

2. 接受与发现——教学方式要服务于学生的学习方式。

人类的学习方式无外乎两种：一曰接受，一曰发现。偏执一种而废弃一种都是不完整的。内地课程改革提出：改变以往教学过分注重知识传授、简单模仿、机械操练的现象，倡导"自主、合作、探究"的学习方式，就是希望通过改变教师的教学方式来调整与平衡学生的学习方式，使接受与发现两种方式在学生认知过程中均得到发展。特别是内地学生中所欠缺的"自主、合作、探究"这一学习方式，恰恰是提高学生创新精神、实践能力、解决问题能力所不可或缺的。

几节赛课，至少有四节课，教师以启发式讲授为主。教学总体来看多为四步：问题呈现——教师讲解——巩固练习——布置功课。教师讲得很主动，学生学得很被动；教师讲得好辛苦，学生听得更辛苦。教师一味地想告诉学生这是什么、那是什么、为什么这样、还可以怎样等等，学生则是你说怎样就怎样，听老师的没错……

教学过程是教与学互动生成的过程，这一基本法则除了少数专家爱钻牛角弄出个什么新的单边论、双边论、多边论外，至少大多数教师应该清楚这一教与学的过程。教师与学生作为教学的两大要素，教师无论从哪个角度去看，其强势是肯定的。教师的思想、言行无时不在控制与左右着孩子的思想与言行。教师讲，学生听；教师提问，学生回答；教师示范，学生模仿；教师演示，学生观察；教师提供什么，学生学什么；教师说进行下一个内容，学生也只能随着进行下一个内容。应该说，在教学过程中，教师有绝对的控制权，如果教师不审视自己的教学行为，不有意识地改变教学方式，不将学生放在眼中，那教学往往会成为教师独舞。谁为谁服务？教学为了什么？这最起码的常识也都会被忽略。

教师只有坚定地树立服务意识，将自己定位于一个教学的"组织者、引导者、合作者"时，才能逐步变"以教定学"为"以学定教"。教学不是要教给学生书本上的东西，不是物质的传递，是思想方法的给予与启发。教师是学生学习的引路人、同路人，教师可以为学生指路，与学生并行，但不能代替学生走路，不能背着学生走路。今天的教是为了明天的少教或不教，今天的教是为了明天学生自主地学，这才是我们当有的正确的教学理念。所以，当我看到教师不厌其烦、一厢情愿地讲啊讲时，急切心情不言而喻。因为在教师这种教学方式下，我见到了一批只会被动接受、机械模仿的孩子，在面对一个新的不断变幻的世界时，他们手足无措。

3. 现代技术与传统技术——优势互补，但不可完全替代学生的手脑。

教育技术经历了传统技术（口语、文字、黑板、粉笔、图片、实物和模型）、媒体技术（摄影、幻灯、投影、电影、电视、录音及语言实验室等），现代进入了以计算机以及网络通信技术为基础的信息技术阶段。信息技术在教育中的应用，使其自然成为一种现代的教育技术。在此，我们姑且将信息技术以外的过去的技术与媒体技能统称为传统技术。

澳门课堂教学中信息技术的应用曾给我留下了深刻的印象，这印象多来自于他们自觉的应用意识、精致的课件制作水平，足见信息技术进入课堂，伴随教师的教学久矣，但不等于说我对此没有自己的看法。综观几节课，抽取教学媒体手段这一要素来审视，感觉有如下几个突出的问题：第一，信息技术应用过量；第二，信息技术应用时机欠佳；第三，现代与传统技术功能协调不够；第四，信息技术未成为学生手中的认知工具。

信息技术之于传统技术，无疑其信息传递的速度更快，画面更鲜亮，操作更方便，但传统技术有其不可替代的作用，模型、纸板、实物、作图工具等等，学生抬手可触及。而信息技术提供的资源多是镜中观花，偶有操作，亦多是实物操作的模拟。虽然曾有人提出要实现无纸化课堂，但从人的学习需要来说，传统的一些媒介，亦即现实生活中的一些媒介是电子科技所替代不了的，唯有协调信息技术与传统技术发挥各自所长，在教学中合理应用，才可起到当有的功效。

技术操作在教师手中是得力的教学助手，操作在学生手中是喜爱的学习工具。这里就有一个问题，技术在教学中的定位问题，当是教与学的工具。作为教的工具，可提高教师教学的效率，增加教学内容的可视、可读性，能够深刻而形象直观地揭示数学原理，能够跨时空地展示数学文化；作为学的工具，可以拓宽学习渠道，丰富学习资源，增加学习自主性……从教与学的关系来分析技术定位，可以得出这样的结论：技术是教与学的技术。技术既是教师为了教授学科知识而采用的手段，又可以以此教会学生掌握这种技术，以此技术为工具再去学习学科知识。

无论是作为现代技术的信息技术也好，还是作为传统技术也罢，在教学中的功能已人所共知，关键是如何用好的问题。

第一，整节课都是大屏幕演示。从教学卫生来看，不利于学生视力发育；从学习心理来说，学生会从最初的兴奋转到大脑皮层抑制，进而对屏幕展示的学科内容不再感兴趣；从教与学的方式来看，这无形中成为了一种现代技术下的媒体灌输。

第二，信息技术不可替代的功能，应该成为我们使用它的依据。如果信息技术只是书本搬家、黑板变屏幕、粉笔书写变键盘输入，那往往没有用到信息技术的强项上。不是不可以，只是说如果要控制信息技术使用时间的话，当选择信息技术使用时机，用信息技术突破教学难点，用信息技术展示动态变化，用信息技术跨时空传递信息。或许有人说，似乎小学数学中所有的信息技术操作都可用传统手段来实现，一曰不尽然，二曰用信息技术手段代替黑板等也并非不可以。

第三，信息技术操作不可代替学生的动手操作。图形的剪、拼、割、补、移、转、折等，数学测量工具使用中的量、画、比等，是一定要由学生动手的。如果想强化操作过程，让学生更直观地看到操作过程，如角的度量、图形的平移、旋转与对称、刻度尺的认识等等，可以通过信息技术让学生看得更真切，亦更生动。这就是有机地将两种技术整合在一起。

第四，到任何时候，笔者都希望坚持这样一个观点：操作，无论是鼠标、键盘，还是纸笔、模型，除了其作为学习对象出现，否则未必一定要操作。作为学习对象存在，一定要操作，操作中认识其特征、特性、结构关系。如认识长方体和正方体，让学生摆弄模型、观察实物至关重要，因为操作的对象就是认知的对象；作为学习的工具出现，则未必一定要用。如通过摆小棒理解二位数乘一位数，小棒就是理解算理的工具。这个工具要不要呢？要视学生的实际而定。没有小棒已理解得很好，就不要用；借助小棒才能理解，当用。

信息技术不可替代传统技术，同样，技术不可剥夺学生思考权利。操作往往是伴随思考的，没有哪一个操作是纯机械层面的。但是，数学作为一个以思维为主的学科，我们的教学对象正处在以形象思维为主向抽象思维过渡的阶段。这说明我们在教学中要借助技术手段，采用直观教学，但这只是手段与过程，我们的目的是要在此基础上发展学生的抽象思维。如果教学中一味地用信息技术的演示，一味地让学生操作，而不让学生去尝试脱离之去想象、去数学地思考，那么学生的抽象思维能力、思辨能力何以得到发展呢？

4. 独立思考与合作交流——莫让合作成为滋生思维惰性的温床。

合作学习的有关论述在教育杂志上可谓长篇累牍、俯拾尽是，但在实践过程中依然有失偏颇，合作学习被单一化、异化现象比比皆是。所谓单一化，凡遇到学习中的困难时就研究研究，合作被当成了人多力量大、三个臭皮匠顶个诸葛亮。有人认为，不扎堆不算合作；桌椅不重排，无法合作；组内不细分工，是不科学的合作。种种现象表明：对合作学习解读不同，操作就会五花八门。关于此等论述实在是多之又多，在此不能一一列述。仅从独立思考与合作学习这一视角，拙述一二。笔者认为，如果说一定要找一个导致学生"缺少合作意识、合作技能"之原因的话，我一定会选择"学生缺少独立思考的习惯"。如果一定要找一个导致学生"独立思考能力萎缩"之原因的话，我一定会选择"学生过于依赖合作"。独立思考与合作交流就这样纠缠在一起，成为学生重要的学习方式。二者之重要自不必谈，但教学中，遇到困难就让学生直接合作解决，这是不是容易催生学生的思维惰性呢？我想，这不是一个难回答的问题。

没有独立思考做基础，合作学习就难以深入；没有独立思考的合作，只能成为少数尖子生独霸的舞台。这种合作，与其说是合作交流，不如说是几个小老师做教师的二传手。这样的学习既没有合作，也没有竞争，有的只是强者更强、弱者更弱。这不是我们希望看到的。

"多边形内角和"一课，每个小组八人左右，一台电脑控制在一个小组长手中，其他人等"可远观而不可亵玩焉"。教师每提出一个问题，大家就看着组长和屏幕，等待着也忍耐着。除了小组长外，其他人不动手也不动脑了。长此以往，学生的依赖心理可想而知。

5. 快乐参与与静心思考——有动有静的课堂才是美妙的。

课程改革如一声春雷打破了课堂教学几十年的沉寂；如一块石子，在平静的教学之湖面上激起圈圈涟漪；如一缕春风、一丝春雨，给课堂教学带来一派生机。"为了每一个孩子的微笑"，课程改革做到了。观当下的数学教学，同样可以感受到"一片欢笑声。"

此次观摩澳门的数学教学大赛，不乏有好课存在，也不乏有创新存在。前面已给予充分肯定。除一节课外，其他五节课学生学得"积极、主动、快乐"给我的印象为最深。这本来是我们课程改革所期望的一种景象，那是因为我们的课堂压抑太深、沉默太久，所以我们呼唤从学生那里爆发出一种声音，从学生那里真正涌动出一种力量。如今我们见到了活跃的课堂，为什么还不满足呢？此时，我想到了"数学"，想到了数学的思维，想到了数学的深思，这需要动后的静，需要由表面的肢体参与，到深层次的大脑静思。为此，"快乐参与、静心思考"八个字便鬼使神差般地跳了出来。动是儿童的天性，迎合天性，顺其自然，发展性情就是顺应儿童成长的规律；然而，静是一种品质，是一种与动相对的品质。大凡思想者无不在静思中悟，在静思中得，在静思中求，在静思中通。动极则生浮躁，动亦有盲动和冲动；静思后的动是理性的动，静悟后的动是有目的的动。我想学习也是如此：快乐参与后，要静心思考；静心思考后，才有更高层次的快乐参与。动与静的过程是学生生动的认知过程，对于教学来说：课堂的动可以激情澎湃，掀起巨浪，可开思路；课堂的静则似打坐、悟道、参禅，可得深刻。动静相宜方得美哉。

我指出澳门小学数学教学存在的问题，并不是否定澳门数学教学的传统与成绩，正是因为澳门小学数学教学有其自身发展的历史与特色，才会有气度和勇气正视他人提出的意见和建议。一个地区教育教学的健康发展，需要有自己的传统，并坚守之，传承之，发扬之。同时，要时常登高远望，听取八面来风，不断地更新、丰富、提升、完善自我。这是一种科学的态度、负责任的态度，是一种海纳百川、兼容并蓄的气度。

2009 年 12 月 10 日

印象巴波沙中葡

　　巴波沙中葡小学，坐落在澳门岛偏西北部的青洲，邻近珠海，与拱北口岸仅十分钟步行的路程。学校始建于 1987 年，以两任澳门总督巴波沙的名字命名。1996 年迁校于台山菜园涌边街现址。校舍面积为 6240 平方米，楼高四层，除 28 间教室和其他用作辅助补充教学活动的房间外，还包括用途不同的各个空间，其中有供学生和教师使用的辅助设施，亦有符合学童需要的运动场及休憩场地。

　　初访这所学校是 2009 年 8 月 30 日，那是我来澳门的第三天。由于是假期，学校大门将我挡在了门外，只是熟悉了这所学校的位置，透过围墙也仅看到了操场的一角，徘徊良久，最后找了一个算是比较好的角度，让同来的刘峰用相机把我和这所学校放在了一起。

　　9 月 2 日，在教育资源中心余老师和蔡老师的陪同下，我叩开了这所学校的大门，认识了陈敏中校长、易学文副校长，以及与我一同做计划的四位数学教师。在这里，我有了自己的办公室，有了自己一年中要做的工作。能否适应并融入其中，能否在自我成长以及他人成长等方面达成期望，一切还是未知。一学期的工作，在以周为单位的尺子量度中已成过去。这里静态的环境设施我已非常熟悉，对深层次的教育教学、教师培训、学生学习活动等情况也有了进一步的了解，我也在此过程中不断对比、积淀。

　　巴波沙中葡小学是教青局直属的一所公立学校，学校设有幼儿园、小学部和特殊教育班级。教学语言以中文（粤语）和葡文为主。在葡国人渐少、葡文渐衰的今日澳门，作为仅有的几家中葡学校，在支撑着葡文教育的过程中也面临着困境。能容纳千余人的学校，现仅有幼儿园三个班、小学十三个班、特殊教育七个班，总计二十三个班，三百余人。在这种情况下，采用小班化教学就成为一种无奈或必然。

　　作为公立学校，有教青局财政的支持，教师均享受公务员待遇，学校校舍的维护、活动的开展、教师的培训等支出只要年初打报告，基本可以搞定。学校的物质资源基本可以称得上极大丰富，这一切为学校的发展奠定了坚实的物质基础。但奇怪的是，公立学校在澳门百姓那里却得不到认同，人们更愿意把孩子送到私立学校就读。很多教育部门的领导，甚至本校的教师都把孩子送到私立学校就读。现在就读于公立学校的学生，一部分是家庭困难的，一部分是私立学校拒收或中途勒令退学的，一部分是智障或肢体障碍的学生。长年下来，使得学校的学生群体普遍被大家认为有别于正常的学校。学校也开始倾向于此方向发展，即招收特殊教育学生、融合生，同时为家庭有困难、学业有障碍的学生提供帮助。作为公立校，这是一种社会责任。

　　说到特殊教育与融合教育，本澳现在共有 11 所公立学校、17 所私立学校和 4 所私立特殊教育学校，为有特殊教育需要的学生提供教育。巴波沙中葡学校包括以下两个教育类别：第一类是就读于普通班的融合生，他们可能有下列一项或多项的情况，如身体机能障碍（包括：听障、视障、语障、肢障等）、智力范围属于临界智能、自闭症、过度活跃症、学习障碍（如听、说、读、写、数学运算方面有显著困难）及具有持续性的情绪行为问题，需要少量的特殊辅助便能随班就读。这些学生在普通班级接受教育，并列作为融合生，学习内容与该班级同学一样，但教师会因应学生的个别特殊需要而采取相应的教学策略来协助学生学习。融合生就读班人数少，目的是让学生能得到适度的关注和辅助。第二类是为整体学习出现明显困难的学生而设的特殊教育班级。这些学生可能为智力范围属于轻度智能不足，且伴随学习困难，会出现持续的严重情绪及行为问题，而在学习上需要较大的迁就或辅助。这些学生会在程度较高的特殊班就读，所学习的科目会较正规教育少，但课程仍然是采用正规教育的课程，目的是让学生能在教育及生活上融入社会。就读小班之学生人数较少，且由一名教师及一名助教进行教学，目的是让学生能得到适度的关注和辅助。也许正是因为承担了这些社会公益的融合生教育和特殊教育，使得这所公立学校在教育者眼中不寻常，而百姓则不希望自己的孩子，特别是正常发育的孩子进入这样的学校。

　　在深入了解这所学校后，在我的内心融积的是一种尊重。多年来，巴波沙中葡小学以"全人教育"为办学宗旨，秉承德育为先、五育并举的办学方针，努力培养具有良好思想品德行为、爱国爱澳、学会学习、乐于探索、热爱文化生活、关心社会事务、具有文化素养的好公民。在众多学校并肩而立的情况下，这所规模不大的中葡学校以其社会责任、教育传统、中葡教育特色屹立于澳门非高等教育中，使人不可小视之。

　　融入教师、学生团队，就会强烈感受到"家"的气氛，校长、教师、学生、校工彼此尊重、关爱，大家可以在圣诞联欢会上开个大 Party，可以在运动会上与学生一起紧张、兴奋、庆祝，可以围在一起吃鸡蛋、说说笑笑，但工作起来各尽其责，大家的心里是开阔的、豁达的、晴朗的——工作是快乐的。这也是学校"关爱文化"的真实写照。

作为驻澳门学校交流的教师，我的主要工作职责当然在课堂。走进课堂，了解课堂教学文化，从中提炼出共性的东西是我的职业思维所决定的。第一次听蒋老师的课后，我写下了这样的一段评语：快乐、真诚、自然、真爱。一节课的成功与否，要看教师教得是否轻松，学生学得是否快乐。这节课，蒋老师做到了。整节课，和谐的师生关系、轻松的学习氛围、幽默的教学语言、亲切的体态语言，让我真切地感受到了教师对学生的真爱。没有做做，只有自然、真诚的情感流露，学生完全在一种安全的、放松的、自由的、开放的环境中学习。这是我对本节课最大的感受，也是本节课成功的重要标志之一。

本以为这只是这位可爱的、胖胖的老师的个人教学风格而已，没想到这种在我起初看作个人教学风格的"关爱文化"，在其他几位教师那里得到了放大，进而成为这所学校课堂教学的一种优良传统。在我对其他三位教师的课堂评价中可以看到我当时的感动。

"本节课给我印象最深的是教师对学生的关爱。没有爱就没有教育。刘老师的课堂，时时处处关注学生、关心学生，从语言、举止、表情可见其内心的简单、澄澈、透明，这一切皆源于爱。"

"民主和谐的师生关系——这一点给我最大的感动，真爱在其中，这是教育最需要的。因为教学是师生生命共同成长的一段历程，这段历程中有教师、有学生，大家结伴而行，岂不快哉。"

"与学生朋友式的关系是令人感叹的。教师如果都能够与学生结成学习共同体、建立朋友式的关系，那我们的教学就不会仅停留在数学问题的探讨，还有人性的回归、生命的成长。此情此景，怎能不让我感动，不仅是因为教学的扎实、内涵的丰富，还有人与人之间自然和谐的一幕幕。"

这是这所学校关爱文化下的课堂教学文化，浸透的依然是教育教学中最为珍贵的东西——爱。尽管教师在教学技能、教学基本功、学科专业知识等方面尚需提升，但有良好的职业道德、师德修养做保证，教学技能技法的提升相对会容易些。

也许受这种关爱文化的影响，当我走进这所学校，走进班级，走近学生，特别是见到那些特殊儿童时，一种渴望为其提供帮助的心理占据了我的内心。但在实际行为上，我更愿意把他们看作正常儿童，与他们交流。

　　不来澳门不会走近巴波沙，不走进巴波沙也许不会接触到特殊教育与融合教育，不与这些教师共事恐怕这种学校的关爱文化也不会给我如此大的冲击，让我再一次感受到了学校在社会中的责任担当，再一次感受到师爱的无私与伟大。巴波沙，这里有太多感人的故事。在巴波沙，教育的精髓、教育的平凡与伟大俯首可拾。在我的教育生涯中，巴波沙是一个重要的地标，是一段重要的经历。

2010 年 2 月 2 日

印象鲍思高粤华

走进这所学校，是我来澳门的第三天。那是一个周末的下午，阳光一如往日的毒辣，我的内心一如进入澳门第一天时的新奇。几天前，当我得知自己将在这所学校工作一年时，就迫不及待地去探访。

鲍思高粤华小学坐落在澳门岛的偏东北部，离水塘不远。从雅廉访马路与俾利剌大街的交汇处径直北走，到美副将大马路向东大约再行三百余米，就可到达。一路上绿树荫荫，车辆穿梭，行人不停地找着阴凉处前行，但面对酷暑热浪依然无处藏身。也许内心有种渴望与美好的期待，所以我心里并不觉得燥，反而有种不热不澳门、不汗枉澳门的想法。经过望厦济各堂、观音堂（《中美望厦条约》签订处），沿着一排淡绿色的别墅洋房走过去，就看到了高高围墙的一角，灰色的大粒砂石高墙、红漆的铁栏杆、红漆的铁门挡不住校园内散发出的气息。

正值假期，校园显得安静而神秘。没有小学生的嬉闹，只有几个校工在做着开学前的一些准备。有的在操场洒水维护场地，有的在修理护栏，有的在修剪花木……十几只小鸟、鸽子在操场散步、啄食，不时飞到树上叽叽喳喳。倒是门口的大礼堂（圣堂）中有二三百人集会。我好奇地望进去，分明是教会的某种活动，应该是做礼拜。顿时，这所学校的神秘感再次勾起了我的兴致。我走进操场中央，鲍思高粤华小学校园一览无遗。教学楼是一个四层的建筑，呈"U"字形，墙体为土黄色的横条瓷砖，四楼上方为天蓝色波浪形塑料材质的棚顶。棚顶遮罩下，在楼顶正中央有一尊圣母像，圣母怀抱着圣婴，似从天而来，俯视并守护整个校园。置身学校的操场中央，仿佛投入圣母的怀抱，你会感受到一种温暖与慈爱。楼前十几株槟榔树挺拔向上，四五株大榕树根深叶茂，一些叫不上名字的花树翠色欲滴，两尊白色的塑像屹立在树丛之中，一尊多明我像、一尊鲍思高神父像仿佛用慈爱的目光注视着学生，用温暖的双手和内心召唤着学生，走进校园就仿佛成了他的子民、成了教会信徒。教学楼对面，操场南侧，透过绿漆大铁门看到的是一片新绿，那分明是一个标准化的足球场，新绿的人工草坪、白色的场地线、白色的球门、墨绿的围栏……只要将目光投入过去，便不想再离开，只觉得周身的运动细胞被激活，只想换上一身球服，到场上疯上一把。

初访鲍思高，我便喜欢上了这里，待到真正进入这所学校工作，融入其中便是顺理成章的事了。

鲍思高粤华小学是澳门一所教会学校，是由慈幼会投资兴建与管理的一所私立学校。校名取自一位伟大的神父——圣若望·鲍思高（San Giovanni Bosco，1815年8月16日—1888年1月31日），意大利天主教神父，也是慈幼会的创办人，天主教承认的基督教圣人。学校现有44个教学班，分中文部和英文部，共有学生1500多人，除了76名女生外，其他都是男生，算是一所男校。学校有教师90名，平均年龄在30岁左右，教师多来自本澳，也有部分来自台湾，教师绝大多数是本科以上学历。可以说，整个教师队伍师德好、学历高、业务能力强且充满活力。校监是来自香港慈幼会总部的孔智刚神父，校长李益桥神父负责粤华中学与小学，两名副校长分别负责学校宗教事务、教学管理、教师培训和学生活动等。

学校秉承鲍思高"爱的教育"，倡导"预防教育法"，本年度教育口号定为"效法鲍圣，互助互勉"。学校注重学生修身养德、社会责任义务，通过天主教的教义、仪式、活动，诸如早祷、瞻礼、弥撒、唱教会歌曲、讲故事等向学生进行基督信仰的教育，其核心的教育理念就是"以基督的博爱和牺牲精神作为做人处事的基本原则"。同时，学校也非常重视学生的社会实践、健体、科技创造等。在丰富的校园生活中，学生的主体地位非常突出，学生的精神世界得到极大的满足，个人价值得到了充分的彰显，作为一个自由人的本性得到呵护与成长。

教学是学校的中心工作，教学质量是学校生存与发展的保障，这一点与内地学校是一样的。学校教学管理有想法、有章法、有办法，教学计划、常规教学要求、考试命题、评核、各类学生的管理等等均实现网络化管理。教师对这一管理文化表现出适应，使得整个教学管理做得井井有条，良性运转。课堂教学形成了自己的传统，表现为：教师对教学的认真态度，对学生的尊重信任，教学方式的力求多变，基础知识技能的极力坚守，信息技术的应用意识等等。虽然教师在学科专业知识、教学法知识以及教学基本功方面尚有很大的提升空间，但从我对教师的观察来看，只要为其明确改进的方向，制定有效的策略，并与他们一道进行学习与研究，他们完全可以做得非常好。因为在这所学校，我感受到了什么叫作享受工作。教师每人的周工作课时都在二十二节以上，是内地教师近两倍的节次，每天见到的都是教师忙碌的身影。他们多数时间与学生在一起，在办公室时多数是在批改，偶有闲暇，他们也会享受生活，吃点点心、糖果，喝杯咖啡，偶尔还会几个人聚在一起说说笑笑。这使我理解了这里教师的工作生活理念：努力工作是为了更好地休闲。而内地则不同：休息是为了更好地工作。正是因为思维方式不同，工作心态亦不同。在这里，我没有感受到教师职业倦怠现象。也许有人会说，因为他们工资待遇高，但我所感受到的是，天主教文化对教师的感染，他们爱国爱澳，爱所从事的事业，爱学生，爱同仁，爱所教的学科……有爱在心中，有责任在心中，工作就是一种享受。

　　总之，这是一所有规模，有自己的办学思想、办学特色、管理办法、教育传统并充满活力的学校。作为天主教学校的缩影，"博爱与责任"根植人心，在接近她、了解她、理解她的过程中，很容易被她的博大厚重、润物无声同化。

2010 年 2 月 2 日

不一样的入职礼

来澳门虽然仅有几天，但澳门的文化受西方的影响这一点还是比较明显的。其中，各种典礼仪式的西化就是一个例证。入职礼是此来澳门经历的第一个重要典礼。入职礼后，我们同来澳门进行教学交流的十位教师将受聘于澳门特区政府教育暨青年局，以公务员的身份在澳门工作一年。

自8月27日进驻澳门，我们便期待这一重要的时刻。前几天，教青局的协调员就同我们讲，着正装，提前到会场，有领导出席，拍照，如此等等。

早上，我们十人早早地来到教青局一楼。十分钟左右，一位雷姓的男老师把我们引到一个宽敞的会议室，除了台上两个木制屏风、台下靠门处立着一个麦克风、靠内侧墙角摆着一张桌子外，室内竟无他物。由于室内采用的是日式的软包装、吊门隔断，虽然无其他陈设，但会议厅显得淡雅、典雅、高雅、流畅、现代。由于会上讲的都是广东话，所以雷老师给我们十人各配备一个同步翻译器。这种东西只在电视上看联合国大会上各国家领导人戴过，对于我们来说也算是个新鲜的家什。我们十个人私下调试机器并小声交流着，只等入职礼开始。

这时，先是三三两两，后是成群结伴，再后就是鱼贯而入了，一百多人在不到五分钟的时间里集合在这间大厅内，没有谁在讲话。走过我们面前时，他们都很文明地和我们点头问好。台上，不知什么时候，局长和两位副局长已肃立，台下一百余人也肃立，主持已做好准备。

温柔的声音从话筒中传出来，那是一种令我们困惑茫然不知所措的语言。仪式开始了。"女士们、先生们，早上好！"生硬的但让人敞亮的普通话顺着耳麦传进来，像一股甘甜的清泉流进心田。

今天是教育暨青年局系统新任职、新晋级的人员一同参加仪式。前面有新任命的中层领导、各校校长的就职礼，还有新聘的一等高级技术员，我们是新聘的二级高等技术员。按照会议程序，一批批人员到台前，与大家见面，接受"册封"。苏朝晖局长讲话后，大家合影留念。与国内可能有所不同的是，到合影留念这一程序时，三位领导首先站在台前中间的位置，目视前方，显得庄重而无高高在上之感，一批批入职人员则快速而有序地站在左右，只几分钟，合影完毕。最后，各位领导走下台来，与新入职人员握手致贺，新入职人员也相互致贺。会场成了一个流水作业场，整个人流像一种叫做"祖玛"的游戏，但文明、庄重、有序、和谐、高效，又不失热烈与温情。

没有抑扬顿挫、慷慨激昂的领导讲话，没有拉拉扯扯、摆来摆去的合影，没有嘻嘻哈哈的随便无礼，这个入职礼就这样成为我澳门工作生涯的开端，就这样在与内地相似活动的对比中根植于我的心底。

2009 年 9 月 3 日

社团、学生与社会实践

　　澳门是一个社团社会。社团在社会中，特别是在公共事务、教育等领域中发挥着巨大的作用，社团对政府施政起着协作、监督和推动作用。走在澳门街头，除了赌场多之外，就是名目繁多的社团了。大街上，举目可见某某教会、某某同乡会、某某互助会……就是参加立法会选举的十几个组织，也是某某会。由于工作限制，我对社团并无太多了解，只是对社团有一种好奇，希望有机会多接触，甚至多参与。当然，对于我而言，最为关心的是社团对学校教育的支持，尤其是对学生社会实践活动的组织。

　　一个月前的周末，我和几个朋友约定去澳门特首府参观。在水坑尾天桥附近，我们见十几个中学生穿梭于人群之中，手里拿着宣传单类的东西。走近时，我被几个中学生围住了，听介绍，明白了他们是在为慈善会募捐。捐了一元钱，我的胸前被一名学生按上一枚贴纸，上面写着"慈善会"。周末，我们内地的中学生在做什么呢？对，一定在学校上补习班，或在家中写作业，大街上很少见中学生的身影，偶见也是在学校大门口，背着书包，要么一脸凝重，要么就是一种解放了的感觉。

　　十一月初，在西湾广场，我和几位同事参加了由澳门"明爱慈善会"组织的"关怀互勉，爱心共献'游园会'"。到那里已经是下午三点多了，长长的两大排展位沿西湾湖沿伸开去一百余米。这里人头攒动，熙熙攘攘，一家家、一对对、一群群，悠闲自得，好一派游园景象。再看展位，大大小小、花花绿绿的各种招牌很是丰富：义务青年会、少年飞鹰家长会、澳门大学学生会……鲍思高粤华中学、化地玛圣姆女子学校等。没有商家，只有社团和学校，但让人瞠目的是，那些中学生竟然在展位上搞出各色名堂的游乐项目，夹波子（用筷子夹豆子）、沙包打饮料瓶、射箭、打气球、投球、童心欢庆拼拼乐、运球自娱、纸牌魔术等，五元一次、十元三次、抽奖。有的同学直接在展位上卖各种玩具、饰物等。一路踏察后，让人深感赌文化、交易文化、娱乐文化在澳门民众中基础之厚。在疑惑学生进行类似博彩、经商交易的同时，我也在思考：这是不是我们内地教育所缺失的呢？

　　内地的学生都是圈养在学校里接受正规的教育，校门一关，不仅关住了学生的身体，也隔绝了学生与社会的联系。喊了几十年的"高分低能"现象，并没有因课程改革实施而得到真正的改观。长此下去，学生的社会意识、交往能力、社会责任感将得不到应有的发展。试想一下：澳门的学生与内地的学生将来一同工作在社会中，哪一个会更强势？我想答案应该是很显然的：当遇到与书本非常接近的一些程序性知识、规定性问题和动作时，内地学生会表现得出众；而无情的现实告诉我们，真实的社会是很少有规定动作、程序动作的，套用书本去对照社会注定会碰壁的。当现实不按套路出牌时，澳门的学生会更加适应，而内地的学生会表现得缺乏适应与变通。这是一个有点常识的人都可以看出来的，但内地的教育文化不是一时可以改变得了的，高考定终身、分数决定命运的现状已深植民众内心。看来像这些中学生这样，利用假期走向社会"不务正业"还是值得内地学习或思考的。

前不久，我们去巴波沙中葡艺术学校观摩了一场演出——第四届禅澳戏剧交流。这是澳门中小学生的舞台。本次戏剧交流由澳门文化局赞助、慈穗会主办。艺术学校的礼堂与内地的文化演出场所差不多，设施很好，灯光、音响、道具、现场的气氛与正规的成人大型演出无异。来观摩的多是中学生、家长和教师，每个人领一份节目单和礼物，投入到一个个精彩的戏剧小品中，笑声、掌声、赞叹声与台上小演员的一颦一笑、一词一腔交相呼应。这种氛围不仅对台下的观众是一种文化的感染，对台上表演的中小学生来说更是一种幸福。植根这块文化土壤中，汲取这样的文化养分，我真的为这群中小学生感到幸福。

在一系列中小学生的社会实践活动中，我们都可以看到社团的身影，以上仅是我遇到的和参加的几个活动而已，在澳门的假日里，这样的活动在各个文化广场、社区、戏院、学校非常普遍。这是澳门教育文化、社会文化的一大特色。对比两地的中小学生的业余文化生活，怎能不引人思考。

2009 年 11 月 26 日

校 园 早 祷

这是我来鲍思高粤华小学的第三周。前两周，因 H1N1 疫情较重，所以少有集会。早祷都是在各自教室，通过广播带领进行，从未间断。

"国庆"假日刚过，经过四天的休养生息，广大师生似乎从身体到心理都得到了调整，疫情也得到了控制。

早晨，阳光穿过学校对面的高楼大厦，给学校的运动场带来一片金光。学校 U 形的教学楼在绿树的映衬下显得庄严而慈爱，楼顶正中间的圣母像以及"效法鲍圣，互助互勉"八个字，作为学校一种精神指引，由学校楼体中心向四处散发开来，形成一股巨大的张力，将全校师生紧紧地包在其中。楼前七八棵槟榔树一字排开，位于中间的一棵从众树中窜出，光秃秃、直挺挺的树干像一根旗杆，在顶端至四楼高的位置抽出六七尾长叶，在微风的吹拂下温柔地摆动着，像是学校的一面旗帜，也像圣母轻拂的手臂。

8：30 分，全校一千五百余名师生在操场集合，举行每天一次的早祷。这是他们每日必上之功课，是学校生活中最为重要的一部分。对于内地工作的我来说，却觉得自己正在经历一件新的事物，而事实也是如此。

在澳门，有公立学校和私立学校，其中私立学校中办学的主体有的是社会团体，有的是教会。在这里，教会学校很多，鲍思高粤华小学是天主教学校，校名取自一位伟大的神父——圣若望·鲍思高。鲍思高在都灵城神学院攻读的时候目睹许多青年卷在城市生活的罪恶危机里，青年人没有人照顾，也没有康乐活动，尤其是缺乏道德生活的辅导。于是，鲍思高开始接触那些青年，邀请他们参加主日聚会，举行祭礼，一起游戏，一起唱歌。后来，他开办了青年中心、寄宿学校，并创办了慈幼会，现在慈幼会的事业遍及全球各国，其中包括办学。

鲍思高粤华小学就是慈幼会下的一所学校，是由神父领导下的男校。可以想象得到，一千五百余男生的学校在学生管理中一定会遇到很多问题，其中学生的纪律就是一大问题，但事实并非如此。

仪式开始了，刚才一个个小老虎、小野马已经集体肃立在操场上。宗教副校长组织后，音乐响起，全校师生开始唱歌，唱的应该是教会方面的什么歌。由于是广东话，所以内容我并不清楚，但有几个细节让我看在眼里记在心中。全校学校站在一起，显得异常拥挤，学生之间的距离不足一尺，但没有说话与打闹的现象，也没有人站立不安。这些男孩子的认真、专注、虔诚让我感到天主教教化之力不可小视。另外，在唱歌过程中，每班队伍前都有一名班主任面对学生站立，与学生共同唱歌，一样的庄严与虔诚。唱歌完毕，一位年轻教师走上台，用普通话讲述如下一个故事作为祈祷的动机引入。内容是这样的：今年，在台湾地区遭受了罕见的风灾，全球华人都十分关注，并伸出双手给予援助。在这一灾害发生的过程中，有很多感人的故事。一位80多岁的老者背着自己102岁的老母亲逃难，这位老者自己行动还不便，但一股爱的力量让他毅然背起了母亲。在人世间，无论是亲人间的爱，朋友之间的爱、还是其他的爱，只要有爱，人间就会变得更温暖。这学期，我们提出的是"效法鲍圣，互助互勉"。同学们想一想：你有没有爱你周围的人呢？对你的父母亲、对你的老师、对你的同学。走进校园，你有没有对身边的老师和同学微笑？有没有和他们打招呼？只要我们有一颗爱人的心，就会得到更多的爱，我们的人生就会避免灾难，我们的过错也会得到宽恕。现在，请随我一起祷告：

领：请大家祈祷。（静默三秒）

领：天主，感谢你今日照顾了我们，因为你祝福了我们的学习，包容了我们的不足，宽恕了我们的过错。求你继续保佑我们，使我们恒心不懈。因着对天上母亲玛利亚的赞美，求你俯允我们所求。亚孟。

众：万福玛利亚，你充满圣宠，主与你同在，你在妇女中受赞颂，你的亲子耶稣同受赞颂。天主圣母玛利亚，求你现在和我们临终时，为我们众人祈求天主。亚孟。

领：进教之佑。

众：为我等祈。

众：因父，及子，及圣神之名。亚孟。

整个早祷结束。经过了解，这所学校的早祷在语言使用方面规定每周一是普通话，周二至周四是广东话，周五是英语。一周内用三种语言进行早祷，也可见该校教育之意识。该校教师并非都是天主教徒，但他们在执行天主教的某些教义，至少在重要的仪式上、在日常课前课后祈祷等方面以身示范，教化学生。

我不是信徒，只是从教育的角度将其视为一种客观存在的、不可忽视的教育文化现象加以如实记录，以期引起大家的关注与研究。

2009 年 10 月 5 日

毕　业　典　礼

毕业典礼是一个人一生中重要的时刻，是人生学习生涯中一个重要的里程碑，结束了一段学习生活，以某种仪式对过往的经历进行一个总结，同时也宣告一个新的开始。其实，人生就是在这样的一段一段经历中走下来的，每一个典礼都是人生中的一个驿站。正因如此，毕业典礼向来是一个人生命中重要的回忆，是学校文化中重要的组成部分。

来澳门工作近一年，我一直在关注课堂教学以及学校文化的方方面面。受鲍思高粤华小学邀请，6月26日下午4时，我有幸在粤华中学千禧厅参加了小学毕业典礼。全程观礼，让我看到了澳门天主教学校毕业典礼与内地的诸多不同，感受到了浓郁的文化气息，内心受到了不小的震撼。

一、全社会的关注

与内地一般学校的毕业典礼不同，这里的毕业典礼得到了社会各界人士的关注。千余人的会场座无虚席，除了全体毕业生、学校领导和毕业班教师外，毕业生家长、校董会、家长会的全体成员以及对学校发展做出贡献的社会名士、老教师等皆出席典礼，并在典礼中担任颁奖嘉宾。学校不是一个独立于社会之外的团体，学生在成长过程中也不是完全封闭于学校之中，学校与社会、学生与社会总有着割不断的联系。也许正是基于以上的理念，所以在澳门学生的毕业典礼上，让所有支持学校发展、关注并给予学生们关心帮助的人士共同去见证孩子们成长的时刻，成为一种平常的做法。我想这是非常重要的，小学毕业是他们学业生活中成功迈出的第一步，作为成人，我们有理由有义务，更有责任放下手中其他的工作，去陪孩子们参加典礼，去看他们走上典礼台。在这里，毕业典礼不仅仅是学校内部的事，以开放的思想、以浓厚的社会责任让更多人士关注孩子的成长，这是一种教育的理念，体现的就是对人的关怀以及社会责任。

二、典礼隆重、庄严、热烈、充满感情

千人礼堂张灯结彩，充满了节日气氛，同时又因典型的教堂式建筑风格显得祥和庄严。在音乐声中，嘉宾、家长、教师、毕业生相继步入礼堂。大家共同见证孩子们小学生活的最后一刻，每个人的脸上都洋溢着幸福的微笑。

首先，叶副校长带领全体合唱校歌。第二项，由小六 E 班一名同学带领全场祈祷，为毕业生祈祷、为学校祈祷、为澳门社会祈祷。第三项，由校监孔智刚神父致欢迎辞。第四项由校长李益桥神父做校务报告。第五项，颁发毕业证书。第六项，节目表演。第七项，由澳门生产力暨科技转移中心关敏如理事长致训词。第八项，由校监、校长、家长会主席、教青局领导为毕业生颁发各类奖项。第九项，毕业生合唱——《友共情》。无论是校监、校长的谆谆教诲、语重心长，还是教师最后一次拿起花名册，一一叫起那熟悉的名字；无论是毕业生背起双手、神情严肃地走上台，还是校长深情地握手颁发毕业证书；无论是毕业生代表的心怀感恩、胸怀理想的发言，还是含辛茹苦、悉心教导的家长和老师幸福的微笑与激动泪花——一切的一切，都在音乐声中，在浓浓的师生情、生生情以及亲情中，融化在一起。大家共同回忆着过去，憧憬着未来。而此刻，一幕幕的感动都在闪光灯下收到了记忆的相册中。合上这一页，又要打开新的一页，让孩子们去尽情地书写。

今天的雨下得很大，似乎有意为这个毕业典礼营造气氛。正如最后一首《友共情》歌中唱的那样：雨中，我们常去回忆；雨中，我们容易留恋……当师生、伙伴间共同学习、比赛、玩耍时的一幕幕再次展现在大屏幕中，当入学时一张张娃娃脸而今不再稚嫩，我们会与孩子们共同感叹岁月匆匆。而今又是雨中，到了离别时，难免依依不舍，难免感怀。孩子们带着老师最后一次叮嘱，老师们则最后一次与自己的学生合一张影，人生最美好的一段时光，就在此刻结束了。老师把手指向了远方的天空。孩子们，飞吧，你们会飞得更远，飞得更高——

一个典礼，一份嘱托；一个典礼，一份希冀；一个典礼，它的意义又岂止如此呢？

2009 年 6 月 28 日

中葡学校运动会

2010 年 1 月 7 至 8 日，澳门中葡学校运动会在澳门体育场召开。一次普通的学校运动会，因加上了一个定语"澳门中葡"而让我倍感好奇：澳门"中葡"运动会与内地的运动会有什么不一样呢？在我的意识里，运动会向来是一个地区、一所学校运动水平、体育道德风尚和整体精神风貌的展示，参与这样的体育活动，对于增进澳门教育的了解一定大有益处。具体说，运动会的仪式、比赛项目的设置、大会的组织以及与运动会相关的一些细节都能够在与内地比较中引发我的一些思考。相信这两天会给我带来一定分量的收获。

带着这份期待，我走进了位于氹仔的澳门奥林匹克运动场。这个运动场不大，设施与内地运动场没有什么区别，但矗立在看台右侧的火炬告诉人们，这里曾经承办过东亚运动会。在能容纳两万余人的运动场的一侧看台上并没有坐满学生，约有四成上座率，因为澳门中葡学校小学六所、初中两所，八所学校学生合起来只有三千多人。今天天公不作美，受北方冷空气南下的影响，上午一直阴冷阴冷的，但并没有因此减弱同学们的热情。因为学校没有为我安排什么工作，我俨然是一个记者，四处走，四处看，用相机记录下我所关注的一个个场面，在同与不同中累积着我对中葡运动会的印象与感受。

一、简短而规范的开幕式

与内地运动会不同的是，这里的中葡运动会仪式非常简短，由两名中学生用双语（广东话与葡萄牙语）主持。入场式很特别，在内地通常各校要有 36 人的检阅队伍，而这里每个学校则是象征性的出两名运动员代表。倒是各学校的校旗引起了我的好奇，花花绿绿，从旗的颜色到中葡文校名，都可以联想到葡萄牙国旗。校旗飘过主席台前，仿佛是多种葡国国旗设计方案的亮相，真是一道别样的风景。另外，在内地前导队四名学生手持国旗引导整个检阅队伍，这里没有国旗，而是一面中葡学校运动会的会旗。当然，在接下来的仪式中是没有升国旗仪式的。各校检阅队伍集合完毕，面向观众。一位体育局领导致词，相当于开幕辞，随意、热情而简短。男女运动员双语宣誓，这似乎只有在一些大型国内、国际赛事上才有这个仪式。仅二十几分钟，开幕式就结束了，比起我在内地的学校而言，这个仪式真的要简短得多。

二、学生成为大会组织的主体

来澳门，我对于学生社会实践的印象非常深。我曾写过文章说到了童军参与社会活动、学生走上街头募捐、在园游会上站柜台……在本次运动会上，我又再一次验证了相信学生、让学生去做事、让学生去承担义务和责任向来是澳门教育的一种值得学习的做法。

整个开闭幕式、赛会进程调控以及颁奖的组织都由两名中学生主持。一中一葡，声音动听，风格沉稳老到，看得出是身经百战的"金话筒"。礼仪队的服务，包括引领嘉宾、呈送奖牌奖杯也都由统一着装的学生来担任。其间，他们与领导嘉宾近距离接触，不时还礼貌地回答问题，这样的经历在内地同年龄的学生中是少有的。再看各比赛场地，终点裁判台上坐满了中学生，除了十几个是记录成绩的，还有两名长枪短炮的场地记者。沿百米赛道的边上，等距离地站着五对同学，一人手持红旗、一人手持白旗，指挥比赛。跳高、跳远等场地依然是学生的天下，通常仅有一名教师。在运动会上，让学生参与做一些工作，在内地同样也有此做法，但能够像澳门这样放手的恐怕不多。

三、文、体、商不分家

一个小小的运动会，同样是一个小社会。在这里，主角是运动比赛，有场上运动员的拼搏角逐，体育教师的面授机宜，观众的摇旗呐喊。但只要我们留意就会发现，文与商的融入与内地同样活跃在比赛场各个角落的学生记者们，与场上相对体型健硕、英姿飒爽的运动员不同，他们显得温文尔雅、才思敏捷，胸前的卡片证实了他们小记者的身份。一部相机、一支笔、一个采访记录本，他们用自己特有的方式关注、参与运动会。最让我不能理解的是，每每有大型集会时学生们都会捕捉到商机，站在柜台后面经营商品。这里出现的人不是租用运动场柜台的商贩，而是清一色的中学生。食品、饮料一应俱全，还有购物代金券，真让人佩服这里的教育思维。说不好这种做法是好还是不好，总之，与内地是大不相同。文、体、商，在一个运动场内融合得自然，置身其中就会觉得它的真实。

四、环保意识

我在内地曾多次到运动场参加诸如运动会、演唱会、足球赛等活动，每到散场之时，给人感觉世界末日到来一般，垃圾如山。这个时候，总有一些拾荒者穿梭于看台之上，出现在各看台出口处，可以见到大大小小的垃圾袋。对此现象，人们已见怪不怪，一边说脏，一边随手将垃圾丢在地上。学校组织的运动会要好一些，毕竟教育尚为一方净土，广大教育同仁们时刻不忘对学生的教育，每次运动会都会以班级为单位准备垃圾袋及扫除用具，离场时还要留下清洁班级进行清理。在澳门，我看过一次演唱会，地面虽然也会有人们丢下的充气棒，但总体算是清洁的。而参加此次中葡运动会，我看到一个细节：在每所学校看台前都有三个大垃圾袋，标签分别写的是一般垃圾、铝罐、胶樽（塑料瓶）。由此可见澳门的环保理念。对垃圾的分类回收处理，在内地也有过，但似乎人们思想深处对于分类投放垃圾的意识并不强。

五、学生意识

说到教育，人们总要想到对学生的关爱，"没有爱就没有教育"已成为我们每一位教师提高师德修养的一句座右铭。无论在世界的哪个地方，只要有教师和学生在，就会有无数个感人的故事在发生。中葡学校与其他学校不同的是，它包括特殊教育，将特殊教育融入正规教育之中，即在正规学校中有特殊教育班。这也就是在澳门备受关注的融合教育。另外，还有一部分介于特殊教育学生与正常学生之间的学生，将其安排在正常的班级中，但要为其安排单独的辅导教师，这样的学生被称为融合生。这样，在赛场上我们会看到一个特殊的现象，一些老师站在队员的旁边告诉学生怎么跑，甚至还有的教师领着学生跑（相当于残运会上的领跑员），而赛道上的运动员虽然不能像正常学生那样奔跑，但对比赛的态度以及教师对他的支持与希望，这一切写在百米的跑道上，让我们见证了教师的伟大，见证了人性的光辉，我们也深深地感受到了生命的力量。说是学生意识，其实是一种人性的伟大。

说到学生意识，从巴波沙中葡小学的一些做法上同样可找到答案。学校为每个学生准备了热面包、热乎乎的煮鸡蛋；下午落雨的时候，我正担心学生被淋到，这时看到校工从两大包袋子中取出一次性雨衣，学校竟然为每个学生准备了雨衣。这么多东西为学生准备，在我赞叹有钱真好的同时，也深刻地感受到教师对学生的爱。

另外，比赛场上还有一个细节也是令我非常好奇。比赛开始半个多小时了，我只看到学生跑，却没有听到发令枪响，也没有听到哨子的声音，难道发令员发令全靠吼？我边寻思边走向起点，正巧看到发令的一幕，只听"呜——"一股白烟，学生开跑。原来不是发令枪，那分明是汽笛声响。发令的是一位大个子葡国教师，本以为他下一步该装子弹了，没想到他正拿一个塑料瓶子向一个喇叭状的东西里灌。走近一看，灌的白色粉末竟然是强生爽身粉，那个发令的东西叫什么名字我也没弄明白，只是觉得有些搞笑。一问旁边的老师才明白，原来用的也是普通的发令枪，但学生听到枪响后都很害怕，后来就改用这个东西了。点滴中可看到这里对学生的尊重与关爱。

六、校工当先锋

我所在的学校在运动会前两天召集开会时，我看到的是校工大会，十几位校工在一起布置工作。原以为只是在运动场上做一些后勤的工作，但真正在比赛当天，我看到的情况远远超出我的预想。除了做些后勤的诸多工作外，检录、跟随学生比赛、照相、摄像等，凡是在我的意识中教师做的工作，全由他们包办了。张姨、王姨、李姨、赵姨，对学生的情况非常熟悉，学生也非常喜欢他们。除了特殊教育教师外，其他教师大多坐在学生的坐席上管理学生。有了这些校工的热情工作，学校看台这里"家"的气氛特别浓厚。

七、学生登上领奖台

说到体育比赛，人们自然会想到运动员在比赛场上你争我夺、摘金夺银，会想到失败后的伤感，想到登上领奖台佩戴奖牌时刻的幸福与欢笑。在我所见到的内地中小学生运动会上，往往是只记录成绩，私下里到领奖处领奖品，全校总成绩排名后公布班级成绩、发奖状，但没有对获胜运动员个人颁发奖牌这一项。其实，在运动员看来，最幸福的时刻除了冲线的一瞬，就是登上领奖台。本次中葡运动会，我看到了与正规大赛一样的冠、亚、季军的领奖台，运动员登上领奖台，颁奖嘉宾在礼仪小姐（童军）的引导下走到运动员前，为他们颁奖，一群记者（教师和学生）为他们记录下这一巅峰时刻。沉甸甸、金灿灿的金牌不亚于奥运会金牌，在学生心中的分量是非常重的，而给予他们幸福感受的是赛会的组织者。这种正规的比赛传统对于学生积淀人生的幸福与成功是何等的重要啊。

中葡运动会，从一位教育工作者的角度去观察，我收获的是惊喜、收获的是思考。

2010 年 1 月 9 日

李神父的教育观

早祷过后，我在操场上与学校的李校长（神父）在一起聊了很长时间，从本校的学生谈到教师，从粤华学校谈到了澳门教育，谈到了内地的教育及社会文化，又回到了他对内师来澳门交流的看法⋯⋯

李神父年近六十，个子不高，但给人一种挺拔向上之感，眉宇间透出热情与精明。澳门、台湾、香港、国外读书的经历，以及近年来对内地的访问，加之自身所受的天主教教义之影响，使之拥有常人难以企及的作为教育者的视野、经历以及多元文化浸养下形成的良好素质。和他聊天，总让你感到轻松愉快，你会不自觉地被他所感染，与之一同进入一个海阔天空的忘我思考境界。

谈到内地，他首先对内地近年来的发展，尤其是教育的发展给予了充分的肯定。他对学校教学管理中校长的权威、工作的执行力以及对学生的严格训练等印象颇深。他对教师的研究意识、能力以及学习热情同样给予了肯定，甚至有些羡慕，尤其羡慕内地校长。内地校长想要推行什么工作，只需一句话，下面就照样执行，而澳门的校长总是要与老师商量：你看这个事儿你来做行不行啊？如果没有得到回应，那没有办法啦。澳门是一个民主的、自由的社会，校长与教师之间是平等的、相互尊重的。如果教师不认可，你不可以强行推行某种工作。说到学生，他对内地的类似军事化的训练方式颇有印象，反而对澳门学生的过度自由、缺乏勤奋刻苦精神表示无奈甚至有些担忧。对于内地的教育发展不均衡现象以及教育大一统的格局，他同样颇为关注。西部教育、农村教育基础设施的建设以及教育投入的不足，特别是与东部沿海地区的教育资源和教育发展的巨大差距给他很深的印象。

谈到澳门，他并不认为澳门的教育有多么好，但有一点他是比较欣赏的，那就是澳门学校的特色，每一家学校都是不同的。与内地相比，他认为这样才有利于不同的学生得到不同的发展，应学生的不同、应社会不同的需要，为学生提供相应的教育。同时，澳门学校有大有小，有公立有私立，但是最基本的设施是没有大的差别的。对于内地教师来澳门交流的问题，我赞同他的看法。交流的意义首先在于让澳门的老师以及参与交流计划的内地教师知道，除了本地的教育之外还有不同的教育存在。不一定要用一种教育代替或同化另一种教育，但可以因教育的比较开阔我们的视野，打开我们的思维，而不是画地为牢、孤芳自赏、坐井观天。同时，透过教育现象的比较，可以深层次地了解教育背后的社会、经济、历史、文化以及人们的生活方式与思维方式，这对于丰富教育者的思想，从而更好地理解教育、做教育是大有帮助的。

和李神父聊天，总让人感到开阔，大清早有这样一席谈话，使我心情愉悦，遂在电脑上把这次谈话记了下来。

这 不 是 游 戏

早上，我一如往常，坐到座位上打开电脑，开始计划一天的工作。教研室的老师们也早早地来到学校，各忙各的，澳大属校一天的工作就这样开始了。

"哗啦啦啦——"急促的铃声响起，但并没有干扰我，我还是低头忙手头的工作，只是感到办公室的老师不一会儿就走得差不多了。这时，一位年轻教师过来叫我："程老师，快走啊，消防演习。"我如梦初醒，突然恢复了正常思维，原来刚才听到的是"警报铃"。我快步走到走廊间，已有老师组织学生有序地下楼了。在内地，学校时常会组织此类逃生演习。在澳门也有同样的演练，我当然要特别给予关注了。

虽然是逃生演习，并不见学生有何举动异于平常的出操集合。不见弯腰低头，不见毛巾遮掩口鼻，不见抱头快行，但有几点给我印象深刻：首先，没有人事先通知这个时刻有逃生演习，全体师生依然是闻警报而动；第二，所有班主任都出现在自己的岗位上，与学生在一起，组织学生有序下楼；第三，高中、初中、小学分楼层，按不同的出口与楼道有序下楼，偶有冲突，大让小；第四，到操场各就各位，没有混乱的情况；第五，副校长在台上指挥，各班主任向指定人员报告人数，各位教师到指定人员处报名；第六，副校长报告演习的用时——全校一千五百余师生，用时八分十一秒，并强调时间以及有序撤离疏散的重要性。

与内地作为一次大型教育活动的逃生演习不同，澳大属校的演习更是一个常规的训练，并没有请消防部门做表演，也没有请记者做报道，只是按以往的演习传统去做。虽然在逃生演习过程中没有逼真的"效果"，但是没有嬉闹。一位教师的话说得很耐人寻味："他们已经习惯了。"我宁愿把这句当作学生已学会了如何逃生，而非"不当回事儿"的儿戏。

火灾逃生演习并非是"狼来了"。近年来，自然灾害不断增多，校园内的突发事件时有发生。学校作为公共场所，防火、防暴、防震、防电等工作日显突出。很多学校都在不断地提升安全防患意识，定期自检自查，不断排除各种隐患。同时，除了向学生进行安全知识教育外，"演习"模拟灭火、逃生、自救等也成为了学生重要的生命教育实践课。在内地，为了出效果，很多学校在消防部门的协助，制造"烟火"，并将消防车开到现场进行各种表演。学生像看大片一样，自己高兴地当群众演员，高高兴兴地活动了一下，不仅可以掌握逃生的常识，而且不用总坐在教室座位上。舒展一下筋骨，学生当然乐意了。很多学校担心学生在演习中不够严肃认真，怕这种演习非但不能提高学生的自救意识与能力，反而易造成"狼来了"的后果，真到灾难来的时候，可能就会乱作一团啦。似乎这样的担心有一定的道理，但是作为面向中小学的演习，基本常识、常规的逃生通道的确认以及在逃生过程中教师的岗位与职责的明确最为重要。学生时而出现"笑果"是正常的。当然，并不是所有的学校都有条件这样兴师动众，也不需要每一次都这样全真模拟，但是逃生演习要化为平常的工作，让逃生自救的知识装进学生的脑袋，让自救的能力使学生真正面对灾难时能够挽救自己以及他人的生命。

2008 年汶川大地震给所有中华儿女带来了不可磨灭的创伤。当人们从灾难中重新站起来的时候，他们更加学会了珍惜生命，更加懂得了感恩，更加意识到了居安思危的重要。特别是学校，应在教授学生书本知识的同时让学生懂得珍爱生命，学会在灾难来临时逃生自救。在这次灾难中，人们认识了一所中学，它就是四川安县桑枣中学；知道了一位校长的名字，他就是这所中学的校长叶志平。在离震中最近的安县，在周围 70% 的房舍坍塌受损的情况下，学校教学楼却安然无恙。全校七百余名师生在短短的几分钟内全部安全撤出教学楼，无一人伤亡。下面截取网络上一篇报道他的事迹的文章：

"他从 2005 年开始，每学期要在全校组织一次紧急疏散的演习。会事先告知学生，本周有演习，但娃娃们具体不知道是哪一天。等到特定的一天，课间操或者学生休息时，学校会突然用高音喇叭喊：全校紧急疏散！

每个班的疏散路线都是固定的，学校早已规划好。两个班疏散时合用一个楼梯，每班必须排成单行。每个班级疏散到操场上的位置也是固定的，每次各班级都站在自己的地方，不会错。

教室里面一般是 9 列 8 行，前 4 行从前门撤离，后 4 行从后门撤离，每列走哪条通道，娃娃们早已被事先教育好。孩子们事先还被告知的有，在 2 楼、3 楼教室里的学生要跑得快些，以免堵塞逃生通道；在 4 楼、5 楼的学生要跑得慢些，否则会在楼道中造成人流积压。

刚搞紧急疏散时，学生当是娱乐，半大孩子除了觉得好玩外，还认为多此一举，有反对意见，但他坚持。

后来，学生老师都习惯了，每次疏散都井然有序……"

　　逃生演习应该坚持经常，此项工作应该常抓不懈，哪个学校做得经常，哪个学校做得细致，哪个学校的学生就是幸福的、幸运的——也许，在他们一生中不会遇到灾难，但他们在接受教育的过程中懂得了灾难面前统一听从指挥的重要，懂得了逃生自救知识的宝贵，懂得了生命的意义，懂得了团结与关爱……如果真的不幸遇到了灾难，他们也许就会比没有经受训练的学生多一些生的机会。

　　火灾逃生演习不是游戏，更不会给学生造成"狼来了"的后果，每位教育工作者，特别是每一所学校的校长，一定要视安全为第一要务。

2010 年 9 月 14 日

古板？ 不！

说到"古板"，人们自然会联想到许多的相关词汇，如"原则"、"机械"、"教条"、"死板""难以沟通"。这些词多用来形容一个人做事只按一个套路来，守着死规定，不改变，不退让，不变通。我来到澳门的一段时间内，对澳门人，尤其是政府的公务员、学校的领导和老师的看法就可以概括为"古板"。

来澳门之前，我曾打电话让身在澳门的刘峰用我的名字申请租房，但办事的人员一定要我的授权书。其实，办事的人员与刘峰已经有一年的相识，本来是很熟的，但当刘峰说要以自己想当然的方法，以我的名字申请住房时，却被告之"你如果这样做的话，就犯法了"。最后，还是由我发身份证传真和港澳通行证影印件过去才给办理。等我到了澳门之后，还是亲自到窗口补交了授权声明书，否则别人替我签名进行交易是犯法的。

到教青局工作过程中，由于工作需要，给我们每个人配了电脑，可以无线上网。但是有一个规定：不允许私自下载并安装软件，如果确实需要，需要写申请，并由本局技术人员为您安装。

到学校工作，同样如此。上午规定是8：25上班，中午1：00休息，下午2：25上班，4：45下班。学校领导在与我介绍学校作息时间时，我被告之，早上不要来得太早，下班时间到就下班。不要迟到与早退，更不鼓励你加班。一次，中午12：50，我收拾好包，准备下楼转一下，等待时间到就离开。学校一位好心的清洁人员（社工）提醒我说："现在不能走啊，没到时间呢。"其实，不迟到、不早退我们可以理解，不让早来与加班就让人费解了。原因是，如果你超时工作，校方会马上给你计时，不用你说，到月底就会加倍地补偿你，这是法。

因为我们担任的是教学指导工作，需要进教室听课。在内地，我们进驻一所学校后，或任意推门而入，或由领导临时安排，说听谁的课就听谁的。在澳门是行不通的。校长也不能说听谁课马上就能听的，需要提前约，教师有权拒绝你进入他的教室。刚来时，听说这样的事儿后，我们都不相信，真正进入学校后，发现一切都是真的。不是教师不好领导，这是这里的社会制度、社会文化、学校管理文化决定的。这些教师，一旦与你约好了时间，如果是谈话，他一定会准时到，哪怕是你忘了，他也会追着找你："咱们约好了的呀。"如果你说下午吧，他会马上找自己的课程表，他会告诉你："我没有时间，明天几点几分吧。"

你说这里的人工作古板？我说：不！相比内地工作的变通，我更喜欢这里的"古板"，因为古板的背后是一种先进的制度文化。

2009 年 9 月 21 日

慢　　慢　　来

来澳门前，说起澳门的生活与工作节奏时，有人往往拿我国内地、日本、我国香港来与之比较，以突出其慢。初听此言，澳门给我的第一印象是自由自在、不求进取、懒散懈怠，但同时心里也窃喜，一年的工作应该不会很累。由于之前有过此印象，所以我深入到这里后，心里本能地去感受其慢，希望品出慢的学问来。

工作节奏慢

初来澳门教育暨青年局，接触到公务员，这种慢的感觉很自然地被我捕捉到了。早九点上班，中午一点下班；下午两点半上班，五点四十五下班。澳门公务员每周保证 36 个小时工作时间就 OK 了，而其中还有少部分公务员上午十点才上班。上班后，如果没有事情，他们就沏一小杯咖啡，端一小盘点心，迈着四方步或极其悠闲地坐在那里聊着天，神仙得很。走到各个办公室，静得很，不是因为来参观，哪怕我一人溜进去，也似入无人之境，大家在工作，在静静地工作，看不到急匆匆的步伐，更没有焦头烂额的人忙里忙外。也许是这种工作性质决定了其慢，慢中透着闲，闲中带有某种我们所羡慕的文明。

语　速　慢

我接触到的澳门人，无论澳门男人还是女人，说话都很轻柔缓慢，有时把你急得透不过气来。初来时，我听了十来个人讲话，或讲座或为我们做服务性工作，大多是这个样子的。也许他们也感受到了轻与慢，往往要事先向我们表示抱歉："我声带发育不太好，说话声音可能小一点，要不要加个麦"、"我的普通话不好，对不起大家……"起初，我以为他们是为了照顾我们才放慢语速，或普通话不好才讲不快。后来发现，就是澳门当地人相互交流时语速也快不哪儿去，虽然听不懂他们在说什么，但是从表情上看出来，他们遇到什么事儿，都是属于我们内地人常说的那样——火上房，不着忙。但是有一点是值得肯定的，就是不差事儿。他们说话慢条斯理，往往把事情阐述得清楚，而没有慌不择言、毛手毛脚的情况发生。看来，慢也有慢的优点。

车 开 得 慢

在澳门的前一周，也许我走过的地方也非常有限，映入眼帘的是马蜂窝一样的楼群，羊肠子一样的巷路，蚂蚁过街一样的车流。在这里，找不到宽阔笔直的马路，也就没有正常的车速。虽然车一直在动，但这车一慢起来，仿佛整个社会就停顿下来了一样。

改 变 要 慢

新来澳门工作的十位内地教师，在接受岗前培训时被告之澳门的情况跟内地可能不一样，这儿的学校办学比较自由和自主，这儿的教师同样比较自我。内地教师有晋级评职或各种先进评选，以肯定教师的工作、激励教师专业发展，而澳门不是这个样子的。澳门没有这种教师工作的评价制度，只要正常工作上班，公立学校教师就要拿公务员的工资，而私立学校由于不受教青局管制，所以教青局只能向他们提出建议供其参考。教材的选用、教师的聘任、学生的考试等等学校完全自主。基于这种放手的自主管理制度，校与校之间的差异是非常大的。走进两所学校，他就会发现他们绝不相同，走进三所或更多的学校，你更会觉得不可思议。而内地的教师，无论你来在广西、湖北、山东还是吉林，无论来自幼儿园、小学、初中还是高中，我们在相对统一教育制度、统一课程改革理念、统一考试选拔制度下的学校办学更多的是趋同。十个人走到一起，大体是一个教育思想与理念。说这些，归为一点：到学校开展工作时，要见怪不怪，不要急，要慢慢来。不要急于进入课堂，要通过与校长谈话与部分教师交流、看学校文本资料，了解学校的情况，缓解与教师的生疏，让他们接受你。总之，不要急，要慢慢来。这个月内，只要把年度驻校交流计划写好就可以，你说够慢的吧。事实上，我进入工作状态已近一个月，每天既忙又闲：忙的是做好前期工作，急于进入课堂的心情；闲的是，更多是坐在座位上看书、思考与敲击键盘。现在回头看这段时间的工作，慢得有道理，慢得有成效。

把慢印在脑海中，将其放大，就会发现澳门慢得自然、慢得有理、慢得有趣、慢得文明、慢得自得——人生又何尝不是如此呢？慢一点，身边的景物才会纳入你的思考；慢一点，生活的真正味道才会渗透你的血液；慢一点，才不会使你的内心产生焦躁，我们不正缺少这点吗？

为此，学学澳门，慢慢来——

2009 年 9 月 24 日

咿 呀 学 语

"凿三"（早晨），"内猴"（你好），"压、易、仨姆、sèi、姆、漏、擦、八、狗（1、2、3、4、5、6、7、8、9）"，"压、易、仨姆"……

每周二、周四的晚上七点多，在澳门教青局资源中心的0楼某教室内不时传出咿呀学语声。然而，这里不是幼儿上晚课，也不是智障儿学语言，是十位来自内地的优秀教师在学习广东话。从九月中旬到现在，已经学了十几个课时，这样的学习要持续到十二月中旬。虽然工作了一整天，但说到学广东话，大家还是充满了热情，不仅这是一个新鲜的事物，更主要的是语言是我们顺利开展工作所必需的，是在澳门工作的最基本的技能。在这一点上，除了来自广西的四位教师外，来自湖北与吉林的几位教师的感受特别深，这种学习的要求更加急迫。

刚来澳门的时候，没想到语言是个大问题，但真正进入学校，我们发现自己好像一个外星人。我所在的两所学校，一所学校教学语言是广东话和英语；另一所学校讲的是广东话和葡文。办公室内，全是广东话交流。我说的话，慢一点他们相当一部分教师和同学可以听懂，但他们说的话，绝大部分我听不懂，他们能讲普通话的也很少。

我曾和同来的十几个人开玩笑说，每天一进入学校，我就进了"鸟语林"。可以想象，进入鸟语林的人会是怎样的情形：看，看哪里有鸟；听，竖着耳朵听，听它们的鸣叫声。不同的是，进入鸟语林的人，纯是一种雅兴，欣赏就可以啦，只要鸟的鸣叫悦耳，听者就心满意足了。可是，进入人群，就不仅听声赏音，要辨别其义，要读懂其语言。因为进入者与这个群体是一个种类，是要交流的。彼此掌握对方的语言，或有一种共通的语言就显得极其必要。进入"鸟语林"的我，希望成为林中的鸟，"鸟语林"中的鸟可能也希望成为可以与我共通语言的人。在这对矛盾中，作为少数的个体，选择学习、迎接挑战、积极求变的任务就要由我挑起来。所以，学习广东话是我澳门工作中重要的一部分。

不过，广东话与普通话有70％以上是不同的，普通话有四个调值，而广东话则有九个。想在短时间内听懂并且会说，你只有绝望的分了。但仅满足于听懂大概的意思，这一点通过广东话培训要实现还是可以的。但是，想让我们回到三十几年前像儿童一样一句一句地学，还真费点劲，但是总有一些事推动我们去学习。

进入巴波沙小学的第二天，学校开校务会议，陈校长慷慨激昂的演说累得我筋疲力尽。要不是手中有一份陈的发言稿，我一定会绝望至崩溃。我愈是认真听，受伤害就愈深。最后，满眼都是那一张一翕的嘴，满脑子都是乱码的语言。生动一课将我逼上了学广东话的路，想来要感谢陈校长以及周围那些同事。

到了鲍思高粤华小学，情况略有好转。我被安排在数学组长的邻座，她的普通话很好，我也让她时常用广东话跟我尝试交流，但这期间还是出了一些笑话。一次，她帮我叫外卖，我说就订猪扒饭好了。她出去没多久，回来问我："你知不知双基呀？"这是我的专业呀，我很正式地跟她讲，所谓"双基"指的是"基础知识和基本技能"，不过这是过去的一种提法了，内地课程改革后提出了"四基"——"基础知识、基本技能、基本思想、基本经验"。我刚讲到四基时，看她已经笑得不行了，直不起腰来。"阿发（花）啊——"一阵乱码的语言。看我一脸正经与茫然，她强敛笑容对我说"我说的不是双基，是双汁——西红柿汁与咖喱汁"，然后指着"汁"问："这个字用普通话怎么说？"这时，我才恍然大悟，融入了室内一片笑声中。

在学习广东话的日子里，无论是在学习的教室还是在学校的办公室，无论跟王红老师（广东话教师）学，还是与同事讲，总有一根神经是留给广东话的。在我们的广东话学习册上记满了可能只有自己看得懂的符号，在十人组建的"澳门一家人"QQ群上，半普半粤的语言时常显示在窗口。这种语言只有在特殊时期、特殊人群才会出现。"在澳门，这个高真难分"（在澳门，这个觉是真难睡，睡觉的广东话音：分高）"周六，拉母悔滨斗买爷呀？（按发音）"（周六，想去哪里买东西呀？）"你在做咩呀？玩拉母靠。"（你在做什么呀？玩篮球）"炖母鸡，我母鸡呀。"（对不起，我不知道呀）……

在学广东话的日子时，咿咿呀呀、疯疯癫癫、南腔北调、东拉西扯、意会言传，仿佛"病毒蠕虫"进入了大脑中枢，出现暂时的兴奋与乱码状态。每个人都在这个过程中靠自己的意志与兴趣调整着。不管结果怎样，大家都很珍惜这个过程。

2009 年 10 月 9 日

图 书 漂 流

说到漂流，要么想到背井离乡，想到荒山孤岛，想到居无定所，想到无依无靠，想到与天争与自然斗，想到生存与未知，要么想到乘皮筏顺溪而下，湖光山色，蓝天白云，飘飘荡荡，有说有笑，那更是一番身体的解放，心情的回归。漂流用在图书上，还真是第一次听过、见过。

周末闲暇，想去何东图书馆泡一泡。刚刚爬上通往岗前地的缓坡，走过教堂门前，就看见教堂侧门大开，有人进出其中。因为从未留意过此处有屋，所以一经有所变动，便引起我的注意。顺着人群方向望去，门口一个告示牌分明写着：逾期期刊漂流（4.23—4.28）。期刊漂流？这又是什么活动？没听说过期刊也叫什么漂流的。望文生义，臆想定是杂志大甩卖。由于时间尚早，更主要是内心的一种猎奇心理，使我的双脚不由自主地接近了这个小屋。在门口向里望，空间倒是不小，一排排的大书架顺着立在屋子中央，已有十几个人在那里，旁若无人地翻翻看看，挑挑选选。门口接待处，两名工作人员坐在那里整理着什么表格，也不留意谁的进出。见无人过问，我的胆子就大了起来，走进去看就是啦。但还是心里狐疑：这到底是干什么呀？是不是要拿什么证件，登记后相互交流书啊？还是多少钱一本，或是多少钱一公斤啊？对面一个中年男子，着装并不比我讲究，看样子年长我几岁，应当是当地人。见他轻车熟路的样子，一边从书架上取书，一边放进身边的小拖车里，再看车里，已有几十本书待在那里啦。我突然感到：可能这书是白拿的。我凑过去，试探着问："请问，这个漂流是什么意思呀？这书是卖，还是交换？"这个人正忙，但听到我讲普通话，就停了下来，把拿在手中的书放在架上，打量我一番。"这儿的书，你可以在这儿看，也可以拿走的，不要钱的。拿多少本都行。"啊？天上真会掉馅饼？怎么这么大的饼漂流到我这儿了呢？还是我这么大一个活人漂流到了大饼堆里了呢？一听有人放出这话，好家伙，我的眼睛放光啦，原来的好心情更加好了起来。一不小心，选了十几本：《哲学评论》、《电影评介》、《青年研究》、《文学评论》、《时尚杂志》等，看日期，基本都是2009年下半年的刊物，都是没人看过的期刊。

这时，人陆续多了起来，但也不过二十来人。在我整理书的时候，一对母女引起了我的注意。她们靠在墙边，面对书架坐着，可能是男人在选书吧，两个人坐在一旁等候。母亲四十多岁，小女孩四五岁的样子，白净净的，一头黄直发，乖乖女的样子。她们的心思并不在漂流在架子上的书，而是在母女俩的交流上。"因父，及子，及圣神之名。阿门。我们的天父……愿你的国来临，愿你的旨意奉行在人间……阿门。"一口奶声奶气但十分流利的白话（粤语：广东话）从小女孩口中发出，母亲则在一旁像一个最忠实的听众，不时点头示意，不时与女儿一同诵上几句……在澳门，在教堂边，在图书漂流的空间里，母女俩诵读祈祷的圣经文字。门外不时走过各色皮肤、各种语言的人，不时举起相机拍照，过往匆匆，我已不再留意，而唯独小女孩诵读的影像与声音留在我的记忆中。我久久地注视着这对母女，她们也看到我的欣赏与鼓励，一遍又一遍地诵着。这是怎样的情景呢，至少与内地，与我所见的母女交流的场景颇为不同。在内地，这样的一对母女一定是拉着手，一句一句地教学"鹅，鹅，鹅，曲项向天歌"、"人之初，性本善，性相近，习相远"……不同的文化背景就有不同的文化现象，不同的文化现象就有不同的教育思维与教育现象。想起这些，我摇摇头，心里暗念：有点意思。

我白拿一摞书走出一间屋，心里总有些亏欠的感觉，习惯性地走向两个工作人员，心里说：不好意思，你看我是不是拿多啦？要不我少拿几本？但开口还是说：是不是登个记？"要的。"我放下书，以为需要很长时间去登记，没成想只不过是数一下册数而已。我拿起书迈出门的一刻，还在怀疑这样的做法要不要得，回头补充一句："我可真拿走啦！"好像是说，我不是偷，不是贪，我是明着拿。逗得两位工作人员相视笑着，点头示意：快走吧，没问题的。就这样，在一个晴好的周末，我张开双臂，竟有这么多书漂流进我的怀里。

周一，与几位内师说起此事，大家都觉得新鲜，与此同时也对澳门当地的这种社会公益性的活动大加赞赏。问及澳门当地的老师，他们告诉我：在澳门，类似的活动由文化司、民政总署负责。澳门有包括澳门大学图书馆、中央图书馆、何东图书馆在内的大大小小图书馆近十个，还有几辆流动的图书车巡回停留在澳门市区的服务点，供市民借阅与还书。在任何一个馆或车上借阅的图书，可以到任何一个馆或车上还。同时，在澳门经常会有类似读者间图书交换阅读的方式，这一切都是要推动全澳门市民读书。4月23日，恰是世界读书日。在这一天，由民政总署和何东图书馆在教堂边举办的"图书漂流"活动，只不过是相关读书促进活动中的一个。也许是何东图书馆馆藏有限，没有空间再放这么多过期的书刊，也许就是一种纯非盈利的社会公益。不管怎样，这在客观上就是一种图书的散发、期刊的漂流、知识的传播、读书风气的营造。我没有调查过澳门人读书习惯如何？但不管怎样，政府职能部门、社会公益团体机构对社会公益的热衷是有目共睹的。在内地，即便是书多得放不下，也顶多会特价出售，就是当废纸卖钱，也不会这样任由人白拿白读的。相比之下，澳门政府和相关职能部门的社会责任、公益之心可见一斑。

图书漂流，漂的是纸张，流的是知识，浸透的是一种社会文明与进步。

2010 年 4 月 27 日

午 夜 弥 撒

　　再过两个小时左右就到午夜弥撒的时间了，想必澳门的街头，特别是喷水池附近的几个教堂前，一定是集满了信徒信友及游客。我不是基督徒，也不是天主教徒，虽然天主教在内地各大中城市都有活动的场所，但在我工作的周围却没有一个信徒，使得我对此宗教知之甚少。要不是有机会来澳门并且在一家天主教学校工作，我不会觉得宗教离我有多近。我所工作的鲍思高粤华小学，从校监到校长都是神父，学校的教师也有一部分是天主教信徒，天主教的几乎一切仪式在学校中都有，宗教课程是小学生必备基础课程之一。宗教作为一种文化，带有十足的神秘感，不断地引起我的好奇。为此，我还特意读了本《一本书读懂三大宗教》，看了介绍鲍思高神父的影碟《鲍思高神父》，并特别留意校园中的宗教文化，同时利用节假日进教堂参观。

　　"弥撒"对我来说是一个神秘而又匪夷所思的词汇，"午夜弥撒"更让人觉得它的神秘。此前，说到弥撒，我总会想起意大利的比萨。说来似乎很好笑，但除此之外，我想到的便是一些基督信徒集会，至于所为何来，便不敢妄言啦。

　　我从书中了解到，弥撒是一种宗教仪式，弥撒是拉丁语 *missa* 的音译，意思是"解散，离开"，来源于弥撒中的最后一句话"*Ite, missa est*"，即"仪式结束，你们离开吧"。弥撒圣祭是天主教最崇高之祭礼，就是参与纪念耶稣降生、传道、受难、复活、救赎的历史事件。圣诞节的午夜，信徒们要去教堂或礼拜堂望弥撒。弥撒过程有严格的礼仪，每一句话每一个动作都有具体的要求。弥撒也可以当作一种非常特殊的祈祷，是一个人心灵得以净化的最佳方式之一。弥撒音乐、赞美诗歌都是人们获取心灵治疗的良药。教会通过这种纪念来不断加强信徒们的信念。参与弥撒也是信徒们获得上帝神恩圣宠的一个特殊途径。我们常听到教徒每逢周日要到教堂做礼拜，但参加弥撒不叫"做弥撒"，而叫"望弥撒"。望，是盼望之意，引颈以待，表示尊重。望也是参与，只有参与其中才可能分享主耶稣的圣体和圣血。信徒们是主的仆人，望弥撒就好像是去参加主人的聚会。我不是信徒，可能连望都算不上，算旁观"望弥撒"吧。因为在澳门这个文化多元的各宗教聚集之地，我不能无视宗教的存在。宗教、文化、信仰、教育……这些词汇在我头脑中已挥之不去，我想了解它，站在一个教师的角度、用教育的眼光来看身边发生的一切。

晚九点半走出家门，我所在的高士德大马路上已没有了白天的热闹，时而有三三两两的路人走过，车也是偶尔开过一辆，路灯似乎也不是很明亮，一排轿车停靠在马路旁，主人可能也像小鸟一样归巢了吧。这个时候，公交车明显少了很多。为了寻找节日的气氛，我还是决定步行去喷水池，正常要二十几分钟就可以走到。

出门见的情景与往日无异，多少令我感到有些失望，既然出来了，就走好啦。转个弯到了俾俐喇大街，眼前明亮了起来，人也多了起来，最醒目的就是在路中间的绿化带内，形态各异的圣诞老人彩灯从路的这一端延伸到远处，不仅营造了节日的气氛，也扮靓了像我这样寻找节日色彩的人的心情。边走边有种强烈的感觉，节日的浓重味儿正从不远处向我包围而来，快到大三巴脚下时，歌声已飘进我的耳廓，钻进我的心，我不由得跑了起来。绕过大炮台，登上几级台阶，俯视前方，眼前正是一个大型的集会。千余人有秩序地坐在台阶上观看节目，台上乐队正在奏乐，一支合唱队身着教徒唱诗时穿的特有的服装，手捧歌本，在唱歌。身后的大屏幕几个大字"耶稣爱我家"告诉我，这是以圣诞节为主题的演唱会。由于离"午夜弥撒"时间尚早，这份意外的节日礼物一定要好好享用。我从组织秩序的童军手中接过充气棒，找个位子坐下了，感觉这儿的气氛真不错。放眼望去，不远处新葡京赌场像穿着晚礼服的贵妇，富丽华美，一处处楼宇衬其左右。近处，舞台后，大三巴对面的手信街以及旁边的另一条小巷人流如织，汇集到这个大舞台前，这里自然成了人的海洋。大三巴牌坊、中国龙灯相映成趣，宗教的赞美诗歌、热闹的人群相融共通，东西文化的交融再一次在此得到了充分的呈示。

这应该算是望"午夜弥撒"前的热身吧。我用相机记录这特别而又热烈的文化盛餐，延续着喜悦与好奇，随着人流走进手信街，与正面冲来的人流交织在一起，亚洲人、欧洲人、非洲人，广东话、英语、葡萄牙语，像大杂烩一样。我卷入其中，像逆流而上的小鱼，游向喷水池（民政总署前地），玫瑰圣母教堂就坐落在这里。

半个月前，这里就已进入节日了。广场正中矗立着约有四层楼高的圣诞树，上面写着2009。夜晚，蓝色、白色、黄色灯光一闪一闪，配上各式挂件以及下面的一个个大大的礼盒、一个个形态逼真的圣诞老人灯，在这个广场上，无疑它是个焦点。广场四围也都被装饰一新，民政总署大楼前立起了一个半圆形的蓝色玻璃幕，"圣诞快乐，新年进步"八个大字显得格外醒目。所有楼体前的灯柱间拉起了长长的银色带穗儿的灯饰，楼体间更是用柱形灯吊成了一个天幕，天幕下是一排排银色珠帘。整个广场可谓是流光溢彩、晶莹梦幻，似人间仙境，似天上街市。单有这些还不足以显示节日气氛，重要的是广场上各色的人以及活动，还有即将上演的宗教大餐。

十一点半，人越聚越多，年轻人带着各种圣诞头饰，在圣诞树下拍照；四五个老外，支起摄录装备正在采访游客；一群人围在那里，正在看某社团组织的关于戒赌、远离毒品、爱家人方面的宣传；另一社团自行组织唱起了教会的歌；在我周围的人群中，起码也得有来自七八个国家的人，或静坐享受节日，或悠闲地踱着步，或在长椅上吃着甜点，或不断地按快门……移步到玫瑰教堂，古老的绿漆大门依然紧闭着。此时，台阶上已坐满了人，门前排了长长的队。我留意观察了一下，其中外国人居多，除了非洲、欧洲、美洲的人外，再就是菲律宾、马来西亚人，再有一部分是本澳的信众。从面孔上来看，内地人很少，因此没听到一句熟悉的普通话。

玫瑰堂正名为玫瑰圣母堂及圣多明我教堂，至今已有400多年历史。整座教堂建筑富丽堂皇，其巴罗克建筑风格的祭坛更是典雅精致。

十一时四十分，教堂大门徐徐开启，等候许久的信众鱼贯而入。三五分钟后，已座无虚席，不少教徒和游客只能站在两侧或教堂门口。临近零时，一位老神职人员开始有条不紊地在台前准备。随着一盏盏灯亮起，唱诗班歌声响起。整个教堂内金碧辉煌、神圣华美、庄严肃穆，所有的信徒都在守望，等待那个庄严神圣的时刻。

踏入零时，午夜弥撒开始，全体起立，伴随着进堂曲，一个老神父手持神杖，两个中学生模样的信徒手持神器，后面跟着几个同样身着白衣的信徒。一行人等走到神台上，开始做一系列的宗教礼仪。主祭：因父，及子，及圣神之名。（画十字圣号）信友：阿门。今天的午夜弥撒是全英文的。我是拿到资料翻译过来才知道的。接下来是诵读《圣经》和由神父讲道，需要经文的可以向神职人员索取。由于英语水平有限，具体的圣经内容我听得并不十分清楚，倒是神父的英文口语吸引了我。在我的左右应该都是真正的信徒，在一应一答中就可以分出谁是来望弥撒的，谁是来旁观望弥撒的。我感受到午夜弥撒的气氛，知足啦！我悄悄地离开了座位，走出了教堂大门，门外依旧人流如潮，教堂内依稀传来神父的传道声。就在喷水池这个小广场，不同的文化一股脑涌到你面前，自己不小心也融入其中。

在午夜，千余人集中在教堂内外，在纪念耶稣诞生日共同参加天主教的重要仪式——望弥撒。活动本身就对我是一种吸引，望弥撒现场的祥和、慈爱、庄重、静穆更是让人感到灵魂接受了一次洗礼，得到了一次净化。虽然我不是教徒，也不可能成为教徒，但是我对宗教有了进一步的认识、理解，至少它不再是有些人想象的异类与精神毒品。在竞争日益激烈的今天，在人们物质生活渐趋丰足、精神世界空虚颓废的当下，能否为心灵找一个家园，让心灵有所寄托，就显得尤为重要了。不是要步入宗教，但要有信仰。午夜弥撒，给了我异样的场景，也带给我深刻的思考。

2009 年 12 月 25 日

第五辑

家教忧思

家庭教育是为人父母者普遍关心的问题，也是一个社会问题。许多父母对孩子期望很高，节衣缩食，早出晚归，物质和精神都付出很多，但效果不明显，收获很小。人们有一种错误的观念：以为家庭教育可以无师自通，生、养、教都是自发的、本能的，各有一套办法。其实，这是一个很大的误区。中国科学院心理研究所专家对北京1800多名家长近3年的跟踪调查结果显示：三分之二的家庭存在对子女教养不当的问题。本辑文字不多，但同样表达我对此问题的关注与困惑。

　　　　　　　　　　　　　　　　　　——寒江心语

陪　　读

关于"陪读"，不想追根溯源，问其身世，也不用做概念的界定或用学术的方式诠释大众化的名词。在我的印象中，自 20 世纪 90 年代初当我成为一名教师的时候，当教育成为社会关注焦点的时候，当家庭教育被视为等同于学校教育成为重要教育载体时，大家就在讨论陪读。尽管这阵讨论之风已像某种政治运动一样成为了过去，但家庭教育中陪读的现象还远远没有引起身在其中的家长们的关注。真可谓"不识庐山真面目，只缘身在此山中"啊。

以往谈到陪读，很多专家学者不以为然，更有甚者引用所谓西方的教育方式，推崇西方的父母们的做法。在国人的眼中，西方的父母俨然教育专家、撒手大将军的形象，而孩子呢，在这样的教育方式下，个个都具有独立的个性、勇敢的品质和适应社会的能力。实则不然，这只不过是某些专家学者为了宣扬西方教育思想，挑战中国传统教育思想，激醒对子女百般呵护、全权代理的陪读父母而截取的部分西方成功教育案例自圆其说罢了。当中西方教育思想发生冲突的时候，任何一方都会由此产生对本土教育的省思，找到本土教育传统中的精华与缺失，寻求教育新的平衡。然而，中国这一儒家文化的发源地本身所具有的中庸传统和海纳百川的胸怀，在遇到新的文化思潮或教育改革问题时往往容易抱有拿来主义，产生强烈的钟摆现象，由一个极端走向另一个极端。一位教育部门的行政官员曾对当前的课程改革谈了自己的看法：我们一定要大胆地往前走，向前迈上三大步，然后再退两步，这样才行。

其实，就教育问题而言，往往是不能简单地用对错加以定论，只是合不合理、适不适度的问题。"陪读"作为一个家庭教育的现象就是这样，在此进行讨论，无非是引起大家对陪读现象的关注，对陪读中存在的问题进行分析，引导广大家长"正确陪读"。笔者根据对部分家长和学生的访谈以及问卷调查，将家长的"问题陪读"分为以下几种类型：

1. 绝对控制型。

一部分家长不满足于陪着孩子看书、写作业，他们为孩子制定了"学习套餐"，规定孩子每天学习的时间、内容以及上什么课外班，上几个课外班。

完全按照家长的意愿安排孩子的学习和生活，孩子在家长的控制下成了没有自由、任由摆布的木偶。很多孩子无奈地说："有时我的作业故意慢一点写，怕写完后家长又给我留一大堆任务。"有的孩子讲："回到家就像到了集中营，我每做一件事情都在妈妈的掌心里，我都快疯掉了。"还有孩子道："爸爸希望我成为富翁，总让我这个小学生看世界财富榜中的人物传记，让我看与股票有关的书。他根本不知道小孩子喜欢什么，也不管我喜欢什么，我也没办法左右他。"

人的本能追求就是自由、健康与快乐。家长们，如果你单位的领导这样要求你，你有何感受呢？孩子还小，不要捆住他们的手脚，不要折断他们的双翼，不要遮蔽他们的眼睛，不要圈定他们的空间，让他们的童年多点色彩吧。

2. 越俎代庖型。

相当一部分家长对孩子的学习是看在眼里、急在心头，不知不觉，竟冲在孩子的前面充当开路先锋。这种类型的家长大多有这样的行为：帮助孩子完成作业，"非常负责"地为孩子扫清学习障碍。眼下的学习任务是帮助孩子解决了，可到头来孩子对家长形成了依赖，学习的惰性在滋长，自主学习的能力在萎缩，到了中学后，学习成绩会很快滑落下来。看看家长们是怎么做的吧？每天到家，都主动张罗着说："来，儿子，写作业了。"唉，搞不懂到底应该是谁急着写作业。前两天，我小学二年级的儿子学英语，遇到不会的单词要查字典，她妈妈立刻阻止说："你快点往下看吧，我替你查。"还是查字典，儿子给"偶"组词，想组"偶然"和"偶尔"，但是字不会写，准备查字典，又被妈妈告之："咱就组木偶，这个不容易错。"

一个人只能为别人指路，但代替不了别人走路。这个道理人们都应该明白呀。

3. 苛刻唠叨型。

一些家长抱着"棍棒出孝子，严师出高徒"的心理，每当孩子写作业的时候，总要坐在孩子的身旁声严厉色、唠唠叨叨、指指点点，不断制造紧张焦躁的情绪。"注意执笔姿势。""头高一点。""别玩，快点写。""告诉你呀，一道题也不准错。"在这样的环境下，孩子的心理是不安全的，是紧张焦虑的。长此以往，要么孩子对你的陪读产生害怕、厌烦心理，要么就是对你的"谆谆教导"感到无所谓。

如果从求真的角度来说，家长的严格要求无可厚非，但教育还要求善求美，百般挑剔也许会一时使孩子改掉不良的学习习惯，但孩子失去的可能是自信、兴趣。

建构主义学习理论认为，学习就是学习者在一定的环境下，借助他人的帮助，主动获取知识的过程。建构主义学习理论强调认知主体作用，但又不忽视教师组织者、帮助者的作用，教师的作用就是提供教学支架。在家庭教育中，陪读的家长同样是学生学习的一个支架。他的作用无非是给孩子适时、适当、适量的支持与帮助。这种帮助与支持不仅是解决学科学习中所遇到的问题，还包括安全、轻松学习氛围的营造。对于小学生来说，有时陪读是必要的。但陪是为了不陪，教是为了少教或不教，当陪读者这个支架淡出后，孩子应该能够进一步发展。陪读是要帮助孩子逐步学会走路。当孩子开始上路时，请慢慢地撤下拐杖。

不要让陪读成为束缚，要让孩子早日上路，让孩子体验独立行走的快乐吧！

2007 年 1 月 9 日

孩 子 的 选 择

人生就是一个不断选择与追求的过程。大到择业、择偶、择居所，小到选择服装品牌、饰物样式、风味小吃、小说杂志、电视节目……大人有大人的选择，同样，孩子也有孩子的选择。说到孩子的选择，其实为人师或为人父母者感触是最深的，选择他们喜爱的玩具、文具、动画片、读物、小伙伴等等。

然而，同样是选择，大人与孩子却并不平等。大人的选择可以套用几句广告词："穿什么就有什么"、"我选择，我喜欢"、"我的地盘我做主"……在条件允许的情况下，大人的选择是很少受他人干预的，他们的选择往往是可以实现的。而反观孩子，有谁真正关注了孩子的选择，有谁在意孩子的感受。他们的选择往往要被大人附加很重的条件，他们的选择往往要面对一个又一个"如果"："如果期末考试得双百，就可以让你吃一顿肯德基"，"如果今天表现好，就让你看动画片"，"如果你在班里排进前五名，我就答应你参加华东五市夏令营"，"如果这节科任课上得好，就答应你们上体育活动课"……一些家长和老师把学习与孩子们的爱好对立起来，最后的结果就是孩子们越来越讨厌学习，因为"是学习使大人们有了约束我们的借口，是学习成绩这个拦路虎让我们无法实现自己的选择"。

在这里，我并不否定一些家长和教师对孩子正确的教育，也并不认为孩子的要求就要一味地满足，只想与各位共同思考：我们的做法是不是有效的？如果我们的做法换来的是孩子的抵触，是孩子压抑自我屈从成人，甚至失去选择的意愿与能力，那可绝非是你我愿意看到的。

在现实生活中，剥夺孩子选择权利的现象比比皆是。我们也会经常听到这样的声音，其中有简单粗暴型的："你是妈我是妈？听你的还是听我的"，"让你干什么就干什么，哪儿那么多理由"，"别玩了，赶紧给我学习去"。也有貌似讲理型的："你看，学科技班有啥用啊？一节课就摆弄那么几件东西，这段时间要学奥数，能做多少题呢。再说，将来也不考科技呀，还是学奥数吧"。孩子的心声呢？"我想唱歌也不敢唱，小声哼哼还得东张西望"，"我想快快长大，长大了就有钱了，想买什么就买什么？也不用我妈管了"。孩子有自己的思想，有自己的选择，他们在不断地寻求独立。我们成人不要忽视这一现实，不要一味地将个人的意愿强加在孩子身上。

一个周六的中午，在学校走廊，恰巧遇到一位年轻的母亲训斥自己的小女儿。一位小学二年级学生模样的小女孩儿，背着大书包，胆怯地靠在墙角，咿咿地哭泣，不时小声地回答妈妈的责问。看局面大有升级的趋势，我走了过去。

母亲：我给她安排了数学班，可是到校后，她却和几个要好的小同学跑去学画画了。你说这孩子主意正不正？

我：孩子，看把你妈气的。你串到别的班，如果不跟妈妈说，妈妈找不到你是不是会很着急呀？（小女孩儿依旧哭着）

我：你想学什么呀？

小女孩：我想学画画，可是妈妈不让，非得让我学数学。（这时孩子更委屈了，哭声大了起来）

我：如果孩子不想学，就别强求她了，强求她去学奥数，也不一定能学得好，慢慢来。

当我回到办公室时，走廊的远处又传来了那位母亲的斥责声与小女孩儿的哭声。

这样的事件在我们周围经常发生。这种冲突实质是两代人价值观的冲突，也许说得有点上纲上线，但实质就是这样。当前，绝大多数家长看重的还是孩子的文化课。单从为孩子选择课后班这一件事情上来看，奥数、作文、外语还是首选，其次是琴棋书画，最后才是体育运动和其他方面，如跆拳道、乒乓球、独轮车、旱冰、航模等。而孩子的选择则恰好相反，但他们无力改变家长的意愿。

尊重孩子的选择，就是尊重孩子的感受；尊重孩子的选择，就是尊重教育的规律；只有尊重孩子的选择，才能使教育做到因势利导，让外在的教育与孩子内在的自我教育形成合力。这样，教育与受教育、教育与自我教育才会成为一件快乐的事。

2007 年 1 月 7 日

"一把大锤"引发的思考

"如果给你一把大锤，你会用它做什么？"

曾经将这个问题问了两个不同的孩子，其中一个孩子在市内某重点学校，另一个孩子在市区一所薄弱学校。当把同样的一个问题抛给两个不同生活境遇和学习环境的孩子时，重点学校的孩子说：如果给我一把大锤，我想把我自己打死，这个社会太闹挺（烦）。

薄弱学校的孩子说：如果给我一把大锤，我会把它放起来，将来用它来找工作，干活挣钱。

听了这样的回答，我很震惊，但也许并不意外。我们不得不承认这样一个现实，孩子已经过早地步入社会，体会到了社会的复杂与沉重。我们身边许多孩子原本多彩烂漫的天空已无法避免地笼罩上了一层阴霾，原本清澈透明的心灵也过早地染上了世俗的尘埃，原本纯净天真的脸庞更是无法掩饰内心的苦恼与无奈。

孩子很累啊！

如果你是一名教师，我想对你说：你教的课对于孩子来说并不是他生命的唯一，孩子需要快乐。如果你同时也是一名家长，我想对你说：孩子的健康是第一位的，孩子需要游戏。

放假了，多陪陪孩子，做做亲子旅游。亲亲碧水，亲亲土地，亲亲历史，亲亲社会——让孩子与你健康地享受生活吧！

2007 年 7 月 5 日

排　第　二

儿子从两岁半开始上了幼儿园，不知是怎么的，从那天起，我对儿子就一直比较怜爱。走进幼儿园，小小年纪的他就将踏上漫漫求学路啦！也许我在这条路上走了太久，也许从教近二十年的经历，我看到的、感受到的太多，对当前国内的教育担忧太多，所以才会惧怕儿子走上这一条艰难的道路，惧怕儿子幼小的心灵染上尘埃，惧怕儿子弱小的身体负担太重，惧怕儿子在一个个规范中失去快乐的童年——但这是他必须经历的。

记得儿子在幼儿园和小学一二年级时，每当有亲戚朋友问他：你学习好不好啊？在班里排第几呀？他一直的回答都是：好啊，能排第二吧。我也不清楚他为什么不说排第一，为什么选择了第二。每每此时，我都会满意地笑着附上一句：我儿子真谦虚。渐渐地，儿子长大了，依然有朋友会问这个问题，但是儿子不再说那句话了。他常说的是：还行吧，我们不排名，如果排名的话第五六吧。即便是几次考试拿到了班级第一，也不见他有多开心。老师会说：程子尧，你要保持这个成绩。妈妈会说：别骄傲，下次不知考成啥样呢。不知怎么的，大人们为什么这么吝啬表扬，为什么怕孩子骄傲。考出好成绩了，为什么不让孩子疯狂地快乐一把呢？我通常请儿子吃一顿，或赏他玩一次电脑，或抽时间陪他玩球。

其实，想一想孩子每天的生活，周一到周五，每天早晨六点半起床，像抢饭似的吃罢早餐，跑向班车站。八点到下午四点半，一坐就是八节课。八节课上，要保证专心听课，还要学得好、分数考得高。回到家，写作业要写一个多小时，遇到有作文就要两个半小时。有时到九点多才写完作业，洗漱完就得上床睡觉了。想看课外书、想有自己的空闲、想玩一会儿的时间都没有。双休日加上平时的课后，又要上课外班。奥数、作文、英语、绘画、黑管、象棋……真是一个都不少。每到周六周日，我和爱人接送孩子都会感到很辛苦：冬天冷没地方去，只能逛商店；夏天热没地方休息，就去肯德基。而孩子呢，岂不是更辛苦。虽然自己是教师，但在社会大的环境背景下，我和儿子一样，都被驱赶上了这条漫漫无边的竞争之路。我真是怀念儿子小时候，那时的他天真快乐，总说自己排第二的单纯；真怀念儿子在消费者权益日那天冲到记者面前去投诉商家的胆识；真怀念家里来客人时，儿子在沙发上跳来跳去的活泼；真想在假日里多陪一陪儿子在小区里踢踢球；真想陪孩子乘车旅行，和孩子戏水、摆 Pose 照相、坐在车上吃零食——我觉得那是孩子的本真，是我的心愿。成长，意味着失去很多，但儿子现在才五年级，就让我感到了他的"成熟"，我总感到这样的"成熟"来得太早。

在孩子心中，长大真好，长大可以不受父母和老师的管束，长大可以有钱买自己想买的东西——但在我心底，我不希望孩子长大，长大并不快乐。每每在许愿的时候，我都会为儿子祈祷，不是学习进步，而是健康快乐！

2009 年 12 月 2 日

儿子被隔离的日子

这个时候说到隔离，人们都会下意识地想到甲型 H1N1 流感。可此次儿子被隔离却不是因此，儿子得水痘了。

前些天，儿子回来跟我说："我们班有好多人得了水痘，我前后左右都没人了，我怕怕的……"当时听后我还说儿子坚强呢。没想到，说啥来啥。上周六，在外地的我听到了儿子终于得了水痘的消息。得水痘，意味着要在家隔离三七二十一天。二十一天，我和爱人担心的不是孩子的学习，而是家中无人看管孩子，儿子只能成为一个留守儿童。

转眼一周过去了，儿子的日子看来过得挺滋润。最初他还想老师、同学和课堂，而渐渐地，我发现，他被隔离原来是另一种舒坦。每天，我们为儿子准备三餐，制定学习计划。他做得很轻松，每天回到家中，看到的多是他在自己的小屋里，坐在书堆中享受书籍带给他的沉浸式的快乐；有时他也呼呼大睡，似乎要把几年不足的睡眠补回来。这些日子里，由于有了更多的可以自主支配的时间，儿子养了两只乌龟，种了一盘豌豆，看了马克·吐温的小说，做了大量的手工，还学会了骑自行车。每天我们下班回到家，想到的第一件事就是给儿子带到室外活动，放放风，儿子骑自行车就这样学会的。林林总总的事对于我们来说都是乐事、开心事。

在一个家庭中，孩子快乐，大人就快乐；孩子学习生活不紧张，大人就生活得闲适。儿子被隔离了 21 天，让我们感受到：原来幸福就是孩子少写点作业，少上点课后班；幸福就是饭后带孩子看一场露天电影，跟孩子踢儿脚球——原来幸福就是如此简单。

感谢水痘，因为是它让儿子拥有了被隔离的日子。这段时光对于他来说没有病痛，只有童心的解放；对于我们来说，则是沾了儿子的光，哪怕偷得几日闲也是人生美好的片断，正如 SARS 后人们怀念那段日子一样。感受着浓浓的亲情与温馨，我们都希望二十一天能过得再慢一些。

2009 年 5 月 23 日

83 和 79

83 和 79？很多人看到这个题目都会好奇地往下看，究竟我要说的是什么？这只是两个两位数而已，却是发生在我和儿子之间的故事。正是这两个数让儿子再一次见证了老爸的神奇，不得不在 QQ 上传递这样一个信息给我：好厉害（外加一个大拇指的表情）。

说来，与儿子已有四个多月没有在一起啦，虽然现代科技可以拉近我和儿子的距离，一条网线、一部电脑可以让我和爱人、儿子如处一室，但毕竟这种沟通是受限的。最近，和儿子视频不多，昨天有时间上线，正巧爱人辅导他学习下一学期的数学课程——质数和合数。我只是静观他俩在家里学习，偶尔插话说上两句。讲完新课后，儿子接到任务：写出 100 以内的所有质数。向来乐天派、自信心爆棚的儿子自然认为 "A piece of cake"，抓起本子跳到床上，嘴里叨咕着，手上写着，不一会儿写完了。我问了一句：数一数，是不是二十五个。儿子认真地数后，高兴地将本子交给妈妈，等待学习结束，给他自由。没成想，被妈妈从中找出了两个异类——51 和 87。这两个混进"革命队伍"里啦，就说明少写了两个质数。正当儿子犯愁时，我发话啦：我猜猜吧，看看你写没写 83？"咦，真没写。"家那边传来儿子惊异声；"那还有一个呢？""你再看看写没写 79 吧！""79？啊？这个也没写呀！爸爸，你太厉害了吧，你怎么知道我没写这两个数呢？""我太了解你啦，咱们是爷儿俩嘛。再说了，老爸可是特级呀，你要向我学习哟。"不一会儿，嘀嘀嘀，QQ 传来一条信息："你太厉害啦（外加一个大拇指的表情）"。电脑中传来他俩的说笑声。

来到澳门工作，对我个人而言是丰富了人生的经历、社会的视野以及教育的体验，也是在我工作十九年后将澳门作为一个驿站，放下一切，给身心一个调整、补给与缓冲。借此机会，我也回顾与反思走过的十九年小学教育生涯。对于我而言，此来澳门无疑是幸福的，但对于家庭而言，无论是在农村的老父亲，没有男人支撑家的妻子，还是缺少了父亲陪伴的儿子，我都是自私的。大人还好，孩子正是成长的时候，需要父亲的爱。而我，现在所能做的，除了偶尔能够通过视频带给家里一些欢乐与希望，能让我内心多些宽慰外，就是把这一些小小的故事记录下来，让孩子体会到我对他的爱。

对于孩子来说，父母是最重要的。在儿子心中，妈妈是勤劳的，而爸爸是聪明的；妈妈爱干活儿，爸爸爱看书；妈妈工作很出色，爸爸更棒。我一直是儿子的玩伴，一直是儿子的偶像，我要更努力地做给儿子看，让他今天因为有我而感到自豪，因为有我而对一切充满希望——我相信，明天，我会为儿子倍感骄傲和自豪。

2010 年 1 月 10 日

　　这是一个关于行走教育的记录、思考教育的记录，收录了那些我以青春和热情、汗水与智慧写就的教育生命的点滴实践与思考的日子。每当日暮黄昏，我便喜欢捧起书卷，或摊开一页纸张或点击 WORD 新档，书写教育思考、教学感悟，敲击键盘，让键盘声追随心的跳动……我喜欢这种独钓的感觉，自命寒江，独处陋室，确可造一方池塘，将心浸入其中，吸纳万物精华，聆听冰雪消融——

——寒江心语

后　记

历时三个月，这本书终于和广大教育同仁见面了。回首创作过程，内心五味杂陈、感慨万千。百余天的创作是一个艰辛的过程，也是一个快乐的过程，是自我教育经历的重新来过，是从教心路历程的自我解读，有时理性地去思索，有时感性地去表达……

我曾把自己当成溪流中的一块石头，也许是一种偶然，被人拾起，精心雕琢，竟然可以与玉同价，登堂入室，价值倍升；我也曾把自己当成是块金子，也许同样是一种巧遇，被人挖出，擦去泥土，抛向天空，竟然也可发出亮光；我还把自己当成一个学徒，更是一种恩赐，被人错爱，亦宽亦严，推上前台，竟然发出了自己的声音；我更把自己当成一匹独狼，啸苍天，寂寞忍孤寒，似乎没人读懂我的心，有傲骨亦有几分傲气；内心中，我也曾把自己比作寒江中的独钓者，临一隅方塘，静听冰雪消融，要的是身心独处与自我对话，有仙气亦有几分格格不入。但本人自小生在东北，骨子里有几分真豪气，几分真性情，虽常有独行侠之感，但投入现实的人际怀抱，那些曾经的同事、朋友却总能给我诸多温暖，诸多感动，使我常怀感恩之心。为此，寒江自称的我，写出来的文字还是有一定的温度。

整理好书稿，不再想着某篇、某句、某词，只想借这几页纸把感动与感谢说出来。

把这本书献给所有教过我的老师。有人笑称："小学时当班长的，长大后都去当老师了。"我就是一个实例吧，不管怎么说，我记得我的老师、感谢我的老师，他们教我"好好学习，天天向上"，教我"做对社会有贡献的人"。

把这本书献给培养我十九年的长春市树勋小学，那是我教师之梦开始的地方；献给王定基校长、金玉荼校长，他们亦师亦友，严慈相济，给了我当教师的勇气与力量；献给陪我一同成长的树勋小学的教师朋友们，他们让我感受到了教师内心的单纯与友爱；献给我所有的学生，是他们让我的喜怒哀乐有了教育意义……

把这本书献给我澳门的朋友们，他们让我感受到千里之外家的温暖，他们让我领略到"赌城"、"白话"下澳门的教育与文化，他们让我懂得了人与人之间的尊重、关爱与责任……

把这本书献给内地赴澳门教学交流的"内师"兄弟姐妹，他们是来自江西的熊海滨、李雪梅，湖北的白桦、陈京京、何磊、汪世晴，广西的周柳娥、雷艳红、廖丹平、李秀梅，湖南的刘芳、伍海芳，辽宁的李艳芳、钱淑兰，山东的张本香、杨春萍，吉林的魏泽夫、刘峰、曹晓梅、张巍，安徽的张苲蓓、叶青莲、孙素荣，四川的王敏、张良全，还有来自北京师范大学的洪成文教授。在我出版《教育闲思集》的过程中，他们曾给过我鼓励与很好的建议。在校对过程中，他们曾成立十几人的临时编辑部，七蚊（澳门币七元）一杯橙汁就算对他们的酬谢了。其中，特别感谢的是我同室的才子熊海滨。是他，一杯可乐、一份薯条，在麦当劳找一处安静所在，一册册、一页页、一字字圈点勾画。把我对"内师"兄弟姐妹的感谢写在此书之后算是我弥补上本书的一个遗憾吧，也算是我对他们迟到的感谢。感谢这些朋友、知己，让我在澳门度过了美好的时光。时至今日，每每回想起那段生活，恍若梦境，又似从未发生过一样，但过去的美好至今都想重过。能够在此书出版之际，印上他们的名字，就是希望让友情化作永恒。

感谢东北师范大学出版社吴长安社长给我小书出版的机会；感谢出版社梅亦粿主任为本书出版做了大量的工作；感谢我的好友、澳门教育暨青年局余巍博士百忙中为本书作序，使小书增色不少。

最后，作为本书的作者，我要谢谢您的耐心阅读。如果书中的某篇文字、某个案例、某个观点能够对您产生发自内心的震动与启示，如果我的教与思能够带给您感动并进而引发您的行动的话，我将倍感欣慰。

程明喜

2013 年 5 月 28 日于长春卉香花园家中